MINDSET DE CRESCIMENTO

EDUARDO BRICEÑO

MINDSET DE CRESCIMENTO

Como superar o paradoxo da performance e fazer da experimentação e do erro seus maiores aliados

Traduzido por Paulo Afonso

SEXTANTE

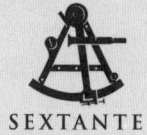

Título original: *The Performance Paradox*

Copyright © 2023 por Growth.how LLC.
Copyright da tradução © 2024 por GMT Editores Ltda.
Publicado em acordo com a Ballantine Books, um selo da Random House, uma divisão da Penguin Random House LLC.

Todos os direitos reservados. Nenhuma parte deste livro pode ser utilizada ou reproduzida sob quaisquer meios existentes sem autorização por escrito dos editores.

coordenação editorial: Sibelle Pedral
produção editorial: Guilherme Bernardo
preparo de originais: Patrícia Vilar/Ab Aeterno
revisão: Ana Tereza Clemente e Luíza Côrtes
diagramação: Guilherme Lima e Natali Nabekura
capa: Natali Nabekura
imagem de capa: Vector Things | Shutterstock
impressão e acabamento: Associação Religiosa Imprensa da Fé

CIP-BRASIL. CATALOGAÇÃO NA PUBLICAÇÃO
SINDICATO NACIONAL DOS EDITORES DE LIVROS, RJ

B861m

Briceño, Eduardo
  Mindset de crescimento / Eduardo Briceño ; [tradução Paulo Afonso]. - 1. ed. - Rio de Janeiro : Sextante, 2024.
  304 p. ; 23 cm.

Tradução de: The performance paradox
ISBN 978-65-5564-826-3

1. Desenvolvimento pessoal. 2. Autorrealização (Psicologia). 3. Padrões de desempenho. 4. Eficácia organizacional. 5. Aprendizagem organizacional. I. Afonso, Paulo. II. Título.

24-91289
CDD: 158.1
CDU: 159.923.2

Gabriela Faray Ferreira Lopes - Bibliotecária - CRB-7/6643

Todos os direitos reservados, no Brasil, por
GMT Editores Ltda.
Rua Voluntários da Pátria, 45 – 14º andar – Botafogo
22270-000 – Rio de Janeiro – RJ
Tel.: (21) 2538-4100
E-mail: atendimento@sextante.com.br
www.sextante.com.br

Para minha mãe e meu pai, que fizeram de nós – minha irmã e eu – sua maior prioridade. Para minha amada esposa, Allison, que me inspirou a desenvolver um propósito e a aproveitar ao máximo a vida. E para Carol Dweck, que acreditou em minha capacidade de crescimento e me mostrou um caminho para desenvolvê-la que mudou minha vida.

Sumário

PARTE UM: Impulsionando o crescimento individual

1. O paradoxo da performance — 11
2. O torneio e o treinamento — 30
3. Integrando as áreas de aprendizagem e desempenho: aprender *enquanto faz* — 47
4. Seis estratégias essenciais da área de aprendizagem — 61
5. Liberando o poder dos erros — 83
6. Seis equívocos comuns sobre a aprendizagem — 107
7. A hélice de crescimento: cinco elementos-chave que impulsionam o crescimento — 119

PARTE DOIS: Superando o paradoxo da performance em equipes e organizações

8. Pilares de uma organização que aprende — 139
9. Distribuindo as equipes nas áreas — 171
10. O superpoder da colaboração: como formar equipes potentes — 188
11. Liderando para crescer — 210
12. Grandes líderes são grandes aprendizes — 229

PARTE TRÊS: Da transformação individual ao impacto global

13. O volante de inércia da competência –
    em movimento e irrefreável 251
14. Supere o paradoxo, mude vidas 265

Palavra final: Nunca termina 280

Agradecimentos 281

Sobre o autor 284

Notas 285

PARTE UM

Impulsionando o crescimento individual

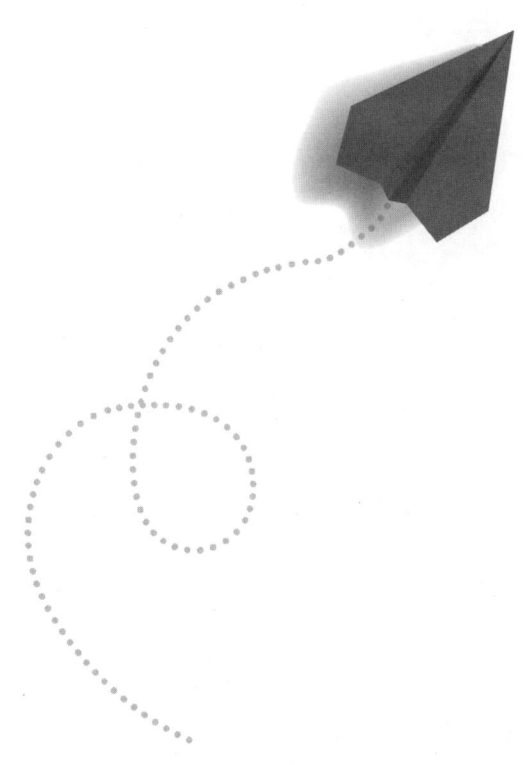

Capítulo 1: O paradoxo da performance

IDEIA PRINCIPAL Embora possa parecer contraditório, estar constantemente em atividade não melhora o nosso desempenho. O caminho para o sucesso nem sempre é uma linha reta.

ANJALI SENTIA AS PALMAS DAS MÃOS suarem toda vez que sua gestora, Salma, perguntava: "Posso lhe dar uma sugestão?"[1]

"Não! Já estou trabalhando o máximo que posso!", ela tinha vontade de gritar.

De fato estava e, desde que havia ingressado na empresa, vinha recebendo avaliações positivas – tanto de gestores quanto de subordinados diretos.

Mas ela nunca teve um gestor que também fosse tão franco sobre as áreas em que poderia melhorar – que, geralmente, estavam relacionadas aos componentes logísticos do trabalho, que ela quase não tinha tempo para controlar. Anjali se considerava uma pessoa atenciosa e prática, que sempre colocava os clientes em primeiro lugar; se tivesse de escolher entre atender à ligação de um cliente ou atualizar o banco de dados da empresa, sempre escolheria atender o cliente.

Conversar com Salma a levava a se sentir criança de novo, como se não conseguisse fazer nada direito.

Quando Salma começou novamente a lhe dar sugestões sobre como ela poderia trabalhar de maneira diferente, Anjali não conseguiu se conter: "Já estou trabalhando o máximo que posso!"

Após uma pausa breve mas dolorosa, Salma sorriu para ela.

"Anjali, ninguém está querendo que você trabalhe mais. Só queremos descobrir como podemos tornar as coisas mais *fáceis* para você."

Anjali nunca havia pensado no assunto dessa forma – achava que todas as sugestões eram um aviso velado de que seu emprego estava em perigo.

Quando o telefone tocava, Gino Barbaro corria para atender.[2]

Se visse um barman ou garçom estendendo a mão na direção do aparelho, ele o enxotava; afinal, era seu restaurante, sua reputação e seu *nome* que estavam em jogo. Na Gino's Trattoria, se quisesse algo bem-feito, ele mesmo teria de fazer.

Era assim que Gino lidava com praticamente tudo no restaurante. Todos os dias sua mente girava em torno da próxima tarefa – anotar os pedidos feitos pelo telefone, gerenciar a equipe da cozinha, encomendar suprimentos e ingredientes, coordenar a limpeza, controlar as transações financeiras, trancar o estabelecimento à noite.

Ele achava que nenhum funcionário poderia fazer essas coisas tão bem quanto ele, e não tinha tempo para treinar ninguém.

Durante a recessão que acometeu os Estados Unidos em 2008, o restaurante começou a perder dinheiro. Gino reagiu trabalhando ainda mais horas para garantir que tudo funcionasse com "perfeição". Mas logo ficou claro que isso não seria suficiente para manter o estabelecimento aberto. Depois de 12 anos trabalhando 70 horas por semana, ele estava exausto e não conseguia imaginar trabalhar ainda mais, fosse para cortar custos ou para promover o negócio e sair daquele buraco. Não havia horas suficientes no dia para que ele parasse e pensasse no que poderia fazer diferente. Mas algo precisava mudar.

Tinha que haver uma maneira de administrar um negócio que não o deixasse infeliz, esgotado e lutando contra o tempo.

Douglas Franco foi contratado pela empresa de investimentos peruana Enfoca para mudar a trajetória de sua nova aquisição, a iEduca, uma empresa de ensino superior com sede em Lima que oferece cursos para adultos.[3] A Enfoca achava que uma substituição na liderança permitiria à iEduca crescer mais rapidamente.

Ao ingressar na empresa como CEO, Douglas percebeu que seus novos colegas – principalmente os executivos – achavam que já estavam otimizando os negócios. Preocupado, ele concluiu que era essa atitude que mantinha a empresa estagnada, pois impedia que a equipe testasse novas ideias.

Para acelerar o crescimento da iEduca seria preciso encontrar novas formas de fazer as coisas.

Frustrado e pressionado pelos investidores a encontrar uma solução, Douglas tentou encorajar seus novos colegas a pensar criticamente a respeito de melhorias. Mas sua atitude encontrou resistência. Os membros da equipe fincaram pé e continuaram tentando provar que tudo ia bem, em vez de tentarem melhorar as coisas.

Quando a pandemia da covid-19 estourou, o número de matrículas despencou, assim como as receitas.

Não era esse o resultado que Douglas almejava para seu novo trabalho. Ele teria de encontrar um modo de fazer sua equipe colaborar buscando novas soluções em vez de ficar tentando impressioná-lo com o que já existia. E o tempo estava passando.

VOLTAREMOS A ANJALI, Gino e Douglas mais à frente. Agora que você já conhece os desafios deles, quero falar sobre os meus.

No início da minha carreira, eu era o profissional de investimento mais jovem do Sprout Group – então uma das maiores e mais antigas empresas de capital de risco do mundo. Eu adorava trabalhar com diferentes equipes executivas em setores e empresas que estavam na vanguarda da inovação. Lá também tive a excelente oportunidade de atuar em conselhos de administração ao lado de investidores e operadores muito mais experientes e bem-informados do que eu.

Mas, quando penso naqueles dias, o que mais me lembro é da incrível pressão que eu sentia para ter um bom *desempenho*.

Regularmente, nós nos sentávamos e ouvíamos executivos de startups apresentarem seus empreendimentos. Quando eles saíam da sala, nós nos revezávamos para expressar nossas impressões sobre o negócio. Como jovem profissional iniciando a carreira, eu não tinha conhecimentos suficientes para saber ao certo se determinado investimento era atraente ou não. Mas fingia que tinha.

À medida que meus colegas expressavam suas opiniões, eu tentava decidir qual ponto de vista defenderia. Quando chegava a minha vez, deixava de lado as incertezas e fazia parecer que meus pensamentos apontavam em uma só direção e que eu confiava muito na minha opinião. Escolhia um lado – recusar a proposta ou investigá-la melhor – e o defendia com segurança.

Acabei percebendo que, ao ocultar alguns de meus pensamentos, estava retendo informações que poderiam nos ajudar a tomar melhores decisões. Isso me deixava ansioso, pois eu queria ajudar a equipe. No entanto, estava algemado à crença de que precisava parecer bem-informado, decidido e confiante nas minhas opiniões.

Depois de anos agindo assim, fiquei expert em parecer que sabia o que estava fazendo, mas, por dentro, me sentia falso e forçado. Estava sempre fingindo.

O estresse crônico provocado por essa atitude me afetou fisicamente. Sob pressão permanente, eu mantinha os músculos contraídos de tal forma que eles acabaram perdendo a capacidade de relaxar. Os músculos são maleáveis, tanto para o bem quanto para o mal. Os meus se tornaram mais curtos e rígidos, o que impedia uma boa irrigação sanguínea na distribuição dos nutrientes necessários para seu bom funcionamento.

Usar as mãos – digitar, mexer no mouse do computador, dirigir um carro, abrir portas e até mesmo escovar os dentes – tornou-se algo doloroso para mim. Após consultar diversos especialistas, fui diagnosticado com uma lesão por esforço chamada síndrome miofascial.

Com o tempo, minha condição piorou. Fiquei apavorado quando soube de pessoas com o mesmo problema que não conseguiam usar as mãos mais de dez minutos por dia.

Decidi, então, fazer tudo o que pudesse para me curar.

Mas, no fundo, eu sabia que precisava mudar mais do que apenas a minha postura física.

ATOLADO NO DESEMPENHO CRÔNICO

Embora as histórias sejam diferentes, Gino, Anjali, os colegas de Douglas e eu sofríamos da mesma condição, que chamo de *desempenho crônico*: a constante tentativa de realizar todas as tarefas da forma mais perfeita possível e ainda abraçar outras.

Será que essas histórias, ou parte delas, soam familiares?

Você está sempre correndo para completar as tarefas de uma lista?

Passa a maior parte do tempo tentando minimizar erros?

Reprime incertezas, sensações ou perguntas para parecer que sempre sabe o que está fazendo?

Prefere andar sobre brasas a receber feedbacks?

Tudo isso é sinal de desempenho crônico. Embora minimizar erros pareça um uso razoável do tempo ou demonstrar determinação seja uma boa estratégia de carreira, esses hábitos podem ter um impacto devastador em nossa capacidade, nossa autoconfiança, nossos empregos e nossa vida pessoal.

O desempenho crônico pode ser a razão pela qual você se sente estagnado em alguma área da vida. Você trabalha mais horas por dia e/ou se esforça mais nas tarefas, mas não avança. É como se patinasse sem sair do lugar. Você dedica mais energia a problemas e responsabilidades, mas permanece no mesmo nível de eficiência.

CONHEÇA O PARADOXO

A maioria de nós passa o dia presumindo que, para fazer as coisas, precisamos simplesmente trabalhar duro. Isso é o que nos disseram durante toda a nossa vida. Então, qual é o problema? O trabalho por horas e horas não leva a um desempenho melhor? A resposta é o que chamo de *paradoxo da performance*.

Talvez você seja um profissional ocupado e esteja tentando aprender algo difícil, como fazer apresentações magistrais, motivar colegas ou resolver conflitos. No entanto, por mais que se esforce, não consegue progredir.

Talvez você seja um líder cuja equipe não consegue superar os resultados do mês anterior, embora tenha certeza de que todos estão trabalhando duro.

Ou talvez você queira aprofundar seus relacionamentos com familiares, amigos ou colegas, mas as conversas permanecem superficiais.

Como o próprio nome já indica, o paradoxo da performance é um fenômeno contraditório, pois estabelece que, se quisermos melhorar nosso desempenho, temos de fazer mais do que simplesmente trabalhar. Por mais que nos empenhemos, se apenas fizermos as coisas da melhor maneira possível, tentando minimizar os erros, ficaremos atolados em nossos níveis atuais de compreensão, conhecimento e capacidade.

Com muita frequência, o paradoxo da performance nos induz a um desempenho crônico, que leva à estagnação. Ficamos presos em uma roda de hamster, tanto em nosso trabalho quanto em nossa saúde, nossos relacionamentos, nossos hobbies e quaisquer outros aspectos da vida. Pode parecer que estamos fazendo nosso melhor, quando, na verdade, deixamos de descobrir modos mais eficientes de criar, estabelecer conexões, liderar e viver.

Por que esse paradoxo seduz tantos de nós?

Por ser uma resposta aparentemente lógica para a sensação de estar pressionado, oprimido e desvalorizado. Achamos então que a resposta é apenas trabalhar mais e mais rápido. Porém, a forma mais inteligente de alcançar bons resultados não é passar mais tempo trabalhando. É fazer outra coisa mais gratificante e, em última instância, mais produtiva.

Entender esse paradoxo e aprender como superá-lo é o assunto deste livro. Exploraremos como o paradoxo da performance se dissemina e mostraremos como indivíduos, equipes e organizações podem vencê-lo. É a chave para sobreviver e prosperar no século XXI e além.

AS CORRENTEZAS DA VIDA

Enquanto o mundo se recuperava da pandemia de covid-19, participei de um workshop de uma semana na Modern Elder Academy, conhecida como "a primeira escola do mundo a ensinar a sabedoria da meia-idade", na qual meu mentor, Chip Conley, dava algumas aulas.

As aulas foram enriquecedoras. Encontrei colegas inteligentes e solidários, e as instalações em El Pescadero, México, eram lindas, sem falar na comida, deliciosa. Tudo era ótimo, exceto por uma coisa.

Apesar de o campus estar localizado em uma bela praia, fomos orientados a não entrar no mar por causa das correntes perigosamente fortes.

Bem, eu cresci na Venezuela, a 45 minutos de uma praia, e adoro nadar no mar. Assim, em El Pescadero, me senti como se estivesse em frente a uma mesa repleta de chocolates finos com instruções para não comer nenhum.

Eu tinha certeza de que, se ignorasse o conselho e fosse nadar, não correria perigo. Mas não queria calcular mal e me afogar. Ou *pior*: ser *aquele cara* que ignorou os avisos, precisou ser resgatado e colocou outros em risco.

Fiquei aliviado quando soube da Playa Cerritos, uma praia pública a um quilômetro e meio de distância, onde era considerado seguro nadar. Assim, certa manhã, acordei cedo e corri até lá, para poder voltar a tempo para o workshop do dia.

Ao chegar, tive a impressão de estar no paraíso. Dei uma corridinha até a água e mergulhei.

As ondas estavam fortes, mas eu sabia o que fazer – mergulhar até o fundo, deixar as ondas passarem, voltar à tona e continuar nadando para longe da costa. Ultrapassada a rebentação, o mar estava calmo.

Boiei de costas, curtindo a sensação de oscilar de um lado para o outro. Eu me sentia em paz, grato pela natureza ao redor e por estar vivo. Aquilo era exatamente o que eu esperava. No entanto, ao levantar a cabeça, descobri que estava longe demais da praia. Uma correnteza forte devia ter me arrastado. E como ainda era cedo, a praia estava deserta. Eu estava completamente só.

O que não era bom.

De repente, meu objetivo mudou. Do desejo de me reconectar com o mar, curtir a vida e fazer algum exercício passei a me concentrar em apenas uma coisa: retornar à praia – vivo.

Comecei, então, a nadar de volta. Após alguns momentos, parei para verificar meu progresso e percebi que não havia avançado. A corrente de retorno estava me puxando para o alto-mar.

A cada ano, somente nos Estados Unidos, mais de cem pessoas se afogam em correntes de retorno.[4] Se você for pego em uma delas, como eu, seu sistema nervoso mudará para o modo lutar ou fugir. Não havendo como fugir, você terá de lutar. Dirá a si mesmo para redobrar os esforços e fazer de tudo para vencer o mar.

Mas continuar a lutar – mesmo com mais força e rapidez – não era a melhor maneira de chegar ao destino.

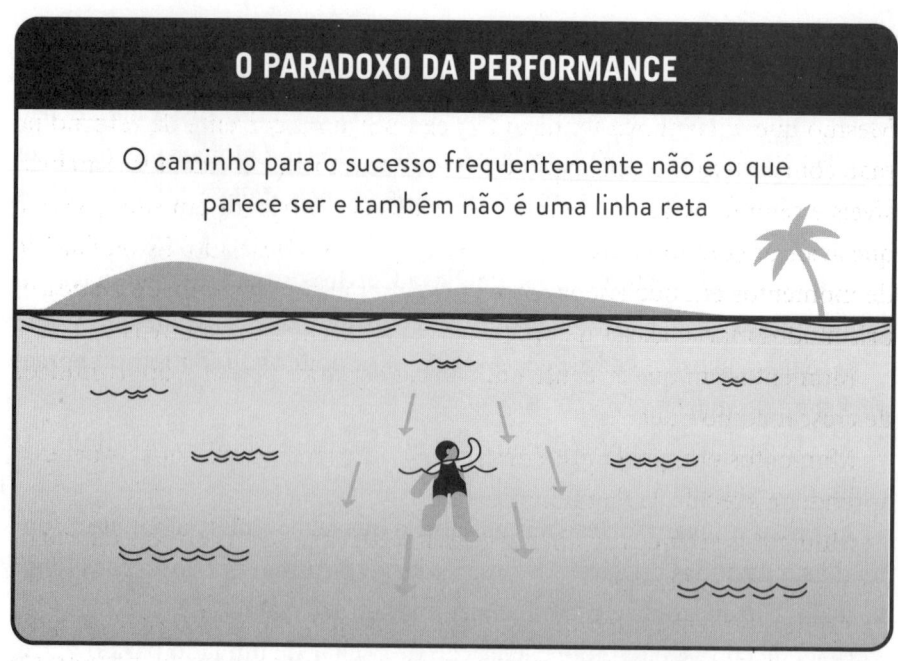

Para voltar à orla, eu precisaria *aprender enquanto fazia*. Nadar até a praia em linha reta era simplesmente impossível. Eu teria de descobrir o caminho que me levaria até lá. E precisaria fazer isso sob pressão.

Virando o corpo quase noventa graus, comecei a nadar paralelamente ao litoral. No início, a corrente de retorno me levou ainda mais longe, mas, depois de algum tempo, pareceu enfraquecer. Continuei a nadar e, pouco a pouco, fui me direcionando para a praia. Ao começar a me sentir cansado, passei a nadar de costas, dando uma trégua para os meus músculos. Por fim, percebi ondas se formando à minha frente: eu estava me aproximando da praia. Virei-me de barriga para baixo e acelerei as braçadas.

Ao entrar na rebentação, respirei fundo e deixei uma grande onda me levar. Quando a onda recuou, me vi deitado na areia, tonto e exausto, mas em segurança.

O PARADOXO DA PERFORMANCE

Mesmo que você nunca tenha sido pego por uma corrente de retorno no mar, com certeza já foi pego por correntes de retorno na vida. Elas são invisíveis e sempre presentes. Muitas vezes nos encontramos em situações em que avançar com todas as forças não surte o efeito desejado. Estou falando de momentos em que apenas fazer mais do mesmo nos impede de descobrir modos mais eficazes de progredir rumo aos nossos objetivos.

Momentos em que a recusa em delegar significa perder a oportunidade de crescer como líder.

Momentos em que continuar tocando a mesma música nos impede de aprender a executá-la da melhor forma.

Momentos em que escolhemos fazer o que já sabemos em vez de explorar novas possibilidades.

Ao mesmo tempo, temos de continuar a fazer o que já fazíamos: Gino seguiu anotando pedidos e servindo refeições para manter seu restaurante aberto; eu tive que usar todas as minhas técnicas de natação no mar para superar a corrente de retorno.

Se quisermos prosperar no mundo complexo e instável de hoje, precisamos equilibrar e integrar desempenho e aprendizado.

Vamos considerar situações menos graves. Podemos pensar que o modo mais efetivo de aperfeiçoar nossa redação ou nossos dotes culinários é escrevendo mais palavras todos os dias ou preparando uma refeição de três pratos todas as noites. Mas não é o caso.

E é aí que está o paradoxo.

Se nos concentrarmos *somente* em desempenhar uma atividade, nossa destreza ficará estagnada – e corremos o risco de nos tornar irrelevantes, ou algo ainda pior.

Iludidos pelo paradoxo da performance, muitas vezes permanecemos no piloto automático em vez de enfrentar desafios, solicitar feedbacks e analisar surpresas e falhas para aprender com elas. Um redator poderá pedir críticas ao rascunho de um texto. Um cozinheiro poderá testar ingredientes de outros países. Todos nós precisamos aprender o que não sabemos, em vez de só nos concentrarmos no que fazemos.

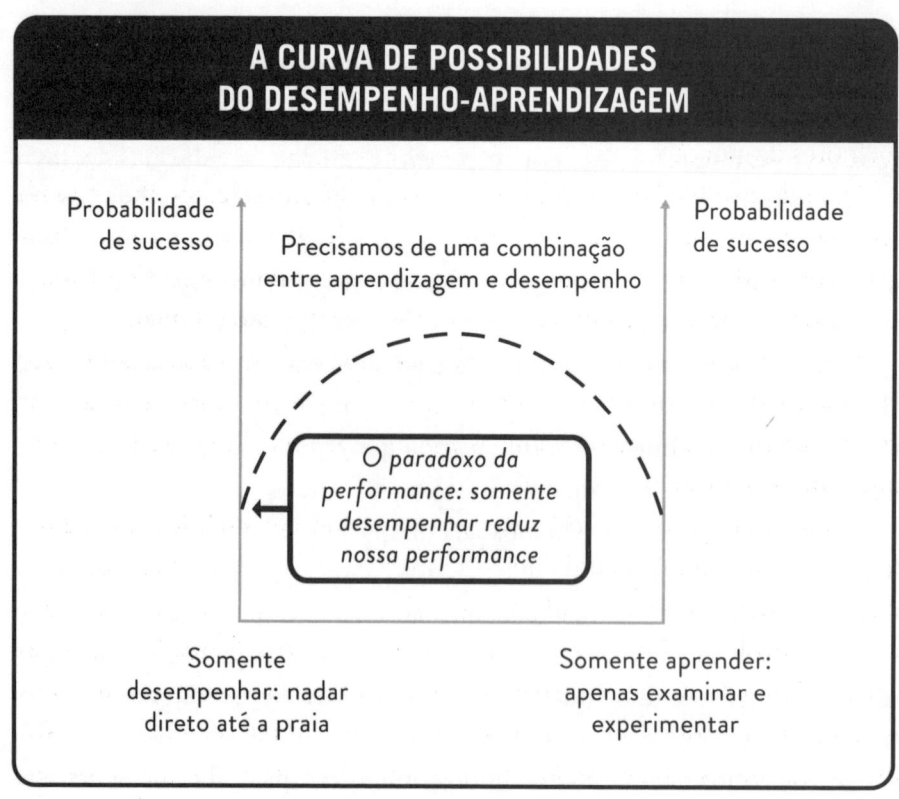

Para prosperar, devemos nos reconectar com a curiosidade e os hábitos de aprendizado que tínhamos quando crianças, antes que a escola nos ensinasse a mirar no desempenho. Isso abre possibilidades ilimitadas para o que podemos buscar e quem podemos nos tornar, além de nos preparar para crescer na carreira conforme nossas responsabilidades evoluem, o mundo muda e novas oportunidades aparecem.

MARCANDO PASSO

Quando equipes e organizações ficam presas ao paradoxo da performance, as consequências são nefastas. Muitas pelejam, mas falham, por continuarem lutando contra a corrente, avançando às cegas e se concentrando na execução em vez de desenvolverem o hábito de buscar novos insights e estratégias.

Equipes cujas reuniões servem apenas como um meio para a realização de tarefas e não têm estrutura para gerar questionamentos nem compartilhar experiências perdem a oportunidade de descobrir e ampliar formas melhores de atuação.

Quando os objetivos se concentram somente no desempenho – como recrutar novos clientes ou escrever linhas de código – e não na aprendizagem, como adquirir novas técnicas de vendas ou de integração de software, as pessoas empacam involuntariamente no desempenho crônico.

Empresas que cedem à pressão de padronizar os processos com rigor excessivo e dizem aos funcionários que só há uma forma correta de fazer as coisas abrem uma porta para que os concorrentes as ultrapassem. É assim que muitas se tornam irrelevantes.

Esses hábitos problemáticos costumam ser implementados em resposta ao crescimento. À medida que o número de funcionários aumenta, os líderes tendem a retornar a ideias tradicionais de gestão que surgiram durante a Revolução Industrial, quando a principal preocupação era fabricar produtos do modo mais barato possível. Hoje, os principais desafios na economia – sobretudo no setor de serviços, em rápida mudança – são identificar necessidades não atendidas, impulsionar a inovação e personalizar o serviço.

Quando as organizações cedem às tentações de comando e controle, os funcionários que fazem questionamentos – e que reconhecem não ter todas as respostas – começam a ser vistos como intrometidos, vagarosos e incômodos. Isso os leva a achar que não é seguro trocar impressões, solicitar feedbacks ou fazer experiências. Assim, para não colocar em risco seu status social e, possivelmente, a própria carreira, eles aprendem a ficar calados.

Os gestores passam então a se apresentar como infalíveis, o que prejudica seu crescimento e, ironicamente, ameaça o desempenho de suas equipes ou organizações. A obsessão dos altos executivos com a execução impecável inibe o verdadeiro crescimento – até mesmo o crescimento financeiro.

A verdade é que as organizações capazes de mudar seu foco do desempenho puro para a incorporação do aprendizado se tornam mais bem equipadas para superar a concorrência.

UMA REVIRAVOLTA NA MINHA VIDA

O sistema escolar que cursei na juventude me ensinou a valorizar as notas, não o aprendizado. Provavelmente o seu também. À primeira vista, isso funcionava bem, pois acabei frequentando uma universidade de ponta. Mais tarde, fui contratado para trabalhar em um banco de investimentos em Wall Street e em uma prestigiosa empresa de capital de risco no Vale do Silício. Com 20 e poucos anos, meu salário era maior do que jamais pensei que seria.

Focar no desempenho me deu o emprego dos sonhos. Mas eu não gostava da pessoa que havia me tornado. Detestava fingir saber mais do que sabia, dar conselhos sem achar que estava suficientemente qualificado ou projetar autoconfiança quando me sentia inseguro.

E não queria passar as décadas seguintes da mesma forma, olhando para trás com arrependimento. Se continuasse como estava, provavelmente ficaria muito rico, mas a que custo?

A ameaça de perder o movimento das mãos me obrigou a refletir sobre o que eu desejava fazer da vida. Havia dedicado todo o meu tempo e toda a minha energia à minha carreira, sempre fazendo o que achava melhor. O que me levou a um aparente sucesso – mas para quê? Eu tinha de mudar.

Então, decidi me candidatar a um mestrado em administração de empresas e em educação na Universidade Stanford. Não fui aceito, o que, em retrospecto, foi uma bênção disfarçada, pois a professora Carol Dweck – a psicóloga e pesquisadora cujo trabalho mudou o modo como milhões de pessoas avaliam sucesso e talento – ainda não estava lá.

Dois anos depois, voltei a me candidatar e, dessa vez, consegui a vaga. Conhecer Carol, valiosa professora, mentora e amiga, transformou minha vida. Seu trabalho pioneiro sobre *mindset* – as crenças que temos sobre se as qualidades e habilidades humanas são fixas ou podem ser desenvolvidas – transformou meus relacionamentos, minha carreira e minha vida.

Após começar a estudar o mindset a fundo,[5] pude reavaliar minha vida através de lentes totalmente novas. Entendi que muitas vezes ficava preso a um *mindset fixo* – acreditando que minha inteligência ou minhas habilidades eram estáticas, sem espaço para melhorias – e isso me incutiu o hábito do desempenho crônico, tanto no trabalho quanto no campo de futebol e nos meus relacionamentos. Em um mindset fixo, qualquer coisa abaixo da perfeição fere nosso ego. Assim, vivenciamos mais ansiedade relacionada a desempenho e somos levados a *provar* em vez de *melhorar*.

Por acreditar que inteligência e talento eram características fixas, eu me concentrava em mostrar como era inteligente e talentoso, em vez de tentar me tornar mais inteligente e melhor. Eu me esforçava para ser perfeito.

Mas as pesquisas de Carol me revelaram que eu poderia me livrar desses hábitos, e ter muito mais sucesso em minha vida e carreira, escolhendo cultivar o que ela chama de *mindset de crescimento*.

A PEÇA QUE FALTA

Aprendi com Carol o insight central de suas descobertas: se quisermos mudar nossos comportamentos e resultados, precisamos mudar nossas crenças sobre a natureza de nossas habilidades. Aprendi também algo que não é tão conhecido nem tão simples: eu precisaria romper com meus hábitos crônicos de desempenho.

Quando eu expusesse minhas ideias a colegas, amigos e familiares, deveria incluir todos os meus pensamentos, em vez de selecionar alguns, para, assim, poder aprender com as respostas dos outros. Ao escolher cursos ou empregos, precisaria enfrentar desafios com os quais pudesse aprender em vez de selecionar matérias ou funções nas quais sabia que teria um ótimo desempenho. Quando cometesse um erro, precisaria reconhecê-lo e discuti-lo, em vez de varrê-lo para debaixo do tapete. E mais importante: saber o que tinha de melhorar e como fazê-lo.

Aprendi que, por mais poderoso que seja, um mindset de crescimento não é uma bala de prata.[6] É uma base necessária que precisa ser cultivada em conjunto com estratégias e hábitos de crescimento eficazes.

Estudos feitos pela psicóloga educacional Maria Cutumisu, da Universidade de Alberta, lançam luz sobre isso. Cutumisu e sua equipe queriam descobrir qual seria o papel do mindset de crescimento na determinação de um grupo de universitários em buscar feedbacks críticos e revisar os próprios trabalhos – duas estratégias comprovadamente eficazes para melhorar habilidades e desempenho.[7]

Em uma tarefa on-line, os estudantes foram convidados a criar pôsteres e em seguida tiveram a oportunidade de solicitar feedbacks críticos. Depois de ler os feedbacks, eles poderiam enviar os pôsteres como estavam ou revisá-los.

Mas eis algo surpreendente para aqueles de nós que testemunharam o poder do mindset de crescimento: os estudos *não encontraram associações significativas* entre o mindset dos alunos e suas escolhas de aprendizado, isto é, se decidiram ou não solicitar feedbacks críticos e revisar seus trabalhos.

Em outras palavras, o mindset por si só não determinou se os alunos usaram técnicas de aprendizado eficazes, que foram essenciais para a criação de pôsteres de alta qualidade.

Isso não significa que o mindset não seja importante. Entre os alunos que buscaram feedbacks críticos e revisaram seus trabalhos, os que demonstraram ter um mindset de crescimento aprenderam mais com esses retornos e tiveram um desempenho melhor do que seus colegas.

Mas a principal lição é a seguinte: ter um mindset de crescimento não significa saber como aprender ou implementar estratégias eficazes para realmente melhorar as habilidades.

Muitos de nós pensamos que o modo mais eficiente de nos aperfeiçoarmos é simplesmente trabalhar duro, o que não é verdade. Esse equívoco nos leva a esforços mais árduos sem obter bons resultados. E como eles não foram alcançados, consideramos que não é possível melhorar, ou seja, nos acomodamos em um mindset fixo. Mesmo a compreensão de que podemos aprender e crescer continuamente não basta. Para aprender e nos tornarmos afiados de verdade, devemos desenvolver e implementar hábitos e estratégias que apoiem o crescimento. Podemos achar que esse tipo de conhecimento é adquirido na escola, mas, na realidade, nosso sistema educacional não tem como objetivo ensinar as pessoas a aprender.

Se não compreendermos o paradoxo da performance e como superá-lo, nossa crença em um mindset de crescimento permanecerá superficial, insuficiente e vulnerável. Para crescer e obter sucesso, devemos desenvolver a crença de que *podemos* mudar e saber *como* mudar. Esses dois elementos trabalham lado a lado e se reforçam mutuamente.

Como veremos adiante, eram esses os ingredientes de que Anjali, Gino, a empresa de Douglas e eu precisávamos para mudar nossas trajetórias.

DE INDIVÍDUOS A CULTURAS

As pessoas podem desenvolver individualmente crenças e hábitos para obter crescimento e sucesso e podem, também, criar equipes e organizações com esse mesmo objetivo. Na verdade, temos de fazer isso em grupo porque, de modo geral, indivíduos desenvolvem crenças e hábitos observando os outros ao seu redor.

Assumi como missão ajudar organizações a desenvolver culturas e know-how de mindset de crescimento. Para isso, fiz uma parceria com Lisa Blackwell – ex-aluna e colega de Carol Dweck – e fundamos uma empresa que desenvolve e oferece programas para escolas que estimulem um mindset de crescimento entre educadores, pais e crianças. Carol Dweck, Steve Goldband e Ellen Konar se ofereceram voluntariamente para atuar como consultores e mentores.

Em parceria com outros defensores do mindset de crescimento, alcançamos um impacto significativo. Esse mindset é hoje um princípio fundamental em muitas escolas e universidades no mundo todo.

Mas as escolas não são os únicos lugares que precisam de uma mudança cultural. Minha formação me aproximava do setor empresarial. Assim, comecei a ajudar profissionais e líderes a transformar suas vidas, carreiras e companhias.

Nos últimos 15 anos, atuei em centenas de organizações de todos os tamanhos, inclusive algumas das maiores empresas do mundo, colaborando para que descobrissem o poder do mindset de crescimento e construíssem culturas e sistemas de aprendizagem.

As organizações que incorporam a aprendizagem, ou *organizações que aprendem*, são aquelas que priorizam o desenvolvimento das pessoas. Nessas empresas, todos trabalham diariamente em prol do próprio crescimento, mas também apoiam o crescimento dos demais. Seus líderes inspiram as equipes a fazer questionamentos, a compartilhar ideias criativas, mesmo que pareçam pouco convencionais, e a descobrir diferentes formas de ver o mundo – e mostram o caminho. As reuniões não tratam somente da realização de tarefas; constituem também um espaço no qual se compartilham novos insights e se fazem perguntas. Os sistemas de gestão de desempenho não são focados exclusivamente nas métricas de resultados, mas também na avaliação de quanto cada pessoa está aprendendo e contribuindo para o crescimento das demais. As organizações de aprendizagem permitem que seus colaboradores pensem fora da caixa, inovem e implementem ideias de modo eficaz, o que as faz superar outras companhias.

No meu trabalho, percebi que as pessoas se sentem inspiradas quando encontram modos mais enriquecedores, eficazes e alegres de trabalhar. Deixando, então, o medo de lado, buscam criatividade, profundidade e experimentação. Em vez de desconfiarem dos colegas, elas passam a compartilhar seus pensamentos de modo mais transparente, o que lhes permite construir relacionamentos mais profundos e colaborativos. Sentem-se também menos acorrentadas à realidade, são mais resilientes e têm mais iniciativa para promover mudanças. Como resultado, alcançam maiores receitas, lucratividade e impacto.

Precisamos muito desses novos tipos de organização, pois o paradigma de trabalho predominante parece muito diferente daquilo que, segundo pesquisas, gera de fato melhorias e alto desempenho.

Mesmo quando trabalhamos duro e acreditamos que podemos crescer, muitos de nós permanecem congelados em um desempenho crônico, e isso está destruindo nossa habilidade de ampliar competências e nossa capacidade organizacional. Se quisermos de fato ser mais eficazes, precisamos entender o paradoxo da performance e desenvolver hábitos e culturas que nos libertem de crenças e comportamentos antiquados e ineficientes.

Imagine o que aconteceria se todos fôssemos capazes de nos mover com mais fluidez entre o aprendizado e o desempenho. Se dermos uma pausa no modo de desempenho crônico, talvez deixemos de considerar cada diálogo como uma discussão que precisamos vencer. Quando substituímos a fixação em estarmos certos pela paixão por aprender, podemos descobrir formas criativas de alcançar maior progresso. E quando aprendemos a traduzir nossas novas habilidades em desempenho excelente, nos tornamos mais capazes de criar soluções para os maiores desafios da sociedade.

Mas até realmente cultivarmos os hábitos de aprender e de crescer a cada dia, nós e nossas equipes estaremos trancados em sufocantes salas de aula onde só se fala em desempenho. Salas como aquelas de que tanto queríamos escapar quando éramos crianças.

Será que não queremos profissionais curiosos que gostem de explorar o desconhecido?

Será que não queremos reacender essa curiosidade em nós mesmos, em nossas equipes e em nossas organizações?

E se todos pudéssemos reconhecer o quanto ainda *não* sabemos – e nos comprometêssemos a fazer algo a respeito?

A JORNADA À FRENTE

Este livro é o resultado de lições aprendidas com pessoas e organizações que meus colegas e eu tivemos o privilégio de servir.

Descreverei como superar o paradoxo da performance, explicarei como arranjar tempo para aprender, mesmo diante da poderosa pressão para realizar, e como essa nova forma de entender o crescimento pode nos ajudar a nos transformarmos e a transformar nossas equipes e nossa comunidade.

Incluirei histórias de como até pessoas e organizações mais fortes precisam encontrar um equilíbrio entre aprendizado e desempenho para desenvolver uma compreensão profunda dos clientes, além de contínuas melhorias e inovações. No caso das empresas, explicarei como isso resulta em mais crescimento e renda.

Você conhecerá uma mãe de três filhos que adotou hábitos eficazes de aprendizagem e desempenho para tirar sua família de dificuldades financeiras. Graças a essa mudança, ela se tornou uma das consultoras financeiras mais bem-sucedidas dos Estados Unidos.

Descobrirá o que executivos eficazes dos setores financeiro, de tecnologia e de construção fizeram para que suas empresas se recuperassem após fracassos significativos.

Verá como um CEO comprometido com a criação de uma força de trabalho diversificada e inclusiva descobriu vários modos de desafiar a sabedoria convencional – e suas próprias crenças – para atingir seu objetivo.

Conhecerá estratégias de mudança e melhoria, incluindo formas de desenvolver maior conhecimento, habilidades, compreensão das pessoas e autoconsciência. E aprenderá como fazer isso mesmo com uma lista de tarefas interminável e sua caixa de e-mails transbordando.

Na primeira parte deste livro, mostrarei princípios e estratégias fundamentais que qualquer um poderá usar para superar o paradoxo da performance e desbloquear seu desenvolvimento ao longo de toda a vida. Você verá como Anjali, Gino e eu, assim como muitos outros, mudamos nossas trajetórias.

Na segunda parte, examinaremos o que líderes, equipes e organizações fazem para alcançar um crescimento extraordinário e como alternam aprendizagem e desempenho. Você verá como Douglas e outras lideranças inspiram seus colegas a evoluir e promover o crescimento.

Na terceira parte, mostrarei como aplicar essas lições para alcançar saltos quânticos em seus objetivos mais valiosos.

Hoje, com fontes ilimitadas de aprendizagem na ponta dos dedos, vivemos no paraíso do aprendiz – um oceano de conhecimentos e oportunidades. Mas o ritmo acelerado das mudanças significa também que os não aprendizes podem ser atraídos pelas sempre presentes correntes de retorno.

Qual caminho você escolherá?

Ao final de cada capítulo, apresento perguntas para você refletir. A ciência do aprendizado nos diz que você obterá mais deste livro e implementará mudanças com mais eficiência se refletir ativamente ao longo do caminho. Incluí uma seção chamada *contemplando o futuro* para ajudá-lo a identificar lacunas de conhecimento e prepará-lo para obter o máximo do capítulo seguinte.

Convidar um parceiro para acompanhá-lo nessa jornada de aprendizado talvez seja uma boa ideia.

Você poderá encontrar observações e recursos para ajudá-lo a aplicar as estratégias discutidas ao longo do livro em briceno.com/paradox/resources.

PERGUNTAS PARA REFLEXÃO

- Em quais áreas do trabalho ou da vida posso ser enganado pelo paradoxo da performance e ficar preso em um desempenho crônico?
- Como meus colegas ou entes queridos podem estar presos em um desempenho crônico?
- Quais são as consequências desse aprisionamento?

CONTEMPLANDO O FUTURO

Qual é a diferença entre o esforço para realizar e o esforço para melhorar?

Capítulo 2: O torneio e o treinamento

> **IDEIA PRINCIPAL** Para superar o paradoxo da performance e desbloquear o crescimento, precisamos integrar a Área de Aprendizagem ao nosso trabalho e à nossa vida.

IMAGINE QUE VOCÊ QUEIRA se tornar um craque no xadrez. O que faria?

Fácil: jogaria o maior número possível de partidas. Trata-se de uma suposição razoável e lógica.

Mas também equivocada.

Pense no assunto da seguinte forma: muitos de nós passamos incontáveis horas digitando em nossos computadores,[1] mas isso faz de nós exímios digitadores? Pesquisas ainda mais intrigantes – e preocupantes – sugerem que, em média, quanto maior o tempo de prática de médicos generalistas, piores são as avaliações que fazem de seus pacientes. Foi o que cientistas da faculdade de medicina de Harvard descobriram depois de analisarem 62 estudos sobre o assunto.[2]

Da mesma forma, pesquisas sobre xadrez demonstram que jogar muitas partidas não é a maneira mais inteligente de melhorar. Os jogadores que passam mais tempo disputando torneios não são os que obtêm as classificações mais altas.[3]

Richard Williams entendeu isso em relação ao tênis. Contrariando o senso comum, não obrigou suas filhas, Serena e Venus, a jogar inúmeros torneios de juniores durante anos antes de se tornarem profissionais. Mas as duas eram alunas dedicadas, tanto na escola quanto na quadra.[4] Se você tiver oportunidade de assistir ao filme biográfico *King Richard: criando campeãs*, verá como Richard planejou meticulosamente o sucesso de suas filhas. O tempo reservado ao tênis era dedicado à prática, não a partidas. Elas acabaram se tornando as melhores tenistas do mundo.

Entre outras coisas, as irmãs Williams aprenderam que a principal forma de se aprimorar não era passar o tempo todo competindo, presas a um desempenho crônico.

A melhoria e o alto desempenho em qualquer área exige nosso envolvimento em dois estados mentais distintos, mas igualmente poderosos: a Área *de Aprendizagem* e a Área *de Desempenho*.[5] Cada um desses estados tem um propósito diferente e requer um foco distinto, além de um conjunto próprio de ferramentas. Assim como o sal e a pimenta, quando usados simultaneamente ambos trazem crescimento e impacto às nossas vidas – como veremos no capítulo 3 –, mas são muito diferentes entre si.

Entramos na Área de Desempenho quando fazemos as coisas da melhor forma possível, tentando minimizar erros, como faríamos em um torneio de xadrez ou tênis, ou quando estamos com pouco tempo para concluir uma tarefa. É o nosso modo habitual de fazer as coisas. Todos podemos aprender como aproveitar ao máximo nosso tempo nessa área e dar tudo de nós mesmos. Logo veremos como fazer isso.

Isso não significa que devemos nos esforçar para obter o melhor desempenho o tempo todo; na verdade, se passarmos *todo* o nosso tempo na Área de Desempenho, mergulharemos na estagnação, na frustração e no esgotamento. O que é a própria definição de desempenho crônico. Você se lembra de Gino, o dono da trattoria citado no capítulo anterior? Ele estava preso a um desempenho crônico, tentando desesperadamente administrar seu restaurante, mas nunca progredia.

É por isso que devemos nos engajar também na Área de Aprendizagem, em busca de aumentar nossas habilidades e conhecimentos. Para um jogador de xadrez, isso pode envolver a solução de problemas que o desafiam um pouco além de sua capacidade atual; para um jogador profissional de basquete, pode ser passar trinta minutos praticando arremessos livres; para um ator, pode ser trabalhar com um treinador de dialeto para refinar um sotaque antes de um teste; para um vendedor, pode ser testar diferentes argumentos de venda com novos clientes e registrar quais obtêm os melhores resultados. É na Área de Aprendizagem que investigamos e experimentamos, refletindo sobre nossos erros e implementando ajustes em nossa jornada rumo à excelência. Trata-se de um investimento de longo prazo que gera dividendos futuros sob a forma de qualidades aprimoradas e resultados melhores.

	ÁREA DE DESEMPENHO	ÁREA DE APRENDIZAGEM
Objetivo	Agir	Aperfeiçoar
Atividades destinadas a	Desempenho	Aperfeiçoamento
Em que nos focamos	No que sabemos	No que não sabemos
Erros são para ser	Evitados	Esperados
Principal benefício	Resultados imediatos	Crescimento e resultados futuros

A Área de Aprendizagem não requer um compromisso de tempo significativo, mas exige intenção. Entramos nela sempre que solicitamos um feedback, testamos um novo modo de trabalhar ou investigamos por que um concorrente conquista todas as contas e nós ficamos de mãos abanando. Ingressamos na Área de Aprendizagem no momento em que optamos por não reagir com raiva quando as pessoas criticam nosso trabalho e, em vez disso, decidimos *ouvir* o que estão dizendo, em uma tentativa honesta de realmente entendê-las e aprender com elas.

Digamos que você seja um jogador de golfe profissional.[6] A Área de Aprendizagem é o trabalho que você faz no *driving range* – o lugar onde testa diferentes tacadas e verifica as que funcionam melhor. O torneio de golfe é a Área de Desempenho, o local onde você se concentra no que faz melhor.

Nosso trabalho no *driving range* metafórico nos permitirá sobressair quando a pressão estiver alta.

Agora que entendemos a distinção entre as duas áreas, é fácil ver por que ficamos presos ao paradoxo da performance. A maioria das organizações simplesmente não tem espaço para o aprendizado. A melhor forma de sermos promovidos é nos apresentarmos como perfeitos ou como burros de carga, mesmo que isso impeça inovações e o verdadeiro crescimento.

Se quisermos criar uma cultura de crescimento – em que melhorias contínuas impulsionam o desempenho –, condutas que geram desenvolvimento têm de ser respeitadas, valorizadas e recompensadas.

Precisamos proporcionar a nós mesmos e aos nossos colegas o torneio *e* o treinamento.[7]

O PODER TRANSFORMADOR DAS DUAS ÁREAS

Certa manhã, Lizzie Dipp Metzger apareceu no escritório do marido para saber se ele precisava de ajuda.[8]

Saiu de lá à tarde empregada.

Lizzie e seu marido, Brian, estavam passando por um período difícil. O negócio de Brian, de customização de carros de corrida, tinha falido e eles haviam voltado a El Paso, cidade natal de ambos. Ainda estavam bem endividados quando receberam a notícia de que ela estava grávida de seu terceiro filho.

Felizmente, Brian tinha conseguido um novo emprego na seguradora New York Life.

Em sua determinação para ajudar a família, Lizzie fazia o que podia. Anotava os números de telefone de pessoas que poderiam precisar de seguro de vida e, com os filhos a tiracolo, aparecia no escritório de Brian para lhe entregar pessoalmente as listas.

Percebendo que Lizzie estava ansiosa para trabalhar, os gerentes da empresa lhe perguntaram se ela gostaria de fazer parte da equipe.

Lizzie não se interessava particularmente por seguros e não se via como profissional de vendas. Ela tinha trabalhado como organizadora de casamentos, possuía alguma experiência em restaurantes e, mais recentemente, havia trabalhado como professora de educação infantil por três anos, antes de tirar uma folga para ter seu terceiro filho.

Vender seguros de vida seria um salto muito grande. Como não tinha nada a perder, ela decidiu ir em frente.

Lizzie poderia facilmente ser capturada pelo paradoxo da performance e mergulhar de cabeça no trabalho, fazendo o maior número possível de ligações todos os dias. Mas ela sabia que, para ter sucesso em seu novo emprego, precisaria se qualificar. Essa estratégia tinha dado certo em seus empregos anteriores. Assim, em vez de mergulhar no trabalho para provar seu valor desde o início, maximizando seus rendimentos a curto prazo, ela decidiu se aprimorar e aprender o máximo que pudesse sobre suas novas tarefas. Estudou sobre finanças pessoais e sobre os produtos financeiros que ofereceria aos clientes, bem como sobre as táticas e ferramentas que seus novos colegas consideravam mais eficientes.

Lizzie logo percebeu que desenvolver talentos era mais do que apenas mergulhar no trabalho. Desde o início, reservou tempo para a Área de Aprendizagem. Não apenas pesquisou cursos para seu desenvolvimento profissional, como ainda se esforçou para aprender com os melhores.

"Eu nunca faltei às aulas, nunca me permiti criar desculpas para não ir. Também prometi a mim mesma que terminaria um curso de gestão securitária a cada trimestre", disse ela.[9]

Certos cursos estavam disponíveis apenas para os corretores mais experientes da empresa, mas Lizzie procurou os responsáveis e perguntou o que precisava fazer para ser aceita. Inicialmente, lhe disseram que precisava de alguns anos de prática, mas ela negociou, pressionou e perguntou o que seria necessário para ser aceita no ano seguinte. O tempo todo se manteve no radar desses mentores, procurando-os periodicamente para ser avaliada.

Sua perseverança valeu a pena. Ela conheceu os principais mentores e coaches da empresa e, quando descobriu que vários grandes empreendedores do setor tinham um grupo de estudos – uma reunião periódica em que aprendiam juntos e apoiavam uns aos outros –, pediu para participar.

Sete anos depois de se tornar uma corretora de seguros, Lizzie Dipp Metzger tornou-se a profissional de melhor desempenho – entre milhares – da New York Life. E após quatro anos, ocupou a 12ª posição na lista dos melhores consultores sobre segurança financeira dos Estados Unidos, publicada pela revista *Forbes*.[10] No ano seguinte, subiu para a sexta posição. O valor total das apólices de seus clientes ultrapassa hoje 680 milhões de dólares.

Lizzie não alcançou esses resultados por ser uma vendedora nata – isso não existe. Foi sua crença na própria capacidade de se aprimorar, em conjunto com hábitos eficazes de aprendizagem, que permitiram que se tornasse uma excelente consultora financeira.

Ao pensar sobre si mesmo, sobre sua equipe e sobre sua organização, você enxerga alguma chance de sair do desempenho crônico e cultivar hábitos da Área de Aprendizagem – como os de Lizzie – para atingir níveis totalmente novos de crescimento e de resultados?

DESFAZENDO NOSSA BAGAGEM DE CONHECIMENTOS

Por que dedicamos muitas horas preciosas ao nosso trabalho ou aos nossos hobbies e, ainda assim, não vemos progressos substanciais?

Por que até mesmo novos contratados, tidos como superestrelas, progridem muito mais lentamente do que imaginávamos?

E por que é tão difícil criar organizações que realmente estimulem o crescimento?

A resposta é que muitos de nós, inclusive profissionais bastante treinados, nunca fomos ensinados a crescer e a melhorar continuamente. Disseram-nos que, para melhorar em alguma coisa, precisamos simplesmente trabalhar duro. Ou então passamos a acreditar que, se já somos bons em alguma coisa – ou mesmo ótimos –, isso basta e fim de papo.

Por que trabalhar em algo em que já somos excelentes?

Esse raciocínio tem um impacto devastador na nossa vida e carreira. O mundo está sempre evoluindo. Se não nos empenharmos em evoluir junto, corremos o risco de ficar para trás.

Assim como jogar o maior número possível de partidas de xadrez não é uma ótima estratégia para melhorar nossa expertise, pesquisas mostram que não avançaremos apenas vendendo seguros ou repetindo apresentações.[11] Precisamos também refletir, fazer experiências, solicitar feedbacks e implementar mudanças.

Se buscamos um desempenho excelente, precisamos parar de nos concentrar somente em *fazer* coisas.

Precisamos adotar hábitos da Área de Aprendizagem.

Antes de mais nada, precisaremos *desaprender* nossas premissas sobre o aprendizado.

Quando penso nas minhas experiências na escola, minhas lembranças se confundem. Para mim, a escola era um desfile interminável de professores fazendo palestras sobre coisas sem qualquer conexão com a minha vida – equações algébricas que a meu ver eu nunca usaria, rochas cujas propriedades não me interessavam, personagens históricos e lugares que não me diziam respeito.

Essa experiência me ensinou a satisfazer os professores, meus pais e o sistema: era só memorizar fatos, passar nas provas e ir para o nível seguinte.

Mas a que custo?

Ao custo de ficar atolado no desempenho crônico.

Nunca aprendi nada na escola que me parecesse relevante. A única coisa que aprendi foi que o objetivo de "aprender" era obter um diploma para poder fazer outras coisas. E acabei levando essa trágica lição para o mundo real quando fui trabalhar no Vale do Silício. Eu estava tão concentrado em "fazer meu trabalho" que acabei perdendo muitas oportunidades valiosas de aprendizado, que teriam melhorado minha eficiência. Estava aprisionado pelo paradoxo da performance.

A cultura do Vale do Silício valoriza muito os almoços de negócios que, hoje reconheço, tendem a ser muito voltados para o aprendizado. É neles que as pessoas fazem perguntas, trocam ideias e compartilham estratégias e percepções sobre negócios.

Como sempre via esses almoços como encontros superficiais, eu os evitava. Se tivesse percebido o quanto poderia ter aprendido com meus colegas, saberia apreciar os almoços – e teria comparecido a eles.

Em seu livro *A regra é não ter regras*, o cofundador e ex-CEO da Netflix Reed Hastings conta que ele e outros executivos do Vale do Silício costumam observar-se mutuamente e fazem perguntas depois.[12] Ele diz algo que não percebi no início da minha carreira: aprender não ocorre apenas – ou principalmente – em uma sala de aula. É algo que devemos fazer sempre em nosso trabalho e em nossa vida cotidiana, não importa onde estejamos. Eu gostaria de ter percebido antes a conexão entre esse tipo de crescimento profissional, inovações e execução eficiente.

Mais tarde, eu viria a descobrir que não era a única pessoa que precisava de esclarecimentos a respeito da conexão entre aprendizado e desempenho.

Quando comecei a incorporar a estrutura das duas áreas em meus workshops com executivos e profissionais, fiquei impressionado com a repercussão dessas ideias. Seus olhos chegavam a brilhar quando entendiam a distinção entre aprendizado e desempenho e percebiam o quanto haviam tropeçado no paradoxo da performance. Passavam a ver com mais clareza a dinâmica que orientava seu trabalho e sua vida – o que gerava insights sólidos e conversas animadas, levando a um melhor alinhamento da equipe.

Para obtermos uma imagem vívida das duas áreas, como ocorreu com meus clientes, vamos sair do nosso dia a dia e entrar no reino da magia.

COMO SE TORNAR UM EXÍMIO ARTISTA

Qualquer um que já tenha assistido a um espetáculo do Cirque du Soleil – e mais de 375 milhões de pessoas em todo o mundo já o fizeram – sabe que essa forma de arte requer artistas com qualificações extraordinárias. As impressionantes proezas executadas por mais de mil acrobatas de mais de cinquenta países não poderiam ocorrer sem um bem-azeitado sistema para desenvolver talentos.[13]

É fácil pensar que os artistas do Cirque du Soleil se tornam tão bons porque passam muito tempo ensaiando suas rotinas.

Vamos, então, abrir as cortinas da grande tenda circense.

Se entrássemos em um dos estúdios de treinamento na sede internacional do Cirque du Soleil, em Montreal, ou em seus locais de ensaios nas excursões, veríamos descompassos e acrobatas caindo em redes.[14] Isso porque os artistas não passam muito tempo praticando o que já sabem: preferem lapidar as técnicas necessárias à execução de novos feitos acrobáticos. Esse processo permite que se aprimorem, que o espetáculo evolua e que a organização evite a estagnação que ocorreria se todos passassem o tempo todo na Área de Desempenho.

O Cirque du Soleil recruta muitos de seus artistas em Olimpíadas. São atletas que passaram anos praticando com treinadores de alto nível e se tornaram os melhores em seus esportes. Mas, quando se juntam ao Cirque du Soleil e iniciam sua adaptação em Montreal, eles passam semanas ou meses sob a supervisão de dois treinadores, um acrobático e outro artístico, a fim de aprender as técnicas necessárias aos shows.

Depois, já adaptados, começam sua rotina diária geralmente ao meio-dia, quando chegam ao trabalho. Durante a maior parte do dia, eles não ensaiam o que farão à noite. Passam as tardes na Área de Aprendizagem trabalhando em alguma técnica específica, como aumentar o número de cambalhotas que podem fazer no ar ou dar mais um giro com o bastão de fogo.

No período de treinamento, medidas importantes são implementadas para garantir a segurança dos artistas: usar bastões de fogo apagados, por exemplo, até que o acrobata se sinta capaz de enfrentar o novo desafio.

Embora a maioria de nós ainda não precise manejar varas chamejantes nos locais de trabalho, às vezes fazemos malabarismos na tomada de decisões que terão um impacto significativo na saúde, na segurança ou na subsistência das pessoas.

O fato de estarmos lidando apenas com números ou palavras não torna nossas escolhas menos importantes.

No entanto, com que frequência criamos redes de segurança para que nossas equipes possam de fato ampliar nossa capacidade?

Os artistas de uma empresa inovadora como o Cirque du Soleil são treinados para saber a diferença entre aprendizagem e desempenho. Será que trazemos essa mesma compreensão para nosso trabalho e nossas vidas?

QUANDO A PRÁTICA NEM SEQUER MELHORA A SITUAÇÃO

Em seu doutorado na Universidade Stanford, Melanie Brucks mergulhou na literatura científica sobre criatividade. Acabou descobrindo algo surpreendente: a quase inexistência de pesquisas que revelassem se a prática e a repetição podem acarretar descobertas mais criativas. Muitas pessoas simplesmente *achavam* que sim.

Brucks se juntou então a Szu-chi Huang, sua colega de Stanford e professora de marketing, para investigar se "a prática leva à perfeição" quando se trata de brainstorming. A pergunta da pesquisa era direta: Se as pessoas praticarem brainstorming todos os dias, ficarão melhores nessa técnica?

A resposta foi um sonoro não.

Na verdade, ficou constatado que, quando praticavam brainstorming todos os dias, os resultados pioravam.[15]

E ainda mais interessante: os participantes do estudo *achavam* que melhoravam. Um painel independente de juízes discordou: a criatividade das ideias havia diminuído.

O que estaria acontecendo?

Na verdade, Brucks e Huang pediram aos participantes que apenas *desempenhassem* a atividade.

E descobriram que, quando as pessoas simplesmente desempenham qualquer atividade – seja organizando sessões regulares de brainstorming, seja jogando muitas partidas de xadrez, seja atendendo muitos pacientes –, elas não a estão realmente praticando. Estão, *na verdade*, tentando fazer algo da melhor maneira possível. Pode não parecer desempenho quando não há público torcendo por você ou um gestor o avaliando. Pode não parecer desempenho quando você está envolvido em um trabalho criativo, como um brainstorming.

Mas seu cérebro não sabe a diferença. Ainda está focando no que sabe e tentando fazer o melhor que pode.

A prática, então, não leva à perfeição?

Não. Na verdade, *perfeição* é uma das palavras que tento não usar, pois implica que não há espaço para melhorias, o que é a definição de um mindset fixo. A perfeição pode ser uma direção a avançar, mas não um destino, pois é inatingível.

O estudo de Brucks e Huang ilustra que a prática nem mesmo *melhora* o desempenho – se simplesmente nos limitarmos a "praticar", mesmo agindo da melhor forma possível.

A prática eficaz é muito diferente: requer que a pessoa se concentre em técnicas específicas, tente fazer algo desafiador, crie ciclos de feedback para identificar oportunidades de melhora, faça ajustes e tente de novo. É prestar atenção ao que ainda não dominamos, lidar com algo que ainda não entendemos ou fazemos bem.

Estar na Área de Aprendizagem é isso.

Mas como uma equipe que busca desenvolver sua capacidade para realizar um brainstorming poderá se situar na Área de Aprendizagem? Seus membros poderão começar, por exemplo, testando estratégias; em seguida, avaliarão se precisam de sessões de brainstorming mais produtivas. Pesquisas demonstram que podemos melhorar a eficácia de um brainstorming incluindo pessoas de diversas origens que tenham competência intercultural.[16] Outras abordagens já testadas e comprovadas incluem passar algum tempo formulando ideias isoladamente antes de receber influências de outras pessoas,[17] focando mais na quantidade que na qualidade das ideias.[18] Jogar algum jogo antes do brainstorming – um caça-palavras, por exemplo – também pode ajudar.[19]

A equipe poderá facilmente inventar um teste, talvez pedindo aos participantes que deem uma breve caminhada ao ar livre antes da próxima sessão de brainstorming e, em seguida, avaliar a qualidade das ideias geradas na reunião.

Meu objetivo principal aqui não é apenas aprimorar as sessões de brainstorming, mas trazer estratégias de aprendizado eficazes para tudo o que gostaríamos de aprimorar. É o que se faz necessário para superarmos o paradoxo da performance.

Lembre-se: na Área de Aprendizagem – quando nosso objetivo é melhorar – devemos nos concentrar no que ainda não dominamos, o que significa que não podemos esperar uma execução impecável. Quer se trate de realizar um brainstorming, de organizar reuniões, de responder a chamadas de suporte ao cliente, de projetar aviões ou qualquer outra coisa, o que fazemos na Área de Aprendizagem é aceitar desafios, examinar erros, aprender com eles e determinar o que deve ser ajustado.

Mas e se você pudesse integrar as duas áreas, gerando aprendizado enquanto realiza o que é preciso?

Isso é possível?

Para responder a essa pergunta, pense na sua última ida ao supermercado. Você provavelmente teve de cumprir mais de um objetivo: escolher suas comidas favoritas, atender aos pedidos de familiares, ficar dentro do orçamento e, talvez, procurar ingredientes para testar uma nova receita.

Imagino que tenha conseguido conciliar os diferentes objetivos com bastante facilidade, talvez sem perceber que estava pulando de uma demanda para outra.

E se fosse possível alcançar o mesmo fluxo elegante entre as metas de aprendizagem e as de desempenho?

Na verdade, é possível.

Todas as equipes e organizações eficientes fazem isso. É assim que as pessoas aumentam suas habilidades rapidamente e, ao mesmo tempo, realizam tarefas de alta qualidade. É assim que as empresas se tornam líderes de mercado com crescimento e impacto maiores e mais sustentáveis. Examinaremos isso no capítulo a seguir.

AS ÁREAS SÃO ESTADOS MENTAIS

É sempre bom lembrar o que são as áreas e o que não são.

A Área de Aprendizagem e a Área de Desempenho são estados mentais.

Não são lugares, períodos de tempo nem estados permanentes, mas um modo de pensar e agir.

Então, o que determina em qual área você está?

Aquilo em que você estiver prestando atenção.

Quando estiver focado em melhorar seus talentos e usando estratégias para facilitar o aprendizado, você estará na Área de Aprendizagem. Quando dirigir a atenção para fazer seu trabalho o melhor que puder, estará na Área de Desempenho.

TRABALHAR MAIS PODE LEVAR À ESTAGNAÇÃO

Mas eis a parte complicada: o desempenho *pode* gerar crescimento nos estágios iniciais do desenvolvimento de habilidades.

Quando tentamos algo novo pela primeira vez, o desempenho, por si só, pode nos levar da capacidade zero a um nível básico de proficiência.[20] Digamos que lhe pediram para fazer uma palestra – a sua primeira – e você tenha medo de falar em público, mesmo diante de uma sala cheia de colegas seus. Para começar, poderá anotar as áreas que precisam ser melhoradas. Você conta uma piada durante a apresentação e isso cria uma atmosfera positiva na sala. Portanto, inclua uma piada na próxima palestra que for dar. Algumas pessoas pedem para que você retorne ao slide anterior; na próxima vez, você deverá verificar a compreensão de sua apresentação. Quando um colega lhe dá um feedback útil, você sente que estar no centro das atenções não precisa ser tão assustador. Assim, com certeza, suas apresentações seguintes serão melhores que a primeira.

Mas, quando você se tornar um orador proficiente, apenas subir ao palco e falar não aumentará seu nível de competência. Você poderá empacar no desempenho crônico, repetindo os mesmos métodos e piadas. Então, para de melhorar. Ou pior, suas apresentações começarão a parecer obsoletas, tanto para você quanto para seu público. Você faz sempre a mesma coisa, o que não é suficiente para se manter em alto nível.

Esse é o paradoxo da performance. Se continuarmos a nos restringir à Área de Desempenho, ainda que em alto nível, nossos recursos e nossa eficiência ficarão estagnados e, com o tempo, até diminuirão.

A não ser que tenhamos a sorte de encontrar um mentor que nos mostre o caminho para melhorar, como fez o pai de Venus e Serena, viveremos sem entender a diferença entre a Área de Aprendizagem e a Área de Desempenho, achando que o caminho para executar e o caminho para melhorar são o mesmo: trabalhar duro.

E quando nosso trabalho duro esbarrar na estagnação, acharemos que já chegamos o mais longe possível. Ou concluiremos que o caminho para o sucesso é trabalhar mais tempo, associando êxito com execução constante, quando a realidade é muito mais libertadora.

O engajamento frequente na Área de Aprendizagem permite que você descubra e aprenda como trabalhar de modo mais inteligente e eficaz. Se estiver tentando melhorar sua competência como orador, poderá assistir a vídeos de palestrantes talentosos e compará-los com vídeos seus, poderá ler livros sobre como aprimorar suas técnicas, poderá contratar um instrutor ou testar algo novo e solicitar feedbacks. Embora seja tentador se ater ao que você já sabe, sobretudo quando se sente pressionado pelo tempo, engajar-se na Área de Aprendizagem na verdade *multiplica* o tempo à medida que você vai aprendendo a priorizar, colaborar e fazer mais em menos tempo. Esse pode ser um processo lúdico e alegre.

Embora a dedicação à Área de Aprendizagem seja essencial para o crescimento, não podemos esquecer a importância da Área de Desempenho.

DESEMPENHO NÃO É UMA PALAVRA INÚTIL

Nos primeiros dias de nosso discurso em favor do mindset de crescimento, meus colegas e eu notamos uma tendência clara: quando as pessoas percebiam o poder do aprendizado, muitas vezes desenvolviam uma aversão ao desempenho. O pêndulo havia oscilado demais na outra direção! Na ecosfera dos defensores do mindset de crescimento, *desempenho* estava começando a ser visto como palavrão. Muita gente falava como se metas de desempenho fossem inferiores aos objetivos da aprendizagem e como se o desempenho fosse antagônico ao crescimento e à melhoria.

Muitos começaram a ver o mindset de crescimento como meta final e não como um ingrediente para a transformação e o aprimoramento.

Embora o aprendizado seja essencial para o crescimento, o desempenho também é. Afinal, um chef, por exemplo, não pode simplesmente experimentar novas receitas; precisa também preparar refeições e entregá-las *rapidamente* aos garçons, sobretudo quando o restaurante estiver lotado. Um árbitro de futebol não pode se limitar a assistir aos replays de suas decisões; precisa também fazer a escolha certa – mesmo que milhares de espectadores peçam sua cabeça. Um vendedor não pode apenas ler sobre técnicas eficazes de vendas; deve converter interessados em clientes.

O desempenho não é algo ruim. É necessário. É como fazemos as coisas e damos nossa contribuição. Não precisamos rejeitá-lo, e sim equilibrá-lo e integrá-lo à aprendizagem para incrementar nossos resultados.

Se passarmos o tempo todo apenas realizando, nunca vamos melhorar. Mas se passarmos o tempo todo aprendendo, nunca faremos nada.

É combinando as duas áreas que melhoraremos nossos resultados e faremos mais diferença.

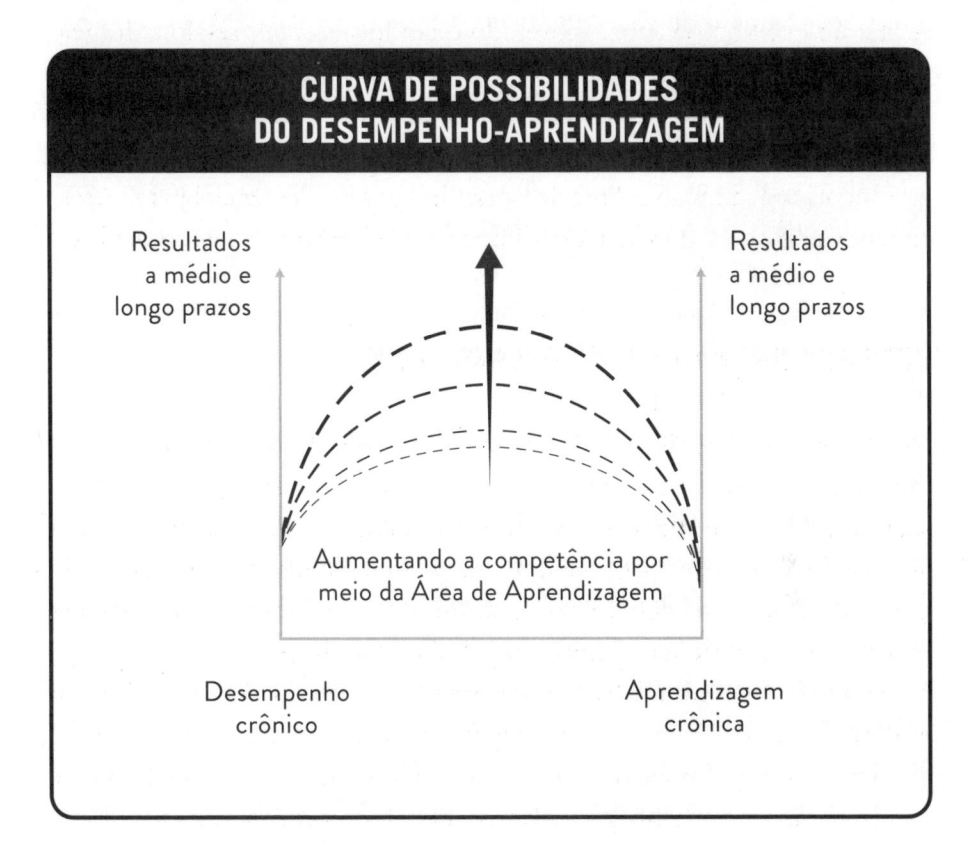

CURVA DE POSSIBILIDADES DO DESEMPENHO-APRENDIZAGEM

Resultados a médio e longo prazos

Resultados a médio e longo prazos

Aumentando a competência por meio da Área de Aprendizagem

Desempenho crônico

Aprendizagem crônica

LIBERTANDO-SE DO VIÉS DO PRESENTE

Imagine que você é um representante de vendas tentando atingir a cota para a última semana do trimestre. Caso consiga, receberá um excelente bônus.

Você está perto, mas ainda não chegou lá. Seria esse o momento de se engajar na Área de Aprendizagem para descobrir uma nova estratégia?

Uma resposta bastante razoável é "não". Provavelmente não é hora de repensar seu discurso de vendas nem de testar um novo mercado. Ao tentar maximizar o desempenho de curto prazo, faz sentido priorizar a Área de Desempenho.

Mas se, no início do próximo trimestre, você não se arriscar para saber se um novo produto seria importante para os clientes ou para entender melhor um novo público-alvo, suas vendas vão estagnar.

A incapacidade de nos prepararmos para mudanças contínuas – e mais amplamente, para considerar o futuro – é o que os economistas comportamentais chamam de *viés do presente*.[21] Em outras palavras, os seres humanos tendem a supervalorizar o presente e subestimar o futuro. Nossa tendência a incorrer em um desempenho crônico é alimentada em parte por nosso apego a recompensas imediatas.

Tratamos todas as semanas como se fossem a última do trimestre e presumimos que isso é o que nossos chefes esperam de nós.

Vemos o viés do presente em todos os níveis de nossas organizações e da sociedade. Como analista de investimentos em Wall Street, antes de me aventurar em capital de risco, observei, em primeira mão, que muitos investidores classificam as empresas de capital aberto com base no lucro líquido relatado ou no lucro líquido projetado para o próximo trimestre ou ano, em vez de nas perspectivas a longo prazo.

No entanto, o que uma empresa lucrará neste ano ou no próximo pode ter pouca influência sobre o que lucrará mais à frente. Imagine que você possuía ações da Apple em 2007, quando a empresa lançou o iPhone e o lucro líquido da empresa era de 3,5 bilhões de dólares. Se você vendesse as ações com base nos lucros de 2006 e 2007, em vez de considerar as perspectivas de crescimento futuro, perderia muito dinheiro. O lucro líquido da Apple em 2022 foi de 100 bilhões de dólares.

Em 2018, no *talk show Peer-to-Peer Conversations*, de David Rubenstein, Tim Cook, o CEO da Apple, disse o seguinte: "Administramos a Apple com foco no longo prazo. A fixação em quantas unidades são vendidas em um período de noventa dias sempre me pareceu estranha. Nossas decisões são plurianuais."[22]

Claro, é difícil prever o futuro. Essa é uma das razões pelas quais o viés do presente tem tanta influência em nossos mercados. Mas a pressão exercida por analistas e investidores leva muitos executivos e líderes calejados a se concentrarem ao máximo na Área de Desempenho, o que, com o tempo, provoca uma queda no desempenho que contamina a cultura empresarial e prejudica a organização.

Apesar dos atrativos do presente, os líderes empresariais mais bem-sucedidos e inovadores do mundo, entre eles Tim Cook, sabem que a única maneira de sobreviver e prosperar é administrar de olho no futuro – implantando, ao mesmo tempo, as medidas necessárias para moldá-lo.

Na Amazon, os executivos seniores são pressionados a "viver no futuro", segundo Jeff Bezos, fundador da empresa.[23]

"Todos os nossos executivos seniores operam da mesma forma que eu: trabalham no futuro, vivem no futuro. Nenhum dos colaboradores que se reportam a mim deve realmente se concentrar no trimestre atual. As pessoas me param e dizem: 'Parabéns pelo seu trimestre', e eu digo: 'Obrigado'. Mas o que realmente estou pensando é: 'Este trimestre foi planejado três anos atrás'... A gente tem que se preparar dois ou três anos antes", disse ele no *Peer-to-Peer Conversations*.

Alguns de nossos maiores inovadores entendem a necessidade de estar sempre desenvolvendo o que virá a seguir. Mas e aqueles que não estão sendo pagos para criar o futuro, mas para concretizar os objetivos da empresa *hoje*?

Bem, se você quiser fazer a diferença, tentará criar um futuro diferente do presente. Talvez oferecendo um conjunto mais amplo de produtos, melhor atendimento ao consumidor e operações mais simplificadas ou tentando atender um número maior de clientes. Caso seja responsável por alguma dessas áreas, totalmente ou em parte, não obterá sucesso se não se dedicar à Área de Aprendizagem.

Para identificar se você está sofrendo de desempenho crônico faça uma pergunta simples: *Qual habilidade ou qualidade estou tentando desenvolver atualmente?*

Se sua resposta for "não sei", você talvez esteja sofrendo de desempenho crônico.

Pergunte então a um colega de confiança: *Qual habilidade ou qualidade você acha que estou tentando desenvolver atualmente?*

Se ele não conseguir responder ou se você não estiver fazendo essa pergunta regularmente, não estará aproveitando o poder da aprendizagem colaborativa.

Passar algum tempo na Área de Aprendizagem desenvolve nossas qualidades e melhora nosso desempenho, mas também modifica o modo como pensamos quando retornamos à Área de Desempenho. Saberemos então como criar oportunidades de feedback e reflexão mesmo se estivermos no auge da execução de algum projeto. Em outras palavras, aprenderemos a integrar as duas áreas, uma habilidade fundamental que abordaremos no próximo capítulo.

PERGUNTAS PARA REFLEXÃO

- Alguma vez me engajei na Área de Aprendizagem depois que terminei a fase escolar? Qual foi o resultado?
- O quanto estou envolvido na Área de Aprendizagem no meu trabalho e na minha vida diária?
- O quanto minhas equipes e organizações estão envolvidas na Área de Aprendizagem?
- Como minha vida poderá mudar se eu interiorizar melhor as duas áreas?

CONTEMPLANDO O FUTURO

Sou muito ocupado. Como poderei integrar a Área de Aprendizagem em minha vida diária?

Capítulo 3: Integrando as áreas de aprendizagem e desempenho: aprender *enquanto faz*

> **IDEIA PRINCIPAL** Não é porque fizemos que aprendemos, mas podemos aprender enquanto fazemos. Não encontraremos as melhores oportunidades dedicando tempo apenas à Área de Aprendizagem, e sim mudando nossa forma de trabalhar. Avançamos além do conhecido enquanto fazemos o que é preciso.

Quando Simon Tisminezky foi escolhido para comandar o processo de crescimento das vendas por assinatura de cosméticos da Ipsy, todos os vinte funcionários da empresa trabalhavam em uma mesma sala do escritório em San Mateo, Califórnia.[1] Mas Simon já havia percebido que a Ipsy estava pronta para crescer. Era capaz de reter clientes com muito mais sucesso do que outras empresas de assinatura que ele conhecia. Na verdade, sua taxa de rotatividade – a taxa de clientes que cancelam o serviço – era semelhante à da Netflix, que tinha acabado de abrir o capital. Isso significava que os clientes valorizavam o serviço da Ipsy e que a empresa tinha algo extraordinário.

Mas havia um grande problema: estava crescendo rápido demais. Tão rápido, na verdade, que não conseguia suprir a demanda por seus produtos.

Na época, a Ipsy oferecia um serviço direto: todo mês os assinantes recebiam uma nova "Glam Bag" com itens de maquiagem, de batons e séruns a máscaras faciais, e fragrâncias. O que tornava a empresa tão atraente para os clientes, no entanto, representava um desafio para seu crescimento. As Glam Bags continham cosméticos fabricados por diferentes empresas parceiras, e esses produtos precisavam ser encomendados com meses de antecedência. No entanto, graças ao crescimento meteórico da Ipsy, era difícil prever em qual quantidade.

Por ser uma startup com recursos limitados, a Ipsy estava cautelosa com o excesso de pedidos. Mas quando o boca a boca sobre os serviços que oferecia se espalhou bem mais rápido que o previsto, seus dirigentes depararam com um problema típico da fase de hipercrescimento de uma startup: havia mais clientes que produtos.

Para não perder esses novos clientes, a Ipsy resolveu colocá-los em uma lista de espera enquanto os processos de fabricação e logística eram redimensionados.

Mas como ficaria Simon, cuja principal função era acelerar a conquista de clientes?

Ele não poderia se dar ao luxo de priorizar o aprendizado. Precisava ajudar a empresa a capitalizar a popularidade recém-conquistada. Mas não era o caso de ficar marcando passo na Área de Desempenho. Tinha de descobrir como acelerar a expansão e manter a Ipsy crescendo nos anos seguintes.

Não era a primeira vez que Simon gerenciava um crescimento exponencial. Como cofundador e CEO do site de encontros SpeedDate, ele contribuíra para que a startup alcançasse vinte milhões de usuários e dezenas de milhões de dólares em receita anual. Mas era novo na Ipsy e novo no mundo dos cosméticos femininos.

Como poderia se concentrar, ao mesmo tempo, no aprendizado e no crescimento?

SE EU TIVESSE TEMPO PARA APRENDER...

Em mais de 15 anos trabalhando com organizações e indivíduos comprometidos em promover mais crescimento e aprendizagem, ouvi sempre as mesmas frustrações iniciais:

- Sei que há áreas em que eu posso melhorar, mas quando? Já trabalho oitenta horas por semana...

- Se tivéssemos um orçamento maior, eu daria à minha equipe mais tempo para dedicar ao aprendizado. Mas já estamos sobrecarregados...

- Se não tivéssemos tanta pressão para atingir as metas deste trimestre, poderíamos nos concentrar nas qualificações de que precisaremos nos próximos três ou cinco anos. Mas esse não é o mundo em que vivemos...

Se você já teve pensamentos semelhantes, saiba que não está sozinho. Mas como poderemos ter certeza de que o tempo que dedicamos ao aprendizado realmente vale a pena? Como poderemos nos concentrar no tipo de aprendizado que de fato *melhora* nosso desempenho? A dedicação à Área de Aprendizagem poderá nos *devolver o tempo* que investimos nela?

Neste capítulo, veremos como algumas das maiores empresas do mundo se deslocam entre as duas áreas, mesmo sob pressão, economizando tempo e acelerando, no processo, o crescimento e o desempenho.

APRENDIZADO EM ALTA ALTITUDE

No documentário *Free Solo*, vencedor do Oscar,[2] conhecemos Alex Honnold, um dos montanhistas praticantes do estilo solo livre (isto é, sozinho e sem usar equipamentos) mais conhecidos do mundo. Até o momento, Honnold é a única pessoa a ter feito esse tipo de escalada na formação rochosa vertical conhecida como El Capitan, no Parque Nacional de Yosemite, Califórnia, com 914 metros de altura.

Antes dessa conquista, Honnold já havia escalado o El Capitan cerca de quarenta vezes – mas usando uma corda. Isso o ajudou a conhecer cada detalhe da montanha, calcular qual mão ou pé deveria colocar em determinados pontos, principalmente nos mais complicados. Uma parte fundamental de sua prática foi imaginar como seria cada posição se ele já estivesse escalando livremente.

A cautelosa movimentação de Honnold na Área de Aprendizagem é a responsável por ele estar vivo, pois se cometesse o menor erro que fosse escalando sozinho e sem uma corda morreria. É por isso que ele passa a maior parte do tempo escalando *com* uma corda. Ele também não permanece na Área de Desempenho por mais tempo do que acha que pode aguentar. Quando perde o foco, retorna à Área de Aprendizagem.

Pode ser que você agora esteja pensando:

- Minha vida não está em perigo.

- Meu trabalho é imprevisível e muda rapidamente. Uma montanha, pelo menos, fica no mesmo lugar!

- Não tenho tempo para praticar quarenta vezes antes de fazer alguma coisa para valer. E mesmo se tivesse, meu chefe não aprovaria!

Entendo essas preocupações. Mas, no trabalho e na vida cotidiana, a integração das duas áreas economiza tempo e aumenta o desempenho. Não precisamos escalar formações rochosas para ter a mesma dedicação de Alex Honnold à Área de Aprendizagem.

QUANDO SEGUIR EM FRENTE É A ÚNICA OPÇÃO

Às vezes, não temos escolha a não ser executar e aprender ao mesmo tempo. Eu deparei com um desses momentos anos atrás, durante uma palestra virtual para os sócios seniores do Boston Consulting Group em diversas partes do mundo.

Na época, minha esposa e eu estávamos morando em Santa Fé, Novo México. Meu plano era acordar à meia-noite e meia, o que me daria tempo suficiente para "entrar" na Área de Desempenho para a palestra que seria transmitida à 1h40 da madrugada.

Eu tinha me empenhado muito nos preparativos. Já fizera apresentações em diversos escritórios do BCG e havia refletido muito sobre como difundir o trabalho em âmbito global. Nas semanas que antecederam o evento, colaborei com a equipe de aprendizado e desenvolvimento do BCG para personalizar ao máximo a sessão. Chegamos a fazer ensaios separados com os dois anfitriões para os diversos fusos horários. Queríamos que tudo corresse bem, já que a audiência era constituída por pessoas ocupadas, que estavam sempre viajando para se reunir com clientes. Se perdêssemos a rara oportunidade em que estariam todos juntos, seria quase impossível reagendar a palestra.

Eu estava totalmente preparado.

Acordei pouco depois da meia-noite, levantei-me da cama, liguei o interruptor de luz... e nada aconteceu. Liguei o outro interruptor, e nada também. Olhei para fora e percebi que a vizinhança estava sem energia elétrica.

Eu não poderia usar o computador nem iluminar o cenário que havia montado. E não sabia ao certo se poderia contar com o sinal do meu celular para ser usado como roteador.

Não via uma solução, mas teria um pouco de tempo para pensar. Por algum motivo, não entrei em pânico. Talvez porque ainda estivesse sonolento ou porque sabia que o pessoal do BCG seria compreensivo. Fosse qual fosse a razão, tentei encontrar uma solução criativa enquanto escovava os dentes.

Uma coisa eu sabia: se pudesse descobrir um meio de realizar a palestra, ainda que isso envolvesse riscos, tentaria colocá-lo em prática. Eu precisaria me deslocar para a Área de Aprendizagem durante a apresentação. Não havia outro jeito. O método seguro e testado não estava disponível. Nem nosso wi-fi.

Santa Fé é uma cidade com 85 mil habitantes. Nenhum estabelecimento abre no meio da noite. Mesmo assim, perguntei a mim mesmo se haveria nas proximidades algum lugar com energia e wi-fi gratuito. Porém, como estaria escuro, os parceiros do BCG não conseguiriam me ver durante a apresentação, o que poderia causar distrações e seria frustrante. Eu poderia tentar dar a palestra de dentro do carro, usando a iluminação interna para iluminar meu rosto, mas ficaria estranho no vídeo e, além disso, eu não tinha certeza se conseguiria estacionar o carro próximo o suficiente para captar o sinal de wi-fi de alguém.

Então, outra alternativa me ocorreu: eu poderia usar os faróis dos nossos automóveis. Improvisaria uma mesa na entrada da garagem, alinharia os dois carros para que seus faróis me iluminassem e usaria meu celular como roteador para a internet. Eu tinha uma bateria externa que manteria o telefone funcionando e meu laptop estava totalmente carregado.

Concluí que era a melhor opção e fui em frente.

O relógio já estava correndo antes de eu entrar no "palco". Não haveria tempo para ensaiar. Tive que descobrir na hora se meu telefone captaria um sinal forte o suficiente. Tive que aprender a fazer uma palestra ao relento, no meio da noite, sem saber se seria interrompido por um vizinho irritado, um urso faminto ou um leão da montanha curioso. E tive que descobrir como ser técnico de som, engenheiro de iluminação e palestrante ao mesmo tempo.

Em outras palavras, embora eu tivesse que me apresentar, também estava navegando na Área de Aprendizagem. Dar uma palestra on-line sem energia elétrica não era algo que eu soubesse fazer até aquele momento.

Antes de entrar com o login, respirei fundo e disse a mim mesmo que aquela era a melhor configuração possível; então, caberia ao palestrante dar o seu melhor.

Expliquei aos organizadores e aos participantes o que estava acontecendo, assegurei-me de que todos podiam me ver e ouvir e me concentrei nas estratégias da palestra, que eu sabia que funcionariam bem.

E tudo deu certo. A sessão recebeu ótimas críticas e a história se espalhou no BCG, o que contribuiu para promover o mindset de crescimento dentro da organização.

Em meio a tudo isso, aprendi algumas coisas. Aprendi que, se necessário, posso usar meu celular como roteador em Santa Fé e os faróis dos carros para iluminar meu "palco".

Caso o roteador não tivesse funcionado, eu aprenderia uma valiosa lição a respeito do que não funciona bem. Melhor ainda: ciente do que pode acontecer, agora tenho uma central de energia operada por baterias, na qual posso conectar minhas luzes e dois provedores de serviços de internet diferentes com alternância no caso de falhas.

Entretanto, talvez a maior lição foi estar sempre preparado para pensar criativamente e assumir riscos sensatos. Afinal, problemas sempre acontecerão: falhas técnicas, trânsito engarrafado, lentidão na cadeia de suprimentos e muitos outros.

Isso não significa que devemos sempre esperar o pior. Mas engajar-se regularmente na Área de Aprendizagem garante nosso crescimento contínuo e nos lembra que é sempre possível ir além de nossa capacidade atual. Nunca estamos tão "atolados" como pode parecer à primeira vista.

Além de abrir caminho para o nosso crescimento, a Área de Aprendizagem também possibilita uma mudança de mindset: nos tornamos capazes de ver situações de desempenho sob grande pressão como oportunidades de aprendizado. Mas essa mudança é apenas parte da equação. Estratégias eficazes são igualmente necessárias na Área de Aprendizagem.

A ARMADILHA DO "APRENDER FAZENDO"

As pessoas costumam usar a frase *aprender fazendo* para expressar seu interesse em se tornar proficientes em alguma coisa apenas pondo a mão na massa. Mas há risco de essa frase ser mal interpretada no sentido de que podemos fazer algo e esperar que o aprendizado simplesmente aconteça. Não é bem assim. Como expliquei no capítulo 2, o simples fato de *fazer* gera alguma melhoria enquanto somos menos experientes, mas, para progredirmos a partir daí, é preciso combinar a Área de Desempenho com a Área de Aprendizagem. É por isso que gosto de chamar a integração de ambas as áreas de *aprender enquanto faz* – como um lembrete de que não basta *apenas* cumprir a tarefa.

John Dewey, Kurt Lewin e David Kolb – reformadores da educação que se tornaram pioneiros na *aprendizagem experiencial* e no *aprender fazendo* – entenderam isso.[3] A descrição desses conceitos envolvia não apenas realizar coisas, mas também desenvolver hipóteses, testá-las e refletir sobre elas. O processo era representado como um ciclo. Há diferentes versões desse ciclo, mas todas se resumem ao mesmo processo básico:

- Tente algo novo e observe os efeitos.

- Reflita sobre suas observações.

- Desenvolva uma hipótese com base nessas observações.

- Planeje como testar a hipótese.

- Repita o ciclo tentando algo novo.

Um ciclo muito diferente de simplesmente *fazer*, pois, como Dewey destacou, "não aprendemos com a experiência... aprendemos refletindo sobre a experiência".

CICLO DE APRENDER ENQUANTO FAZ

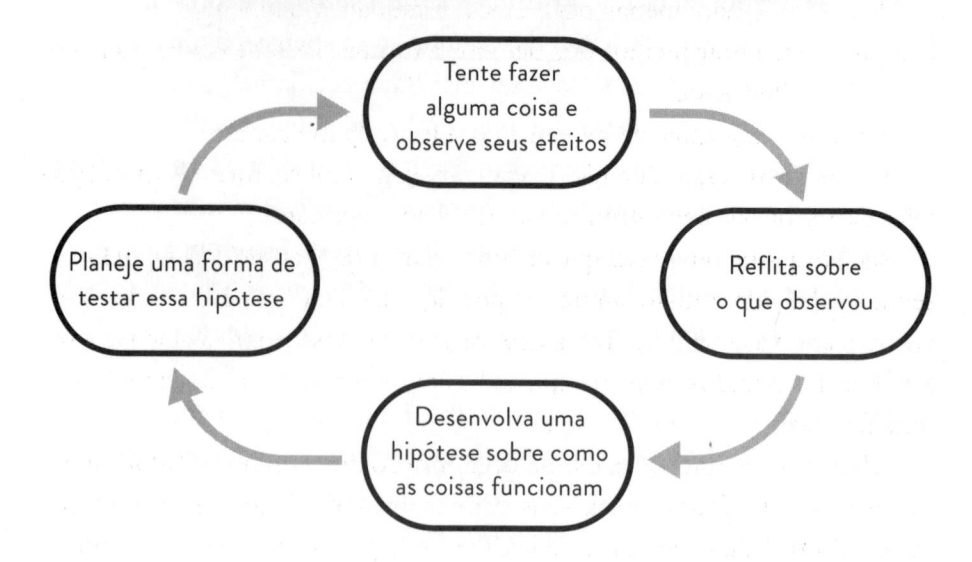

- Tente fazer alguma coisa e observe seus efeitos
- Reflita sobre o que observou
- Desenvolva uma hipótese sobre como as coisas funcionam
- Planeje uma forma de testar essa hipótese

Traca Savadogo, hoje palestrante e estrategista de relacionamentos, criou uma versão própria desse ciclo de aprendizagem experiencial no começo de sua carreira, quando trabalhava como barista em um movimentado Starbucks de Seattle.[4]

Ela iniciava seu turno na cafeteria às quatro da manhã. Em seguida ia para a faculdade e, à tarde, trabalhava meio período em um segundo emprego. Traca também atuava no diretório acadêmico, nas simulações da ONU [em que alunos atuam como diplomatas, juízes e políticos, buscando resolver problemas] e no All College Council [um conselho que debate propostas para melhorar as universidades].

Como dormia pouco, Traca às vezes tinha problemas para se lembrar dos pedidos como barista, sobretudo durante o rush matinal. Frequentemente precisava pedir aos colegas para lembrá-la do que deveria fazer. Isso era um atraso de vida para eles. Suas distrações acarretavam desperdício, repetição de pedidos e tempo de espera mais longo para os clientes. Mas ela precisava do emprego, que lhe oferecia seguro-saúde, além de doses regulares de cafeína.

Um dia, teve uma ideia: pediu aos colegas que escrevessem os pedidos de bebida na lateral dos copos, em vez de berrarem para se sobrepor ao barulho da loja e às conversas dos clientes.

Deu certo, e não apenas para Traca: a mudança também ajudou seus colegas a se lembrar melhor dos pedidos e tornou o estabelecimento mais tranquilo e silencioso.

"Éramos a única loja da rede que fazia isso", ela me contou.

Apesar do sucesso, quando Traca começou a cobrir turnos em outras lojas da Starbucks, encontrou resistência à sua sugestão.

Não era assim, ouviu ela, que os funcionários da Starbucks deviam fazer seu trabalho. Além disso, anotar os pedidos envolvia uma etapa extra que eles não aprovavam. Hoje, Traca explicaria que o passo extra a ajudava a se lembrar dos pedidos, mas, na época, hesitou em revelar o que parecia ser uma fraqueza.

Felizmente, a Starbucks é uma organização que aprende. "Estão sempre pedindo feedbacks para seus funcionários e clientes, e levam isso muito a sério", disse ela. Traca decidiu se manifestar porque sentiu que a empresa estava construindo algo grandioso e queria contribuir. Ela já tinha dados demonstrando que o procedimento funcionava. Os resultados eram claros.

Traca disse a eles: "Além de minha precisão estar aumentando e de o desperdício ser muito menor, agora posso me concentrar na experiência do cliente."

A ideia de Traca foi aprimorada e refinada, e a Starbucks hoje imprime os pedidos nos copos em todas as lojas espalhadas pelo mundo. Independentemente de o pedido ser feito por aplicativo, no drive-thru, por parceiros de entrega ou pessoalmente, cada copo traz instruções detalhadas sobre o que deve conter.

Se Traca tivesse abaixado a cabeça e se concentrado somente no desempenho, continuaria a cometer os mesmos erros e, provavelmente, acabaria demitida. Em vez disso, foi pioneira em uma prática icônica, que lhe permitiu prosperar em seu trabalho, ajudou outros baristas e tornou as lojas da Starbucks mais silenciosas, calmas e eficientes.

Essa história oferece algumas pistas sobre como podemos nos dedicar ao aprendizado mesmo sob alta pressão, quando aparentemente não há muito tempo para refletir nem resolver problemas.

1. **Tome nota do problema.** Dica: ao perceber que algo não está funcionando, aproveite para entrar na Área de Aprendizagem.

2. **Planeje uma experiência simples.** Uma nova abordagem para um velho modo de fazer as coisas. Para saber se sua estratégia de "anotar os pedidos nos copos" estava funcionando, Traca se manteve atenta. Os clientes ficavam satisfeitos? Seus colegas de trabalho ficaram felizes com a mudança? A medida aumentava o número de pedidos?

3. **Pergunte a si mesmo: "Como posso ampliar o impacto?"** Com os resultados positivos, Traca revelou sua descoberta e sugeriu que outras filiais adotassem a prática.

4. **Não desista diante da resistência de algum sabichão.** "Não é assim que fazemos as coisas aqui", foi o que ela mais ouviu quando apresentou sua ideia em outras filiais. Mas a loja em que trabalhava estava obtendo muito sucesso com a nova prática. Por que ignorar uma lição valiosa?

5. **Mantenha-se comprometido com o desempenho.** Traca nunca deixou de atender bem os clientes enquanto se perguntava: "Como podemos melhorar?"

Gestores, atenção: o experimento de Traca Savadogo, simples e de baixo risco, é um poderoso lembrete de como o apego obstinado ao hábito pode minar soluções criativas que melhoram a experiência do cliente. Sempre que nos agarramos ao velho "não é assim que fazemos as coisas aqui", sem atentarmos à possibilidade de haver alternativas melhores, estamos, na verdade, pedindo a nossos funcionários que se comportem como robôs, apenas executando a rotina de seus trabalhos.

Ao capacitarmos as pessoas a desafiarem o status quo, perguntando "o que não está funcionando?" ou "como as coisas poderiam funcionar melhor?" e, em seguida, fazermos experiências em pequena escala, obtemos dois benefícios: melhoramos a experiência do cliente e incentivamos os funcionários a trazerem para o trabalho sua curiosidade e seus pensamento criativos. Isso aumenta o compromisso e o senso de propriedade deles.

Como *aprender fazendo* é diferente de simplesmente *fazer*? O quadro a seguir mostra a diferença:

CICLO DE APRENDER ENQUANTO FAZ

	APENAS FAZER	APRENDER ENQUANTO FAZ
Objetivo	Fazer	Fazer e melhorar
Estratégias	Fazer a mesma coisa do mesmo modo	Tentar coisas novas
Plano	Só saber como fazer a coisa	Testar e obter feedbacks
Fontes de pensamentos	Só aquilo que eu sei	Pedir opiniões dos outros
Reação a novas ideias	Só implementar se forem rápidas	Analisá-las e explorá-las
Reação a erros	Desconsiderar erros	Discuti-los e aprender com eles
Abordagem para feedbacks	Não solicitar feedbacks	Solicitar feedbacks
Reflexão	Apenas executar tarefas	Em algum momento, parar para pensar sobre elas
Abordagem geral	Só fazer o que conhece	Buscar metas desafiadoras

Muitos de nós passamos a maior parte do tempo executando nossas tarefas com o único objetivo de concluí-las. Mas temos muito a ganhar pensando em melhorias. Trata-se de permanecermos curiosos, fazermos perguntas, experimentarmos coisas novas, solicitarmos feedbacks e prestarmos atenção a novas informações.

Passando de um desempenho majoritariamente crônico... ... para aprender muito mais enquanto faz

AA AD → AA Aprender enquanto faz AD

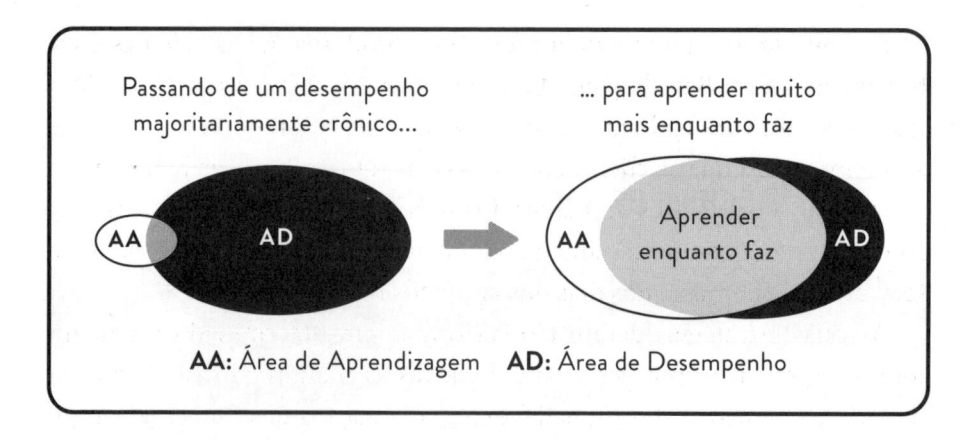

AA: Área de Aprendizagem   **AD:** Área de Desempenho

JUNTANDO TUDO

Agora que aprendemos como integrar aprendizado e desempenho, vamos retornar a Simon Tisminezky, o *growth hacker** que conhecemos no início do capítulo, para saber como ele ajudou sua nova empresa a alcançar um crescimento estratosférico.

Quando Simon fez uma busca no X (antigo Twitter) para saber o que andavam falando sobre a Ipsy, descobriu que a empresa tinha um ótimo produto, adorado por clientes que se empenhavam em compartilhar suas experiências positivas com outras pessoas.

Ainda assim, havia espaço para melhorias. Apenas 2,5% das clientes haviam expressado nas redes sociais seu amor pela Ipsy. Simon sabia que, com um pouco de estímulo, poderia levar muito mais pessoas a compartilhar seus "momentos felizes".

A maioria das ideias que ele testou para promover o compartilhamento não funcionou, mas duas delas fizeram maravilhas. A primeira foi informar às clientes que elas subiriam na lista de espera da Glam Bag se mencionassem a Ipsy nas redes sociais. Podiam dizer o que quisessem; bastava compartilhar alguma coisa, como sua empolgação ao assinar o serviço ou um comentário sobre algum dos vídeos disponíveis gratuitamente na internet.

---

* *Growth hacker* é um profissional que usa estratégias criativas e de baixo custo para ajudar as empresas a adquirir e reter clientes. (N. do E.)

A segunda foi oferecer uma prévia dos produtos que as clientes receberiam na Glam Bag daquele mês. Nos dias em que fez esse anúncio, a Ipsy teve tanto tráfego em seu site que seus servidores travaram. Simon anunciou então que as clientes que falassem sobre a Ipsy nas redes sociais receberiam a prévia três dias antes do anúncio regular. Essa estratégia não só incentivou o compartilhamento como também aliviou a carga sobre os servidores da empresa nos dias dos anúncios regulares.

As duas estratégias deram tão certo que, em determinado momento, foram responsáveis por gerar 60% de novas assinantes da Ipsy. O melhor de tudo é que não custavam nada, exceto os salários dos funcionários que trabalhavam no brainstorming, testando e analisando as ideias.

Essas abordagens permitiram que a empresa crescesse à extraordinária taxa de 100 milhões de dólares em receita recorrente anual praticamente sem gastos com publicidade ou marketing – algo inédito. E lhe permitiram chegar a 1 bilhão de dólares em receita recorrente anual.

Quanto à imprevisibilidade enfrentada pela Ipsy: à medida que suas práticas e serviços amadureciam, tornou-se muito mais fácil calcular o número de clientes que se inscreveriam, mesmo com a empresa crescendo mais rápido do que nunca. Graças ao seu compromisso em aprender mais sobre as clientes e estabelecer sistemas e processos para impulsionar o crescimento, a Ipsy se tornou capaz de prever os pedidos com antecedência de seis meses. E, embora a lista de espera ainda fosse grande, a empresa encontrou um meio de retirar dessa lista as clientes mais ansiosas e lhes enviar os produtos imediatamente.

Simon estava sob pressão para transformar o sucesso inicial da Ipsy em crescimento? Com certeza. Mas sua experiência é universal. Quem nunca assumiu uma nova função ou projeto com meses de atraso e com um monte de coisas a serem atualizadas?

Embora sempre seja possível encarar desafios e oportunidades de olho no que poderemos aprender, não precisamos esperar por um blecaute, como aconteceu comigo. Podemos tornar o aprendizado proativo um hábito.

No próximo capítulo, examinaremos estratégias poderosas para impulsionar proativamente nosso crescimento.

PERGUNTAS PARA REFLEXÃO

- Estou regularmente envolvido em *aprender enquanto faço*, ou estou gastando meus dias apenas *fazendo*?
- Estou assumindo desafios reais, cujos conhecimentos ou habilidades exigem que eu mergulhe no desconhecido?
- Como poderei *aprender enquanto faço* todos os dias, tanto individualmente quanto com meus colegas?

CONTEMPLANDO O FUTURO

Qual habilidade ou capacidade eu gostaria de desenvolver ainda mais, e como posso fazer isso?

Capítulo 4: Seis estratégias essenciais da área de aprendizagem

IDEIA PRINCIPAL O desenvolvimento de diferentes competências na Área de Aprendizagem exige diferentes estratégias. Se refletirmos sobre como estamos aprendendo e fizermos os devidos ajustes, melhoraremos cada vez mais.

A CANTORA SAI DO PALCO ao som de aplausos retumbantes, que perduram bem depois de ela ter emitido sua última nota. Se você perguntasse a opinião de algum dos 45 mil fãs que lotavam a plateia do show, ele diria que foi *impecável* – não é surpresa que *Flawless* [impecável] seja o título de um dos 81 sucessos da artista na *Billboard*.[1]

Mas não é assim que a cantora vê as coisas. Como disse à revista *GQ* em 2013, ela sabe que, por melhor que seja o show, sempre há espaço para aperfeiçoamento.[2] É por isso que, em vez de capotar na cama ou ir a uma festa após o espetáculo, ela volta para o quarto do hotel e assiste a um vídeo do espetáculo que acabou de apresentar. Então, escreve críticas sobre si mesma, seus dançarinos, sua equipe de filmagem, enfim, sobre todos os envolvidos no espetáculo. Na manhã seguinte, todas essas pessoas recebem as observações da superestrela mundial.

Beyoncé vem encantando milhões de pessoas há anos e se apresenta nos maiores palcos do mundo. Já recebeu mais Grammys que qualquer outro e é a artista mais indicada na história do prêmio.[3]

Seus shows, sempre com cantores, músicos e dançarinos em figurinos deslumbrantes, além de notáveis jogos de luzes, são famosos pela exibição de talento e criatividade.

Isso é o que se pode chamar de desempenho, em todos os sentidos da palavra.

No entanto, como todos os artistas talentosos, Beyoncé teve que trabalhar duro na Área de Aprendizagem para desenvolver seus talentos. Quando criança, ela competiu no programa de televisão *Star Search*, mas perdeu. Ela considera esse momento uma etapa decisiva em sua vida, como revela no videoclipe da canção ***Flawless.[4] Para superar o medo que tinha do palco, ela desenvolveu um alterego chamado Sasha Fierce.

Até hoje, Beyoncé passa muito tempo na Área de Aprendizagem.

"Eu assisto às minhas apresentações e gostaria de poder apenas gostar do que vejo, mas acabo percebendo uma luz que demorou a acender... Ou penso: 'Ah, Meu Deus, esse cabelo não funcionou' ou 'Jamais vou fazer isso de novo'. Mas tento me aperfeiçoar. Quero crescer e estou sempre ávida por novas informações", disse ela à *GQ*.

Embora tenha sido incrivelmente bem-sucedida em todos os aspectos de sua carreira, transformando seu talento em um patrimônio líquido de centenas de milhões de dólares, Beyoncé nunca para de aprender e crescer. Após mais de 25 anos no show business, sua música se aprofundou, tornando-se mais desafiadora e introspectiva. E suas apresentações ficaram cada vez mais espetaculares. A rede *NPR* deu a ela o título de mulher musicista mais influente do século XXI.[5] O que podemos aprender com Beyoncé?

Neste capítulo, revelarei seis estratégias-chave particularmente poderosas da Área de Aprendizagem que qualquer pessoa poderá utilizar. Vão desde a compreensão de uma prática específica até a dica de uma piloto de helicóptero Apache do exército americano sobre como manter a calma em situações de vida ou morte.

ESTRATÉGIA DA ÁREA DE APRENDIZAGEM Nº 1: PRATICAR DELIBERADAMENTE

Em 26 de agosto de 2021, a banda de rock Foo Fighters convidou a baterista mais inexperiente de todos os tempos a subir ao palco da arena The Forum, em Los Angeles. Era Nandi Bushell, de 11 anos.[6]

Um ano antes, quando tinha 10 anos, Bushell – que nasceu na África do Sul e mora na Inglaterra – desafiou pelo X (antigo Twitter) o líder da banda Foo Fighters, Dave Grohl, para uma disputa de bateria.[7]

No início, como ele mesmo contou mais tarde num programa de televisão, Grohl achou a mensagem fofa,[8] mas seus amigos começaram a mandar uma enxurrada de recados dizendo mais ou menos a mesma coisa: "Cara, você precisa melhorar."

"Então, toquei uma coisa simples e enviei para ela. Um dia depois, ela me manda a resposta: um show de bateria. E eu pensei: 'Essa garota me põe no chinelo!'", disse ele.

Durante meses, eles se desafiaram em batalhas públicas: Grohl gravava a si mesmo tocando uma música e enviava a gravação a Bushell. Ela aprendia, praticava, gravava e enviava um vídeo imitando até mesmo as expressões faciais dele.[9] As trocas irradiavam alegria e fascinaram milhões de fãs em todo o mundo durante a pandemia da covid-19.

Alguns meses depois, os dois se falaram pela primeira vez em uma chamada de vídeo promovida pelo *The New York Times*.[10]

"Percebi que nunca serei tão bom quanto você e simplesmente parei de tocar bateria", disse Grohl.

"Bem, é só praticar, praticar e praticar", respondeu Bushell.

Embora não tivesse experiência, Bushell tinha outra coisa muito mais importante: *perícia*. Foi o que lhe permitiu tocar com tanta maestria naquela noite de verão, no The Forum, e roubar o show.

Acontece que *perícia* é algo que qualquer um pode desenvolver – seja jovem, velho ou de meia-idade.

"Eu toco devagar, pouco a pouco... até acertar e penso: 'Estou fazendo isso certo?'... Essa é a minha forma de trabalhar: tocar cada trecho aos poucos, até conseguir executar a música toda de uma só vez e na velocidade máxima", disse Bushell ao *Los Angeles Times*.[11]

Ela não praticava simplesmente – *praticava deliberadamente*.

O falecido Anders Ericsson, professor da Universidade Estadual da Flórida que cunhou o termo *prática deliberada*, passou grande parte de sua carreira estudando como as pessoas se tornam especialistas em suas áreas. E chegou à conclusão de que "os especialistas *sempre* se fazem, não nascem prontos".[12] Ninguém se torna especialista sem ter desenvolvido sua expertise. E a prática deliberada é uma das principais ferramentas para atingir a excelência.

"Nem toda prática leva à perfeição. É preciso um tipo particular de prática – a prática deliberada – para desenvolver a expertise. Quando as pessoas praticam, geralmente costumam se concentrar no que já sabem fazer. A prática deliberada é diferente: implica esforços consideráveis, específicos e prolongados para fazer algo que você *não consegue* fazer bem – ou nem mesmo fazer. Pesquisas em todos os domínios revelam que é apenas trabalhando no que você não consegue fazer que você se torna o especialista que deseja ser", escreveram Ericsson e os coautores Michael J. Prietula e Edward T. Cokely, em seu artigo "A formação de um expert", publicado na revista *Harvard Business Review* em 2007.[13]

Para aplicar a prática deliberada:

- Divida a habilidade em competências básicas.

- Seja claro a respeito de qual dessas competências você tentará melhorar em determinado período.

- Concentre-se totalmente em um nível de qualidade que esteja fora de sua zona de conforto, um pouco acima do que consegue fazer até o momento.

- Peça feedbacks frequentemente. Então, repita e ajuste o que for preciso.

- Conte com a orientação de uma pessoa qualificada. As atividades que se deseja aprimorar geralmente são específicas de um campo, e bons instrutores e professores podem nos dar feedbacks especializados.[14]

Ericsson também concebeu outra categoria chamada *prática intencional*, que segue muitos dos princípios da prática deliberada, mesmo sem um professor ou instrutor experiente.[15] Como ele explicou no podcast *Good Life Project*: "Com uma prática intencional... você provavelmente poderá ganhar tanto em duas horas quanto em alguns anos se limitando a jogar com amigos."[16]

A pesquisa de Ericsson é, às vezes, erroneamente simplificada como a "regra das 10 mil horas" – mas não há nada de mágico no número 10 mil. Quanto mais as pessoas se envolvem de modo eficaz em uma prática deliberada, mais melhoram. O número de horas de prática deliberada necessárias para ingressar em uma elite ou alcançar o nível de excelência depende de vários fatores, incluindo a competitividade do setor.[17]

Se um jogador de tênis passa o tempo todo na quadra jogando em duplas com os amigos – em outras palavras, na Área de Desempenho –, ele se estabilizará após determinado tempo e jamais irá muito além desse ponto. Mas se estiver praticando deliberadamente, um treinador poderá posicioná-lo na quadra e ir aumentando aos poucos o nível de dificuldade dos voleios, por exemplo, ajudando-o a corrigir os erros. Quando esse jogador for disputar uma partida, seus erros técnicos já estarão superados.

ESTRATÉGIA DA ÁREA DE APRENDIZAGEM Nº 2: APRENDA MUITO TESTANDO AOS POUCOS

A equipe de Olivier Perrin estava entusiasmada com o novo iogurte que havia criado após ouvir feedbacks dos clientes.[18] O que mais um gerente poderia querer além de uma equipe apaixonada, comprometida e preparada para grandes lançamentos?

Mas, como ele logo descobriria, uma paixão sem um sólido processo de aprendizagem pode resultar em fracasso.

Olivier, que dirige o Departamento de Projetos Globais da General Mills, gigante multinacional de alimentos industrializados, aprendeu essa valiosa lição no início de sua carreira.

A princípio, sua equipe queria fazer um teste em pequena escala, distribuindo o iogurte em dez lojas de varejo durante dez semanas. Mas logo perceberam que não havia como fabricar o novo produto em pequena escala. Os custos para fazer o teste nessas lojas seriam quase os mesmos de um lançamento regional que cobrisse aproximadamente 20% dos Estados Unidos. Depois de analisar e discutir o assunto, optaram por uma escala maior. Caso tudo corresse bem, uma quantidade inicial maior permitiria que eles crescessem mais rápido que a concorrência.

Quando o produto chegou às prateleiras, no entanto, a equipe logo percebeu que nem todas as regiões atendiam às expectativas de vendas. Eles identificaram rapidamente a razão principal e criaram uma solução, mas fazer mudanças em grande escala acabou sendo um processo difícil e demorado.

No momento em que deveriam começar a vender em escala maior, quase todos os varejistas já tinham perdido a confiança no produto, que, ainda por cima, ocupava um valioso espaço nas gôndolas. Embora desapontada, a equipe não teve escolha a não ser encerrar a produção.

Após alguma reflexão, Olivier e seus colegas perceberam que o lançamento em larga escala tornava mais difícil alcançar o objetivo principal da experiência: o aprendizado. Embora parecesse rentável distribuir o iogurte em uma área mais ampla, dado o alto custo de produzi-lo em pequenos lotes, o processo todo custou muito mais caro. E o produto não vingou.

Como a equipe de Olivier acabou reconhecendo, a experiência foi estruturada com foco no desempenho; eles estavam ansiosos para produzir em grande escala antes de terem aprendido o suficiente. Como não seria possível tentar de novo tão cedo, tampouco poderiam continuar aprendendo. Um grande lançamento requer muito tempo para fazer ajustes na embalagem e no marketing, além de mais gerenciamento em logística e no relacionamento com parceiros e clientes.

Certamente, a equipe de Olivier não foi a única a ser seduzida pela tentação de um rápido escalonamento antes de entender suficientemente o mercado.

A rede de restaurantes Luke's Lobster, cuja primeira loja foi inaugurada em Nova York em 2009, é conhecida por servir frutos do mar rastreáveis e sustentáveis a clientes em todo o país, eliminando intermediários e trabalhando diretamente com produtores.[19] A empresa cresceu rapidamente, de um restaurante no East Village, um bairro de Nova York, para trinta estabelecimentos.

Como Luke Holden, seu criador, disse a Patrick McGinnis no podcast *FOMO Sapiens* (trocadilho com *homo sapiens*. FOMO: *Fear of Missing Out* – medo de ficar de fora, em português): quando ele decidiu expandir a Luke's Lobster, veteranos do setor o aconselharam a abrir outros restaurantes em cidades onde a Luke's já tivesse lojas em vez de expandir a rede para novas cidades. Concentrando-se em menos mercados, a empresa limitaria seus gastos operacionais e de marketing.

Ansiosa para implementar a estratégia, a rede abriu lojas em muitos outros locais, mas a coisa não funcionou como esperado. As pessoas não comem frutos do mar como comem hambúrgueres ou pizza. São produtos mais caros, e por isso reservados a ocasiões especiais. Os clientes de Luke estavam dispostos a ir mais longe para comer lagosta do que para comer hambúrguer, então abrir novos restaurantes em locais mais próximos facilitou a vida dos clientes, mas não expandiu a base de clientes proporcionalmente ao número de restaurantes.

A Luke's Lobster concluiu, então, que a tradicional estratégia de cluster usada por muitas redes não era a melhor estratégia de crescimento para a sua marca. A experiência também cristalizou a importância de entender o cliente antes de desenvolver um restaurante específico.

A Luke's Lobster poderia ter aprendido essas lições de modo mais rápido e barato se testasse sua experiência em apenas um mercado antes de se expandir para outros, o que teria aumentado o retorno sobre o investimento. O mais importante, no entanto, é que seus proprietários aprenderam a aprender melhor. Agora, investem tempo e dinheiro para conhecer a população local antes de abrir novos restaurantes.

Experimentar em menor escala, sem muitas surpresas e fracassos, e efetuar mudanças e repetições com mais agilidade tende a levar a um aprendizado maior e mais imediato. Em outras palavras, produz condições de crescer com *sucesso* mais rapidamente.

Isso não significa que você não possa fazer testes ao mesmo tempo. No capítulo 1, conhecemos a empresa de educação peruana iEduca, que o novo CEO, Douglas Franco, tentava expandir rapidamente. Com o início da pandemia de covid-19, a iEduca passou a oferecer seus cursos on-line, o que permitiu a realização de experiências rápidas e baratas.[20] Douglas pôde, assim, encorajar a equipe executiva a testar a expansão em novos mercados, realizando um experimento-padrão em diversos países.

Com foco no crescimento geográfico, eles escolheram seis países com características diferentes, desde grandes mercados, como Estados Unidos e México, até pequenos, como Panamá e Bolívia. Em alguns países, como os Estados Unidos, os resultados foram tão ruins que decidiram interromper as experiências. Mas os resultados iniciais em outros países, como o México, foram promissores, então continuaram experimentando e aprendendo, buscando insights e otimizações específicas de cada mercado. No final, gastaram menos de 20 mil dólares ao todo, um investimento pequeno que permitiu que eles se expandissem para três novos e lucrativos países.

As experimentações foram tão úteis para o desenvolvimento da iEduca que, em determinado momento, havia muitas em andamento. Decidiram, então, estabelecer um orçamento para os testes e limitar a 15 por vez. A medida trouxe o benefício adicional de pressioná-los a tornar claros os objetivos de cada experimentação e estabelecer um processo de três estágios.

O primeiro estágio, a Incubação, inclui experimentos simples e rápidos. Caso algum deles demonstre potencial, o processo passa para o estágio Verde, com investimentos maiores e foco específico (foi nesse estágio que a iEduca percebeu que, no México, as centrais de atendimento eram importantes). Os experimentos bem-sucedidos avançam para o estágio de Otimização, no qual passam da fase de testes para a implantação. Nessa fase final, há um interesse maior em investir mais dinheiro em desenvolver aquilo que está funcionando, em vez de apenas aprender o que funciona, embora pequenos ajustes continuem sendo feitos.

Nem é necessário um orçamento para a realização de experimentos. Às vezes, faço experimentos realizando pequenos ajustes nas palestras e workshops que ministro, mas não reformulo completamente a matéria com novos conteúdos e atividades que nunca usei antes. Meus clientes me contratam para oferecer um serviço especializado, não para testar com eles coisas inéditas.

Mas sempre posso acrescentar algum novo conceito ou uma nova atividade adaptada às necessidades específicas do cliente. Na maioria das ocasiões, esses pequenos ajustes funcionam bem, pois, ao longo do tempo, desenvolvi intuições específicas em relação ao trabalho que faço. Ainda assim, às vezes me fazem perguntas que me mostram a necessidade de explicar algo com mais detalhes, dar mais exemplos ou destinar mais tempo à atividade em pauta.

Provavelmente, você costuma fazer coisas que já fez antes, mas em situações ligeiramente diferentes. Pense em quais ajustes poderão ajudá-lo nessa nova situação. Teste algo que possa melhorar seu desempenho, mesmo sabendo que, se isso não acontecer, o que você aprender o deixará mais equipado para o futuro.

Lembre-se:

- Tenha clareza sobre o que você quer aprender antes de avançar ou se comprometer.

- Faça uma pequena experiência para aprender de modo rápido e eficiente.

- Passe dos testes para a aplicação à medida que for aprendendo e reduzindo as incertezas.

ESTRATÉGIA DA ÁREA DE APRENDIZAGEM Nº 3: TRABALHE DE MODO MAIS INTELIGENTE, NÃO MAIS DIFÍCIL

Tom Brady, considerado o maior quarterback (armador) do futebol americano de todos os tempos, sempre procurou formas de preservar sua saúde e estender sua carreira. Aos 43 anos, e ainda jogando em altíssima performance, Brady se tornou o jogador mais velho em atividade na NFL (National Football League). Em 2023 ele encerrou a carreira com seu sétimo título no campeonato e seu quinto título de melhor jogador do Super Bowl. Em 2020, descreveu seu método para melhorar a saúde e o desempenho.

"Estou no vestiário com esses caras há vinte anos. Observo tudo o que estão fazendo. Tudo o que estão tomando. A maneira como comem. A maneira como falam sobre o próprio corpo. E penso: 'Bem, isso não funciona. Não funciona.' Mas de repente: 'Aquele ali está no caminho certo.' Então, incorporo esse procedimento à minha rotina. E vejo como fica", disse ele no *Armchair Expert*, o podcast de Dax Shepard e Monica Padman.[21]

Tudo começou quando estudava na Universidade de Michigan, onde seus treinadores exaltavam o valor da experimentação.

"Eles me ensinavam algumas jogadas – tente isso, veja as coisas desta maneira. Quando funcionava, eu dizia: 'Porra, mais disso!' Eu tinha duas sessões por semana com o psicólogo [em vez de uma só]. E tentava técnicas diferentes de arremessar a bola. Depois perguntava: 'Tudo bem, o que mais eu posso experimentar?'", declarou ele.

Com o tempo, Brady aprendeu a importância de trabalhar também com inteligência, não só com afinco.

"Aprendemos que o trabalho árduo nos levará aonde quisermos. Eu posso malhar uma vez por dia, mas se malhar duas vezes será melhor. Minha opinião sobre isso é que se você trabalhar mais nas coisas erradas, estará melhorando em ser pior. Mas se tiver uma boa rotina, um bom processo, verá os benefícios", diz ele.

Podemos sempre buscar formas de trabalhar com mais inteligência, seja individual ou coletivamente. Então, podemos testar essas ideias e refletir sobre o que está funcionando e o que precisa mudar. Também vale nos reunirmos regularmente com nossos colegas de equipe e solicitar opiniões sobre áreas de oportunidade e o que seria bom tentar em seguida.

Carlos Moreno Serrano considera seus colegas uma preciosa fonte de ideias.[22] Radicado na Inglaterra, ele lidera o setor de defesa do consumidor na Sonatype, empresa de software empresarial em rápido crescimento, com mais de 100 milhões de dólares em receita recorrente anual.

Carlos vê o grande número de novos funcionários que ingressam na empresa não só como pessoas que precisam de treinamento, mas também como valiosas fontes de novas ideias. Os recém-chegados têm reuniões individuais com todos os colegas de sua nova equipe para que comecem a se conhecer. Nas reuniões com os novatos, Carlos sempre os incentiva a questionar os processos, a compartilhar suas observações e a tomar a iniciativa de realizar melhorias. Ele os encoraja a impactar a operação desde o primeiro dia na empresa, embora o processo de integração na Sonatype seja de três meses por causa da complexidade do software.

Richard Panman, especialista em fidelização de clientes recentemente integrado à empresa, propôs automatizar um processo central que a equipe executava todos os dias – um relatório de análises com estatísticas, informações e conselhos para os clientes.

No ano anterior, a equipe já havia reduzido de dois dias para aproximadamente 75 minutos o tempo necessário para produzir cada relatório, algo bastante conveniente. Mesmo assim, Richard ainda achava que seus colegas gastavam tempo demais nessa tarefa. Reexaminou então o processo e concluiu que poderia automatizá-lo de ponta a ponta. Carlos achava que isso era impossível, dada a complexidade das fontes de informação, mas torcia para Richard estar certo e encorajou o recém-chegado a fazer uma tentativa.

Richard reescreveu o código com sucesso, ainda no período de integração. Graças à sua ideia, o relatório, hoje totalmente automatizado, fica pronto em 1 minuto.

"Ele foi capaz de obter os mesmos resultados sem fazer concessões. Ficamos muito surpresos", disse-me Carlos.

Carlos elegeu Richard um dos "campeões de valores" da Sonatype. No evento interno da empresa, foi exibido um vídeo de Carlos explicando como Richard exemplifica os valores essenciais da empresa.

"Há muitos valores envolvidos nessa nomeação, porém o que mais se destaca é a *ousadia*. Apesar de ser novo na empresa, apesar de ainda estar na fase de integração, ele se deu ao trabalho de reescrever o código, de fazer a automação. Isso é ótimo, pois demonstra que novos companheiros de equipe podem causar um grande impacto desde o primeiro dia."[23]

O encorajamento de Carlos e o trabalho de Richard conseguiram algo que todo mundo deseja: trabalhar de modo mais inteligente. Algumas sugestões para ajudar você a chegar lá.

- Crie o hábito de analisar o que está dando certo, o que não está e o que deve tentar fazer de modo diferente. Você pode agendar um lembrete recorrente no calendário para refletir sozinho ou reservar parte do tempo de uma reunião periódica para pensar com sua equipe sobre o assunto.

- Identifique problemas e pontos de frustração e pondere como poderão se transformar em oportunidades de melhoria. Por exemplo, o excesso de reuniões e o modo como são conduzidas são fontes frequentes de irritação, portanto há aí uma boa oportunidade para mudar.

- Pergunte *por que* você está fazendo o que está fazendo e se há formas melhores de atingir seu objetivo.

- Aprofunde seus conhecimentos. Aprenda com artigos, livros, podcasts e cursos para expandir seu conhecimento sobre práticas eficazes que possam inspirar mudanças em suas estratégias.

- Aprenda com as pessoas ao seu redor. Compartilhe suas percepções e peça a opinião ou o feedback de outros. Muitos cérebros são mais inteligentes do que um só.

- Lembre-se de que há sempre modos melhores de fazer as coisas. Portanto, aceite as imperfeições como um fato e permaneça comprometido com um progresso consistente.

ESTRATÉGIA Nº 4 DA ÁREA DE APRENDIZAGEM: CRIE HÁBITOS PARA FORTALECER SUA INTUIÇÃO

Quando o alarme disparou em seu capacete, Shannon Polson sabia que teria de tomar uma decisão – e rapidamente.[24] Ela sobrevoava a Bósnia pilotando um helicóptero Apache, em uma missão, quando o alarme avisou que ela e seu copiloto estavam na mira do sistema antiaéreo mais letal do mundo.

Shannon sabia que se a arma fosse acionada, e bastava que alguém apertasse um botão para isso acontecer, ela e seu copiloto estariam mortos.

Uma voz surgiu no rádio.

"Se você está nervosa, volte para a base, mas não quebre o convés", disse o controlador.

Se você assistiu ao filme *Top Gun*, sabe que "quebrar o convés" significa trazer a aeronave para muito perto do solo – o que nos céus da Bósnia significaria violar as regras internacionais de combate.

"Nervosa? Sim, estávamos nervosos, e tivemos só alguns segundos para tomar uma decisão", Shannon explicou mais tarde.

Ela era uma piloto experiente. Em 1995, tornou-se uma das primeiras mulheres no exército americano a pilotar um Apache, um dos helicópteros mais avançados e poderosos do mundo. Mas, naquele momento, sua capacidade de atuar sob pressão foi de fato posta à prova.

O que ela fez?

Tirou o volume do alarme e prosseguiu na missão.

Shannon me disse que sua decisão se baseou em muitas semanas de instruções, bem como anos de estudo, exercícios, prática deliberada em simuladores e numerosas missões. Ela também aprendeu que uma provocação era sempre mais provável que um ataque real e que, se quebrasse o convés, infringiria uma regra de combate e provavelmente seria punida, investigada e despachada para casa.

Em outras palavras, a decisão de continuar a missão baseou-se em conhecimento, perícia e experiência que ela transformou em *intuição*.

Sua intuição a ajudou naquele momento crucial. Pesquisar na internet como lidar com um alarme de sistema antiaéreo não seria muito útil naquele momento. Ela só conseguiu tomar a decisão crucial na hora porque foi capaz de pesar rapidamente riscos e vantagens e, assim, identificar o que era relevante.

Poucos de nós nos encontraremos em uma situação de vida ou morte como a enfrentada por Shannon Polson. Então por que então é importante desenvolvermos nossa intuição? Com a onipresença dos mecanismos de busca da internet e da inteligência artificial, que quantidade de conhecimento precisamos realmente armazenar em nosso cérebro?

Se um subordinado direto traz reclamações sobre um colega, saber lidar com a situação no momento será muito mais eficaz do que pesquisar soluções na internet. Se tivermos desenvolvido nossa intuição, poderemos levar em consideração as qualidades interpessoais, os relacionamentos e as circunstâncias de todos para decidir até que ponto devemos nos envolver. Nossa intuição nos informará quais perguntas devemos fazer e que orientação dar. Assim, se decidirmos mediar uma conversa entre dois colegas, saberemos quando e como intervir.

Se sua empresa multinacional está tentando se lançar em um novo país, é muito melhor ter uma compreensão profunda da cultura daquele lugar do que ler um breve memorando sobre o local durante a viagem. Toda a expertise não precisa se concentrar em uma pessoa só. Pense em desenvolver a intuição de sua equipe. Como expandir o recrutamento para incluir candidatos com bons conhecimentos do idioma, dos costumes e das necessidades da região? Com quais parceiros locais você poderia juntar forças?

O conhecimento integrado também é útil em casa. Alicia Ginsburgh, uma amiga minha, me contou uma historinha a esse respeito.

"Eu estava grávida de nove meses quando minha bolsa se rompeu no meio da noite. Meu marido imediatamente começou a pesquisar no celular por 'rompimento da bolsa d'água'. Então, eu disse algo como: 'Estou me preparando para isso há meses, então que tal VOCÊ, POR FAVOR, SE LEVANTAR E ME AJUDAR, em vez de ficar no Google?'", disse ela.[25]

Todos nós já passamos por momentos em que não nos ocorrem as informações de que precisamos para tomar uma decisão correta. Minha esposa, Allison, gosta de evocar a vez em que iniciei um incêndio em nosso forno elétrico. Sem saber o que fazer, comecei a agitar os braços feito um passarinho. Calmamente, ela foi até o forno e o tirou da tomada.

Para desenvolver sua intuição, considere as seguintes abordagens:

Áreas prioritárias para melhorias

Defina seus propósitos mais elevados e suas metas de aprendizagem e, todas as manhãs, lembre-se de quais são eles. Dessa forma, com o passar do tempo, seus propósitos e objetivos se tornarão prioridade no seu dia a dia e você terá condições de avaliar se as informações que encontrar são relevantes para seus interesses. Por exemplo, se todas as manhãs você parar um instante para checar se está em um mindset fixo, ficará mais hábil em perceber e virar a chave para um mindset de crescimento.

Encontre e acesse fontes de experiência altamente qualificadas

Faça playlists de ótimos podcasts, siga especialistas que publiquem regularmente nas mídias sociais e em newsletters ou entre em contato com colegas ou mentores que possam participar de encontros regulares ou trabalhar em projetos com você.

Habitue-se a acessar regularmente esses conteúdos que funcionam para você. Eu uso um aplicativo chamado Pocket para salvar artigos que gostaria de ler e mantenho uma fila de vídeos que pretendo assistir mais tarde, na hora do almoço ou quando tiver tempo. Se alguém me recomenda um podcast que pareça interessante, eu o salvo na minha plataforma de áudio. Às vezes, enquanto pedalo na bicicleta ergométrica, me concentro totalmente no exercício para ultrapassar meus limites; outras vezes, faço uma série menos intensa para ouvir um podcast enquanto me exercito. O objetivo não é acessar o máximo de conteúdo possível nem assimilar tudo que você ache interessante, mas desenvolver o hábito de aumentar consistentemente sua expertise e suas habilidades. O cérebro não se desenvolve mediante uma grande quantidade de conteúdo armazenada rapidamente, mas por meio de um envolvimento constante na Área de Aprendizagem.

Analise como você reage a confusões ou retrocessos
Sempre que não souber como lidar com alguma situação ou sentir que não foi eficaz na solução de algum problema – como um conflito com um colega ou uma dúvida de cliente –, vá para a Área de Aprendizagem. Reúna comentários e ideias ou faça uma pesquisa na internet. Em seguida, insira os novos insights em um de seus dispositivos – como lembretes diários ou fichamentos digitais – para, assim, integrar à sua intuição as novas formas de pensar.

Use as pessoas ao redor como conselheiros
Faça questão de conhecer os pontos fortes e as áreas de especialização de seus colegas, incluindo hobbies e interesses. As pessoas em sua vida são uma rica fonte de informações, recursos e ideias. Da mesma forma, divulgue suas próprias áreas de conhecimento e interesse para que elas possam recorrer a você quando necessário.

Incentive os colegas e membros de sua equipe a compartilhar ideias e fazer perguntas. Se Carlos Moreno Serrano – o chefe do setor responsável pela defesa do consumidor na Sonatype, que conhecemos antes – não tivesse promovido um clima favorável a outras formas de fazer as coisas, seu novo contratado, Richard, poderia nunca ter tomado a iniciativa de revelar sua ideia.

Da mesma forma, procure desenvolver suas próprias abordagens. Descubra outros métodos que funcionem bem para você, como escrever em um diário todos os dias, fazer caminhadas para refletir ou usar um aplicativo para fazer fichamento. Sempre podemos melhorar com estratégias mais eficazes, o que torna a jornada da vida mais interessante e enriquecedora.

ESTRATÉGIA Nº 5 DA ÁREA DE APRENDIZAGEM: NÃO SE OBRIGUE

Como Anders Ericsson e seus coautores relataram na revista *Harvard Business Review*, o violinista Nathan Milstein certa vez ficou preocupado quando observou que outros músicos praticavam o dia inteiro, enquanto ele praticava muito menos. Então, perguntou a seu mentor, o lendário violinista Leopold Auer, quantas horas deveria praticar. Leopold respondeu: "O tempo realmente não importa. Se você praticar com os dedos, tempo nenhum é suficiente. Se praticar com a cabeça, duas horas bastam."[26]

Milstein concluiu que devemos praticar "enquanto sentirmos que podemos manter a concentração".

Esteja você na Área de Aprendizagem ou na Área de Desempenho, a *obrigação* – termo que uso para designar a ideia de usar todo o seu tempo para fazer uma coisa o máximo possível – pode funcionar por curtos períodos, mas como estratégia de longo prazo é melhor alternar estados mentais e emocionais. Assim como estar no modo frenético o dia todo, todos os dias, seria exaustivo e ineficaz, manter-se constantemente no modo de reflexão, feedback ou sono seria igualmente ruim. Dez mil horas de estudo são muito diferentes de dez mil horas de concentração intercaladas entre atividades criativas e descanso. Cientistas agraciados com o Prêmio Nobel têm vinte vezes mais probabilidades que outros cientistas – e o público em geral – de atuar, dançar ou se envolver em outras artes cênicas como hobby.[27]

Muitas pessoas acreditam que, quanto mais você se envolve em uma prática deliberada, melhor se torna. Mas, em um estudo inédito feito em 1993, Ericsson e seus colegas Ralf Krampe e Clemens Tesch-Römer descobriram que violinistas de alto nível limitam seu tempo de prática deliberada, pois essa prática requer concentração total em um nível que o cérebro não pode sustentar o dia todo.[28]

Em outras palavras: o descanso é essencial.

Os violinistas que participaram do estudo classificaram o sono como extremamente relevante para a melhoria de seu desempenho. Dormiam uma média de 8,6 horas por dia, em comparação com as 7,8 horas relatadas por alunos de violino – obviamente menos habilidosos. Também tiravam uma soneca para se refazer do cansaço da prática. Essa descoberta foi consistente com outros estudos nos quais artistas de elite consideravam o sono extremamente importante e dormiam mais que a população em geral.

Isso aponta para a importância de criarmos rotinas que funcionem para nós. O ideal seria encontrarmos meios de ter uma noite inteira de sono com regularidade. Claro que às vezes precisamos entrar por algum tempo no modo de crise e sacrificar um pouco do sono, mas qual é o seu padrão?

Muitas pessoas preferem estabelecer uma rotina diária consistente. Eu, por exemplo, gosto de dormir cedo e acordar sem despertador. Isso me deixa disposto e permite que minha mente funcione bem tanto na Área de Aprendizagem quanto na Área de Desempenho. Aprendi a preparar refeições nutritivas que considero deliciosas e que proporcionam ao meu corpo e à minha mente tudo de que necessitam. Raramente tomo café, mas, quando tenho de ir para a cama tarde e o desempenho no dia seguinte é importante, descubro que um café pela manhã proporciona à minha mente um estímulo extra que me ajuda a ter um bom desempenho.

Descrevo meus rituais apenas como exemplos. Estratégias diferentes funcionarão para pessoas diferentes, pois nossas preferências, situações e objetivos costumam ser diversos. Cada um de nós precisa encontrar e desenvolver a própria orquestra de hábitos harmoniosos.

Ao refletir sobre seus hábitos, analise seu ritmo de trabalho ao longo do dia. Algumas pessoas gostam de usar um timer se o trabalho exigir concentração por um longo período de tempo.[29] Quando o timer toca, fazem uma breve pausa e executam alongamentos. Eu sigo uma versão modificada disso. Todas as manhãs, ajusto meus alarmes para os momentos do dia em que precisarei parar o que estou fazendo e examino meu calendário para verificar se tenho algum compromisso iminente. Quando inicio um bloco de trabalho que exigirá concentração profunda, anoto a hora da primeira pausa e silencio todos os dispositivos e todas as fontes de distração. Para me concentrar melhor, uso um aplicativo que toca uma música instrumental de fundo. Geralmente, de tão absorto no que estou fazendo, minha concentração extrapola a hora original que fixei. Nas pausas, mexo o corpo, deixo minha mente divagar ou faço um tipo diferente de atividade.

Isso funciona para mim. Talvez outra coisa funcione para você.

É possível tentar uma nova estratégia, ver se dá certo e adotá-la para garantir uma constante evolução. Sem mudanças não pode haver melhorias.

Jean Monnet, o empresário e diplomata francês considerado um dos pioneiros da União Europeia, escreveu em suas memórias que suas caminhadas matinais ao ar livre eram fundamentais para a resolução de problemas.[30] Era quando ele tinha ideias – embora, é claro, seu cérebro estivesse "preparado" pelas coisas que ele lia e fazia durante o restante do dia. Obviamente, apenas caminhar na floresta, sem contato com o mundo exterior, não resolveria tudo. Tanto a solidão quanto a estimulação foram essenciais para seu brilhantismo.

Como grande parte de nosso comportamento é inconsciente, temos de ser proativos em relação aos hábitos que cultivamos.

Para o grande físico Albert Einstein, a música era um hábito que não só lhe proporcionava grande alegria como também valorizava seu trabalho. Há indícios consideráveis de que seu gênio foi significativamente enriquecido pela imersão na música. Violinista talentoso, Einstein dizia que se não fosse cientista teria sido músico.

Conforme relatado no site *The Conversation*, sua segunda esposa, Elsa, relembrou uma época em que Einstein parecia estar "totalmente perdido em seus pensamentos". Ia várias vezes de seu escritório até o piano, tocava alguns acordes e fazia anotações. Duas semanas depois, "apareceu com um rascunho da teoria da relatividade geral".[31]

ESTRATÉGIA Nº 6 DA ÁREA DE APRENDIZAGEM: PERGUNTAR POR QUÊ

Para sermos aprendizes eficazes e motivados,[32] precisamos:

- acreditar que *podemos* melhorar (mindset de crescimento);

- saber *como* melhorar (por meio da Área de Aprendizagem);

- ter um *porquê* – uma razão para se empenhar em melhorar (seja por meio de um propósito, de uma atividade interessante ou divertida ou por sentir-se parte de uma poderosa comunidade de aprendizagem).[33]

Eis o que eu chamo de *pilares da mudança*.

OS PILARES DA MUDANÇA

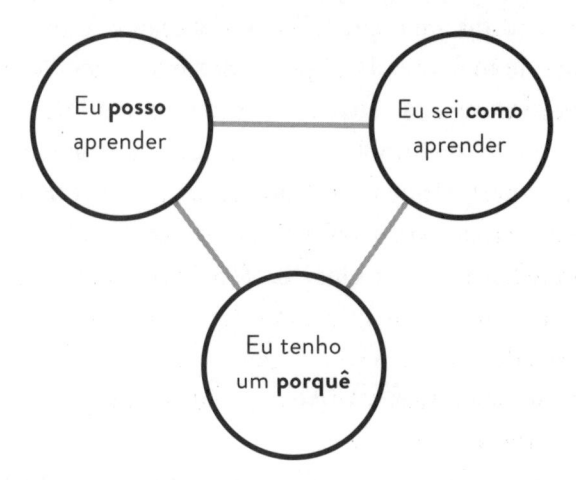

- Eu **posso** aprender
- Eu sei **como** aprender
- Eu tenho um **porquê**

Às vezes, perdemos de vista o nosso *porquê*. Até mesmo na Área de Aprendizagem podemos ficar empacados nos perguntando apenas *como*. *Como* posso descrever melhor as características do produto? *Como* posso conduzir melhor as reuniões? *Como* posso jogar tênis melhor?

Embora as perguntas sobre *como* sejam fundamentais, as perguntas relativas a *por que* podem nos ajudar a encontrar modos totalmente diferentes de atingir nossos objetivos.

Por que preciso descrever melhor as características do produto? Talvez para deixar as pessoas empolgadas. *Por que* quero fazer isso? Talvez para ajudá-las a ver o produto como algo imprescindível. *Por quê*? Porque assim elas vão correr atrás do que precisam. Tudo bem, essa é uma meta muito importante e de alto nível, mas como poderei alcançá-la? Talvez fazendo perguntas sobre os problemas que as pessoas estão enfrentando, em vez de discorrer sobre as características do produto.

Por que preciso conduzir melhor as reuniões? Talvez para tornar as equipes mais eficazes. Como posso fazer isso? Talvez treinando outras pessoas para liderar as reuniões.

Por que desejo melhorar no tênis? Talvez para aliviar o estresse do trabalho e passar um tempo com amigos que também jogam tênis. Talvez eu possa encontrar formas adicionais de me desestressar e aproveitar meu tempo com os amigos enquanto realizo atividades prazerosas.

Assim como podemos cometer o erro de desmoronar executando a mesma atividade o dia inteiro, podemos cometer o erro de nos concentrarmos demais em melhorar as metas menos relevantes. Perguntar *por que* nos destrava. Devemos nos concentrar ao máximo no crescimento e persistir quando estivermos envolvidos em objetivos mais relevantes em vez de perseguir obstinadamente coisas que podem não ser efetivas (não estou querendo dizer que essas coisas não sejam valiosas, mas só saberemos isso quando perguntarmos *por que* e refletirmos a respeito).[34]

UM UNIVERSO DE ESTRATÉGIAS

Talvez algumas dessas estratégias já façam parte de sua vida, mas, ao ritualizá-las intencionalmente, você pode adquirir o hábito de passar mais tempo, e de modo mais consistente, na Área de Aprendizagem.

Algumas estratégias funcionarão com você, outras não. A chave é testá-las para descobrir as que dão certo e continuar a se aprimorar a partir daí.

Embora eu tenha destacado algumas das estratégias poderosas e universais da Área de Aprendizagem, existem muitas outras. Algumas são específicas de um assunto, como praticar escalas musicais ou analisar uma posição no tabuleiro em um jogo de xadrez e entender por que um dos grandes mestres que estava jogando moveu a peça daquele modo. Outras estratégias de aprendizado são mais gerais e podem ser aplicadas a qualquer domínio: pensar, testar, aprender com alguém mais experiente ou observar um colega no trabalho.

Algumas estratégias da Área de Aprendizagem, como prática deliberada, leitura ou pesquisas na internet, exigem muito tempo. Outras são mais rápidas, como prestar atenção a surpresas ou erros, captar novas ideias para não as esquecer ou ouvir um podcast durante um passeio com o cachorro.

Algumas estratégias nos ajudam a impulsionar nosso crescimento proativamente, como reservar algum tempo para identificar que área precisa ser melhorada, consultar outras pessoas e solicitar feedbacks quando executamos um trabalho. Há também estratégias que nos ensinam a lidar com surpresas e, assim, gerar aprendizado em vez de desânimo ou arrependimento. O gráfico a seguir representa diferentes estratégias da Área de Aprendizagem.[35]

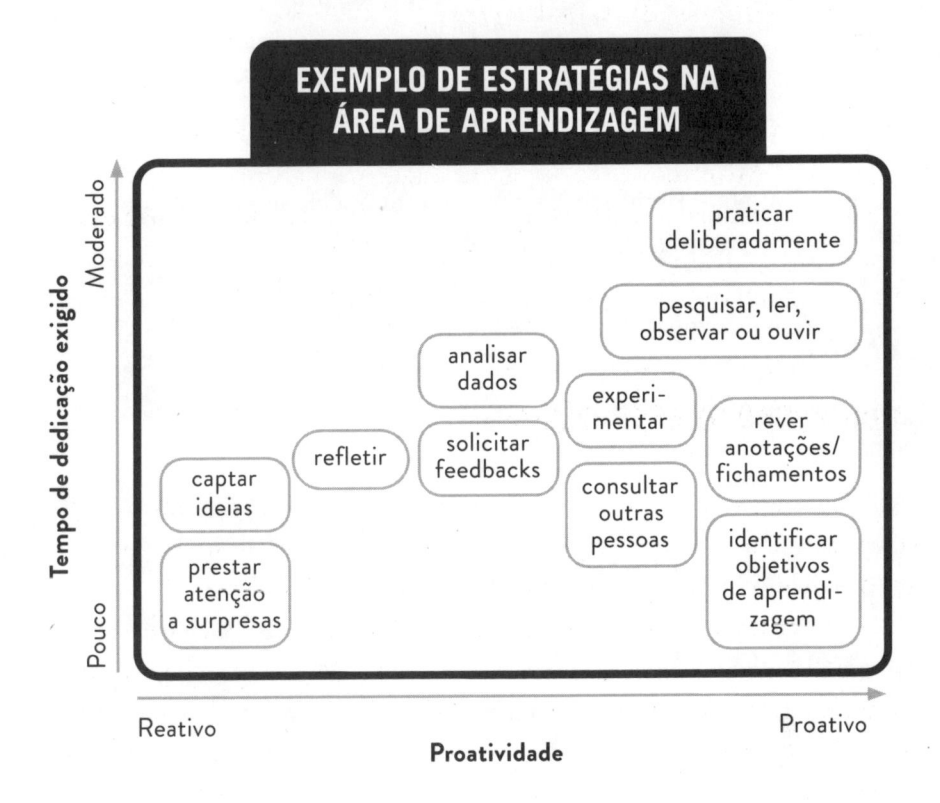

EXEMPLO DE ESTRATÉGIAS NA ÁREA DE APRENDIZAGEM

(Eixo Y: Tempo de dedicação exigido — Pouco / Moderado)
(Eixo X: Proatividade — Reativo / Proativo)

- praticar deliberadamente
- pesquisar, ler, observar ou ouvir
- analisar dados
- experimentar
- rever anotações/fichamentos
- refletir
- solicitar feedbacks
- consultar outras pessoas
- captar ideias
- identificar objetivos de aprendizagem
- prestar atenção a surpresas

Independentemente da habilidade que esteja tentando melhorar, eis uma fórmula universal:

1. Identifique qual habilidade você quer aprimorar.

2. Leia ou ouça especialistas que discutam como desenvolver essa habilidade.

3. Teste o que eles recomendam.

4. Peça feedbacks regularmente e reflita sobre como desenvolver sua prática. Quando você atingir um patamar, qual novo exercício, experimento ou estratégia poderá ajudá-lo a continuar melhorando?

PERGUNTAS PARA REFLEXÃO

- Qual habilidade estou sempre querendo melhorar, mas nunca consigo? Quais estratégias poderei usar para crescer nessa área?
- Tenho algum método para me lembrar diariamente o que estou tentando melhorar e como fazê-lo?
- As pessoas à minha volta sabem em que estou trabalhando e eu, regularmente, peço feedbacks a elas?
- Estou realmente crescendo e melhorando com o tempo? Se não, o que poderia estar me atrapalhando e que estratégia diferente poderei tentar?

CONTEMPLANDO O FUTURO

Como devo fazer para identificar, aproveitar ao máximo ou evitar erros?

Capítulo 5: Liberando o poder dos erros

IDEIA PRINCIPAL Os erros não são universalmente bons ou ruins. Para melhorar a aprendizagem e o desempenho, precisamos esclarecer como e quando identificar, tentar evitar e responder a diferentes tipos de erros.

O PROFESSOR DA UNIVERSIDADE DO TEXAS Robert Duke e seus colegas queriam descobrir qual seria a melhor forma de melhorar uma execução ao piano.[1] Pediram então aos alunos avançados que aprendessem uma passagem do *Concerto nº 1* de Dmitri Shostakovich e os instruíram a praticá-la pelo tempo que fosse preciso até que pudessem tocá-la no ritmo desejado sem usar o metrônomo.

No dia seguinte, os alunos foram convidados a executar a peça. Os desempenhos foram analisados e classificados com rigor.

A conclusão?

Os pesquisadores descobriram que as estratégias usadas pelos alunos durante o exercício faziam muito mais diferença na qualidade de seu desempenho do que o tempo que tinham passado praticando. Eles também perceberam que "as diferenças mais notáveis entre as sessões de prática dos melhores pianistas e as dos outros participantes estavam relacionadas ao gerenciamento dos erros".

No início, os pianistas mais bem classificados cometiam o mesmo número de erros que os demais; no entanto, usavam estratégias para não continuar cometendo os mesmos equívocos. Ao identificarem a causa específica de um erro, efetuavam os ajustes necessários repetidamente até corrigirem o problema.

Os erros são fundamentais para a melhoria constante, por mais dolorosos que possam ser. São também parte essencial das inovações, que sempre envolvem a identificação de problemas ainda não resolvidos e a proposição de novas soluções. Esse processo exige que observemos o mundo de perto, formulemos hipóteses sobre o que pode funcionar melhor e as testemos na prática. Como muitas não funcionarão, devemos refletir sobre os motivos, o que gera aprendizado. Faremos então tentativas mais inteligentes e, no devido tempo, criaremos inovações viáveis.

Em um mindset fixo, os erros incomodam porque parecem falhas pessoais; às vezes até os usamos como desculpas para desistir. Mas, em um mindset de crescimento, são examinados e se tornam fonte de aprendizado.

Em algum nível, entendemos a utilidade de aprendermos e nos fortalecermos com nossos erros. A realidade é ainda mais convincente: mesmo em nível biológico, erros são *fundamentais* para desenvolver nosso cérebro e nossa capacidade.

Em seu podcast, Andrew Huberman, um neurocientista de Stanford, destaca que, depois dos 25 anos, as únicas formas de desencadear a neuroplasticidade – mudanças na estrutura do cérebro que alteram padrões de pensamento – são quando algo realmente nos surpreende, quando algo muito ruim acontece conosco ou quando cometemos erros.[2] Erros levam nosso cérebro a prestar atenção: *Alguma coisa nova está acontecendo aqui.*

Como ninguém gosta de causar tragédias e é impossível provocar surpresas, o modo mais eficaz de estimular a neuroplasticidade é nos envolvermos em atividades desafiadoras, que não conseguimos realizar com perfeição, e aprendermos com os erros ao longo do caminho.

Vamos nos aprofundar na ciência para entender como isso funciona.

Quando estamos empenhados em aprender algo novo, nossa luta contra os erros leva nosso sistema nervoso a liberar uma substância química chamada epinefrina, que aumenta o estado de alerta, e outra chamada acetilcolina, que intensifica a concentração.

Ativadas essas substâncias, nosso cérebro tenta corrigir o erro.

Então, quando dá certo, outra substância química é liberada – a dopamina –, que abre caminho para a plasticidade e o aprendizado. Como Huberman destaca, desistir após uma frustração e afastar-se de um novo desafio é a pior coisa que podemos fazer, pois o sentimento de frustração é, na verdade, um sinal de que a neuroplasticidade está prestes a ocorrer.

O desconforto significa que o cérebro está à beira da mudança.

Se continuarmos na luta até obtermos algum progresso, a dopamina informará ao cérebro que a nova abordagem funciona melhor que a antiga. E o processo de reprogramação neural se inicia.

Se não fizermos tentativas, o cérebro jamais se reprogramará para melhor.

Se desistirmos, o cérebro se aperfeiçoará em desistir.

Se avançarmos, o cérebro se aperfeiçoará em persistir.

Lembre-se disso na próxima vez que se sentir tentado a guardar o violão para sempre ou a desistir do problema que está lutando para resolver.

Mesmo que você tenha o costume de jogar a toalha rapidamente, anime-se: Huberman observa que podemos de fato treinar o cérebro para enxergar a frustração como algo *bom*. Podemos mudar os modelos mentais para apreciar e até aproveitar o processo de lidar com os erros e o crescimento que dele resulta.

Neste capítulo, veremos como.

O PODER DA REFLEXÃO

Para aprendermos e melhorarmos, não devemos apenas cometer erros; devemos refletir sobre eles. Perceber que erramos é a senha para entrar em nossa Área de Aprendizagem e investigar o que podemos aprender por meio destas perguntas:

- O que posso aprender com o erro?

- O que farei diferente de hoje em diante?

- Se meu erro prejudicou alguém, existe alguma coisa que eu possa fazer para reparar o mal que causei?

Pesquisadores da Universidade Estadual do Michigan descobriram que, após cometerem um erro, pessoas com mindset de crescimento prestavam muito mais atenção e apresentavam um desempenho melhor em problemas subsequentes quando comparadas a indivíduos com mindset fixo. Os pesquisadores concluíram que "a atenção aos erros está intimamente envolvida na capacidade de ter um mindset de crescimento para aprender com esses erros e superá-los".[3]

Os erros propriamente ditos não levam ao aprendizado; *refletir sobre eles*, sim.

Como podemos refletir sobre um erro? Não devemos torná-lo uma obsessão nem nos estressarmos com coisas que estão fora de nosso controle. Devemos simplesmente identificá-lo e atentarmos ao que poderemos fazer diferente no futuro.

Há sempre espaço para melhorar. Nunca faremos nada perfeitamente. O mundo é complexo demais. Ao aceitarmos os erros como parte necessária da vida e do aprendizado, não precisaremos ficar angustiados quando errarmos. Se examinarmos o erro e refletirmos sobre o que precisa mudar, progrediremos com mais sabedoria.

É muito raro haver uma única explicação. Geralmente, quando algo dá errado, isso se deve em parte a alguma coisa que fizemos e em parte também a outros fatores. Quanto mais assumirmos nossa responsabilidade e nos concentrarmos em nossa parte – que podemos mudar –, mais aprenderemos com nossas ações e melhoraremos nossos resultados. E os outros nos agradecerão por isso.

Marcelo Camberos, CEO e cofundador da Beauty for All Industries e criador das empresas de produtos de beleza por assinatura BoxyCharm e Ipsy – sobre a qual falamos no capítulo 3 –, afirma que quase todas as decisões bem-sucedidas em suas empresas começaram como erros.[4]

"Nos primeiros dias da empresa, eu achava que sabia instintivamente em que gastava meu tempo, mas... passava cerca de 40% dele contratando pessoal. Se tivesse parado um segundo para mapear o uso do tempo e não tivesse confiado tanto no meu instinto, teria resolvido muitos problemas antes", disse.

Ele acabou descobrindo que seria mais benéfico trazer alguém com experiência em contratações e delegar todo o processo de recrutamento a essa pessoa. E foi o que fez ao contratar Jennifer Goldfarb e nomeá-la cofundadora da empresa.

"Foi minha primeira startup grande, eu não sabia o que estava fazendo. Então, comecei a estudar todas as semanas, me atolando em informações", disse ele. Se tivesse prestado mais atenção a como estava gastando seu tempo, "teria poupado muitas horas e muita chateação".

As respostas de Marcelo a seus erros lhe permitiram identificar grandes oportunidades de melhoria e implementar mudanças. Isso o levou a instituir a análise de erros e a correção de rumos como normas culturais da empresa – e essas práticas se mostraram fundamentais para seu extraordinário sucesso.

ANALISANDO ERROS EM CONJUNTO

Podemos refletir sobre nossos erros sozinhos, mas os resultados serão ainda mais poderosos se o fizermos com a colaboração de outras pessoas.

Algumas organizações médicas avançaram muito nos últimos anos ao reunir profissionais para debater como reduzir erros comuns e melhorar o prognóstico dos pacientes. Tomoe Musa dirige o setor de segurança de pacientes em um provedor de serviços de gestão de riscos para grandes centros de medicina que, coletivamente, empregam milhares de médicos.[5] Seu trabalho é divulgar as melhores práticas para os médicos e auxiliá-los na identificação de áreas em que haja risco de prejudicar um paciente. Quando uma pesquisa feita pela empresa revelou que havia muitas reclamações de imperícia em cirurgias de coluna vertebral, Tomoe montou um grupo colaborativo de ortopedistas e neurocirurgiões para avaliar tais casos e descobrir o que havia de errado.

"Neurocirurgiões e ortopedistas normalmente não trabalham juntos. De certa forma, quase competem entre si por pacientes", disse-me Tomoe.

Ele marcou, então, uma reunião em um restaurante – um ambiente confortável e não competitivo, fora dos hospitais, onde eles não sentiriam as habituais pressões de tempo. Os próprios médicos haviam selecionado alguns estudos de caso para revisar em grupo.

"Todo mundo acha que cada caso é único, mas, depois de algum tempo, todos começam a parecer iguais. É quando a gente pensa: 'Nossa, estamos cometendo os mesmos erros repetidamente.' De repente, eles começaram a enxergar as principais áreas que precisavam de melhorias e disseram: 'Talvez a gente não precise fazer cirurgias em pessoas com certos perfis de lesão, porque isso não vai ajudar'", disse ele.

Os cirurgiões são especialistas em resolver problemas específicos por meio, claro, de cirurgias, portanto tendem a pensar que essa solução é a ideal. Aliás, essa tendência não é exclusiva da profissão médica. Como diz um velho ditado: "Quando a única ferramenta que você tem é um martelo, tudo parece prego."[6]

Da mesma forma, à medida que interagem com os clientes, muitos vendedores não analisam nem compartilham insights que poderiam ser úteis para as equipes de marketing ou de desenvolvimento de produtos. O suporte ao cliente pode estar tão focado em resolver um problema específico que não nota que outros setores da organização poderiam até evitar que o problema ocorresse.

Eu seu livro *A quinta disciplina*, o professor do MIT Peter Senge observou que uma das principais características das organizações capazes de aprender é o *pensamento sistêmico*.

Incentivar mais comunicação e colaboração multifuncional contribui para desenvolver a capacidade de pensar em termos de sistemas, o que permite encontrar soluções melhores que vão além de feudos habituais. Algumas empresas criaram fóruns de comunicação e colaboração não só internamente, mas também com fornecedores, clientes e parceiros.

Muitas utilizam retrospectivas ou revisões pós-ação – dentro de ou entre setores – com o propósito de refletir sobre projetos com problemas não só para encontrar soluções imediatas, como também para descobrir oportunidades de melhorias no processo.

Procurando acelerar o aprendizado, algumas empresas instituíram formas de identificar erros. Os funcionários estudam situações desafiadoras e analisam as falhas geradas. A ClearChoice Dental Implant criou um espaço físico para simulações de consultas em que seus especialistas em treinamento podem testar diferentes estratégias a fim de aprender com os erros e obter feedbacks em um ambiente de baixo risco. Até as equipes da NFL já estão usando realidade virtual para treinar seus armadores. Isso permite que eles se desafiem e, depois, conversem sobre seus erros com o treinador em uma situação que parece um jogo real, mas é um vídeo feito em 360 graus – um cenário de baixíssimo risco.

Os erros podem ser fonte de admiração, investigação, relacionamentos mais profundos, riscos e alegria na vida, mas será preciso transformar nosso mindset para vê-los dessa forma.

Seja como indivíduos, seja como integrantes de equipes ou de organizações, muitas vezes deparamos com um dilema quando se trata de erros: embora cientes de que eles podem nos ajudar a aprender, também queremos ser vistos como pessoas confiáveis e de alto desempenho.

Isso pode gerar sentimentos contraditórios, ansiedade e falta de objetividade e de organização, tanto em nós mesmos como em nossos relacionamentos. Por exemplo, podemos encorajar nossa equipe a assumir riscos e a cometer erros, mas o que acontecerá se, em consequência deles, clientes importantes procurarem outra empresa?

Ao criarmos uma linguagem compartilhada e compreendermos os erros, poderemos melhorar nosso desempenho hoje e abrir caminho para o crescimento amanhã. Para isso, precisamos aprender quando devemos nos concentrar no que sabemos e quando precisaremos assumir riscos em favor da aprendizagem.

A próxima seção nos mostrará como.

OS QUATRO TIPOS DE ERROS

Erros podem ser úteis, mas alguns não seriam menos desejáveis que outros? E o alto desempenho, algo que a maioria de nós deseja, será que produz menos erros? Em vez de especular a respeito dos erros – se são todos bons ou ruins –, vale a pena diferenciar os diversos tipos e esclarecer quais precisaremos cometer (e como) e quais seria melhor evitar.

Erros bobos

Seu coração dispara quando você percebe o que acabou de acontecer.

Você "respondeu a todos", ou seja, para toda a empresa, quando pretendia responder apenas à sua colega Kim, com quem estava compartilhando vídeos de gatos fofos.

Uma após outra, as respostas começam a chegar. Incluindo uma do seu chefe:

"Parabéns! Você acabou de cometer um *erro bobo*."

Erros bobos acontecem quando você está fazendo alguma coisa que já sabe fazer, mas pisa na bola, em geral porque perdeu a concentração ou está focado na coisa errada. Todos nós cometemos erros bobos de vez em quando, pois somos humanos. No entanto, quando você comete muitos desses erros, sobretudo em uma tarefa na qual pretende se concentrar, isso sinaliza uma oportunidade de aprimorar seu foco, seu ambiente, seus hábitos ou seus processos.

Costumo aceitar a maioria dos meus erros bobos e rir deles – até mantenho um blog no qual os compartilho com outras pessoas.[7] Meus erros bobos frequentemente ocorrem quando me concentro muito em uma tarefa, o que pode provocar danos colaterais. Às vezes, estou tão focado em resolver um problema de trabalho que não presto atenção ao que ocorre à minha volta.

Convivo bem com isso.

É tentador concluir que erros bobos oferecem poucas oportunidades de aprendizagem; afinal, não devemos nos preocupar com cada errinho. Mas como até erros bobos podem ter consequências, faz sentido parar e refletir quando os cometemos.

Em reuniões com equipes de liderança, um erro bobo – mas significativo – que tenho cometido é não prestar a devida atenção à dinâmica do grupo, ao equilíbrio de quem está falando nem a tensões interpessoais. Quando percebi que isso se repetia, tive de pensar no que precisaria fazer diferente. Comecei, então, a dedicar dois minutos antes das reuniões para refletir sobre as pessoas com quem me encontraria e meus objetivos para a reunião. E também para lembrar a mim mesmo que, como líder, meu trabalho seria mediar o desenvolvimento de uma equipe eficaz em vez de tentar resolver o problema em pauta.

Na próxima vez que você cometer um erro bobo, pergunte a si mesmo: "Isso é importante para mim? Preciso mudar alguma coisa para que isso não ocorra novamente? Se for assim, como poderei ajustar meu foco para evitar esse tipo de erro no futuro?"

Erros *ahá*

David Damberger, engenheiro e empreendedor social que já foi um dos diretores da Engenheiros Sem Fronteiras (ESF), relatou lições marcantes que a organização aprendeu na época em que estava fazendo obras na África e na Índia.

Em uma palestra no TED Talk, Damberger narrou a história de Owen, um dos funcionários da ESF no Malawi.[8] Owen havia descoberto que 81 dos 113 sistemas de água alimentados por gravidade que o governo canadense financiara em uma comunidade já não estavam funcionando. Isso, apenas um ano e meio após a construção dos sistemas.

"É uma situação típica", comentou Damberger. Ele contou que parte do problema é que, ao fazerem doações para instituições beneficentes, as pessoas se sentem melhor quando o dinheiro vai para algo tangível, como um poço ou uma escola, em vez de para peças de reposição e necessidades de manutenção.

Ao descobrir os pontos de água inoperantes, Owen notou que outro sistema, mais antigo, a cerca de dez metros de distância – construído pelo governo dos Estados Unidos –, também havia parado por volta de um ano e meio após a instalação. Ou seja, já se sabia que aquele tipo de sistema não funcionava. Mesmo assim, ele continuou sendo replicado.

A ESF também trabalha com escolas carentes de recursos na Índia. Alguns alunos dessas escolas, observou Damberger, passavam de duas a três horas, todos os dias, buscando água para beber ou esperando para usar o banheiro. Em parceria com as comunidades, o engenheiro instalou um sistema para coletar água da chuva dos telhados.

Um ano depois, ao investigar como estavam as instalações, viu que não havia mais nenhuma em funcionamento, pois nenhum cronograma de manutenção fora implementado.

"Cometi exatamente o mesmo erro que critiquei antes. Quando pensei em meus amigos e familiares que me achavam um herói, eu me senti um impostor", disse ele.

A ESF percebeu que, para resolver esse problema generalizado, todo o sistema de ONGs precisava se tornar mais transparente e responsável. Um grande passo nessa direção foi começar a admitir os erros, discuti-los e aprender com eles.

"Não contei isso a muita gente, pois admitir erros é muito difícil. Uma das poucas coisas – meio vergonhosa – que me deixou mais aliviado foi perceber que outras pessoas na Engenheiros Sem Fronteiras também haviam errado... Foi preciso que muitos de nós admitíssemos nossos fracassos para o grupo perceber que estávamos cometendo muitos erros, os mesmos erros, e que poderíamos aprender com eles. Então, começamos a mudar e a inovar", disse Damberger.

Uma década depois, a ESF do Canadá passou a publicar um relatório anual citando os maiores fracassos da organização. E também criou um site chamado admittingfailure.org, no qual convida outras organizações a expor seus erros, contribuindo, assim, para o aprendizado geral do setor.[9] Isso motivou muitos profissionais a compartilhar erros e lições aprendidas e a se aperfeiçoar.

Os *erros ahá* são aqueles que ocorrem quando você faz alguma coisa como pretendia, mas percebe que era a coisa errada a ser feita. Nesse momento, você é tomado por uma poderosa percepção e – *ahá!* – um precioso insight expande sua consciência e seu entendimento.

Você instala um sistema de captação de água da chuva como pretendia, mas depois percebe que os projetos precisam de mecanismos de manutenção.

Já cometi muitos erros desse tipo na minha carreira. Anos atrás, em palestras e workshops, comecei a alertar as pessoas sobre o valor da diversidade e da inclusão. Algumas organizações haviam me contratado para discorrer sobre o mindset de crescimento, pois queriam promover uma cultura de inovação e melhoria contínua. Como uma das formas de atingir seu objetivo maior – para além do mindset de crescimento – era promover a diversidade e a inclusão, aproveitei todas as apresentações para destacar esses pontos.

Também participei, com alguns colegas, de reuniões quinzenais de um grupo de trabalho que discutia questões de raça e privilégios. Antes de cada discussão, nós nos obrigávamos a ler textos ou a assistir a algum vídeo sobre o assunto. Certo dia, após uma dessas discussões, eu estava preparando slides para uma palestra quando percebi que as imagens reforçavam os estereótipos que eu tentava combater, em vez de contribuir para eliminá-los.

Ocorreu-me, então, que ao preparar os slides eu procurava imagens que comunicassem efetivamente as ideias que eu queria transmitir, sem considerar características demográficas como raça ou gênero. O resultado foi um conjunto de fotos retratando homens brancos como profissionais e líderes, e negros como atletas, enquanto as mulheres eram sub-representadas. Como pouco tempo antes meus colegas e eu havíamos nos engajado na Área de Aprendizagem – e tínhamos analisado o poder das imagens –, enxerguei meus recursos visuais com um olhar diferente. Constatei que teria de *pensar* em raça e gênero ao montar minhas apresentações, e que as imagens que escolheria seriam uma oportunidade para ajudar as pessoas a quebrar estereótipos e preconceitos inconscientes.

As oportunidades de aprendizagem em diversidade, equidade e inclusão muitas vezes decorrem de erros *ahá*, pois, às vezes, ofendemos outras pessoas sem querer ou agimos de modo tendencioso. Podemos pesquisar sobre as experiências de pessoas de outros grupos sociodemográficos lendo livros e artigos, ouvindo podcasts e fazendo um trabalho de conscientização. Também ajuda muito criar um espaço seguro para que outras pessoas falem – pois elas têm energia para fazê-lo – quando cometemos erros *ahá*. Assim, podemos aprender com elas, aumentando nossa autoconsciência e compreensão da dinâmica social. Dar sequência a essa conscientização é, claro, muito importante.

Os erros *ahá* podem ser de difícil detecção e passar despercebidos, mesmo ao longo de uma vida. Quantos líderes continuam a fazer alguma coisa que decepciona seus liderados – às vezes durante anos – porque nunca solicitaram nem receberam feedbacks?

Eu costumava dar ênfase a comentários importantes feitos por meus colegas, repetia-os com minhas próprias palavras e explicava por que os considerava significativos. Ao explorar a Área de Aprendizagem para expandir minha consciência sobre as experiências comuns a grupos sub-representados (minorias), entendi algo importante. Talvez meus colegas pensassem que eu estava tentando levar o crédito por suas ideias ou insinuando que suas opiniões não seriam ouvidas a menos que um homem em posição de poder repetisse o que diziam. Eu teria feito um trabalho melhor solicitando feedbacks e promovendo a segurança psicológica para que outros pudessem se manifestar, e teria aprendido antes a lição.

Quando pertencemos a grupos com poder e privilégios – como acho que é o meu caso – e cometemos erros *ahá* relacionados a preconceitos inconscientes, tendemos a nos retrair. Achamos que é um campo minado e, então, acabamos nos desvinculando e perdendo uma oportunidade de crescer e efetuar mudanças.[10]

Mas podemos aprender a considerar nossos lapsos como preciosos erros *ahá*, que podem nos levar a um entendimento melhor de nós mesmos, dos outros e dos sistemas em que navegamos. Assim nos tornamos mais eficazes no desenvolvimento de equipes e organizações mais igualitárias.

Os erros *ahá* podem ocorrer em uma ampla variedade de situações. Uma vendedora não consegue fechar um negócio – até que um colega sugere que ela diminua o ritmo e dedique algum tempo a entender as necessidades do cliente. Uma gerente de projetos percebe que sua equipe continua perdendo as datas de entrega; então, cria uma etapa de confirmação do cronograma para cada fase e garante que os funcionários tenham a oportunidade de pedir mais tempo, caso necessário.

O sinal para prestar atenção e refletir aparece quando você se surpreende com o efeito de suas ações. Você faz algo esperando X, mas acontece Y. Essa é uma dica para que você entre na Área de Aprendizagem, identifique o que o surpreendeu e que lições pode extrair do fato. Surpresas são fontes valiosas de aprendizado e tornam nossa vida mais interessante.

Erros de expansão

Sempre que estiver trabalhando para expandir suas habilidades e tentar algo novo, você cometerá alguns erros ao longo do caminho. Esses *erros de expansão* são positivos – são oportunidades de crescimento. Se você nunca comete erros de expansão, é porque nunca realmente desafia a si mesmo.

Dona Sarkar é engenheira de software e lidera a equipe de suporte da plataforma de aplicativos da Microsoft.[11] Antes, ela havia trabalhado no desenvolvimento do HoloLens – óculos holográficos – e chefiado o programa Windows Insider da Microsoft, que oferece aos usuários atualizações dos sistemas operacionais em troca de feedbacks. Quando dirigia o Insider, ela teve a ideia de criar conexões mais estreitas entre os *insiders* (usuários do programa) que morassem na mesma região.

Em seguida, começou a promover eventos com *insiders* para organizações sem fins lucrativos (ONGs). Essas organizações eram convidadas a apresentar um problema comercial ou tecnológico que estivessem enfrentando, para que os *insiders* colaborassem no desenvolvimento de soluções.

Durante três meses, Dona realizou esses eventos nas lojas da Microsoft em Nova York, Boston, Phoenix e Seattle.

"Primeiro, aprendemos a usar nossa tecnologia de maneira prática. Depois, a ONG colherá os benefícios e, no final, construiremos uma comunidade sólida com pessoas que moram perto umas das outras", explicou ela.

Até aqui, tudo bem, certo?

"Deu muito errado", me disse Dona.

As ONGs não tinham capacidade técnica para manter as soluções oferecidas pelos *insiders* nos eventos. Embora muitas vezes pudessem implementar a nova tecnologia, não dispunham de recursos para conservá-la.

"Se na organização não houver ninguém responsável pela manutenção da tecnologia, as coisas desmoronam rapidamente", explicou Dona. Embora tenha sido um erro de expansão, o programa proporcionou à Microsoft valiosos insights que a empresa pôde usar no futuro.

"A partir dessa experiência, percebi que não podemos instalar a tecnologia e ir embora. Temos de capacitar as pessoas antes de apresentá-las a qualquer tecnologia nova", disse Dona.

Quando você se pega cometendo e, depois, repetindo um erro de expansão, isso configura uma boa oportunidade para conferir se está agindo sem pensar ou se está se esforçando de fato para aprimorar seus talentos. Se você pratica arremesso de frisbee e o disco continua caindo de bico, é hora de mudar sua técnica ou procurar algumas dicas para fazê-lo voar.

Pode ser que a sua abordagem ao aprendizado em si seja ineficaz. Talvez esteja apenas repetindo tentativas, quando uma prática deliberada seria mais indicada para adquirir a habilidade necessária. Nesses casos, você pode perguntar a outras pessoas como elas adquiriram competência na mesma área ou em área semelhante. Se estiver se concentrando, mas ainda se sentir travado, pode ser a hora de recorrer a um coach, a um mentor ou a outra forma de obter feedbacks objetivos.

Pode ser, também, que você tenha posicionado sua meta de expansão em um patamar alto demais. Nesse caso, talvez seja melhor estabelecer um alvo entre o ponto em que você está e seu objetivo final.

Digamos que você organize uma conferência e dê tudo errado. Após refletir, você poderá reunir as lições aprendidas e fazer uma nova tentativa, ou talvez trazer para a equipe pessoas com experiência nas áreas que deixaram a desejar. Ou talvez seja mais útil reconhecer que sabe muito pouco sobre vários aspectos do assunto e, assim, organizar uma reunião menor, que não envolva tantas atividades que desconheça. Assim poderá se concentrar em aprender elementos que poderão prepará-lo para uma conferência maior e bem-sucedida.

Ao assumir novos desafios, você sempre vai deparar com erros de expansão. Caso se sinta estagnado, sem conseguir avançar, é hora de refletir, identificar uma estratégia diferente e ajustar sua abordagem à prática.

Quando atingir seu objetivo, é hora de identificar uma nova área de desafio e continuar sua expansão.

Erros de alto risco

Como Matthew Syed aponta em seu livro *O princípio da caixa-preta*, no ano de 1912 oito de 14 pilotos das Forças Armadas dos Estados Unidos morreram em acidentes aéreos, quando as taxas de mortalidade precoce nas escolas de aviação do exército eram de aproximadamente 25%.[12]

Avancemos então para 2019 – antes que os céus se fechassem por conta da pandemia global e quando, de 38,8 milhões de voos feitos em todo o mundo, apenas seis acidentes foram fatais (com 239 óbitos num universo de 4,5 bilhões de passageiros).[13]

O que teria aumentado a segurança de modo tão significativo?

Nos mais de cem anos decorridos desde que os seres humanos voaram pela primeira vez, o setor aéreo fez progressos impressionantes no aperfeiçoamento da segurança, considerando que se trata de uma atividade em que um simples erro pode significar a diferença entre a vida e a morte.

O que nos leva ao quarto e último tipo de erro: *os erros de alto risco*.

Embora os erros possam nos ajudar a progredir, alguns são inegavelmente perigosos. Afinal, ninguém quer que o comandante de uma aeronave ou o responsável pela segurança de uma usina nuclear cometa erros. Assim como nenhum chefe de equipe deseja forçar seus funcionários a exercer uma atividade que possa prejudicar sua saúde ou provocar ferimentos.

Felizmente, é possível implementar processos que minimizem erros de alto risco e, com o tempo, desenvolver uma compreensão intuitiva de quando podemos correr riscos e de quando devemos ser prudentes.

Além de situações perigosas, ou mesmo potencialmente letais, existem muitas atividades na Área de Desempenho que podem ser consideradas de alto risco. Uma final de campeonato certamente pode ser vista como um evento de alto risco para uma equipe esportiva que treina há anos. A perda de um cliente importante pode provocar uma queda significativa na receita de uma empresa. Nesse caso, melhor não propor ideias arriscadas nas reuniões com esse cliente.

Não há problema em considerar esses eventos como atuações em vez de oportunidades de aprendizagem, para minimizar os erros e maximizar o desempenho de curto prazo. São momentos em que você poderá se concentrar em colher os dividendos do tempo investido na Área de Aprendizagem.

Mesmo assim, muitas vezes poderemos incorporar pequenos experimentos de baixo risco, que não envolvam questões de segurança. Por exemplo, se você estiver fazendo uma apresentação para um cliente importante que adora música clássica, poderá incorporar elementos relacionados a esse assunto e depois refletir se a experiência teve algum impacto. Talvez um concerto de violoncelo durante os intervalos ou metáforas associadas à música na própria apresentação possam fazer diferença.

Quando se trata do que você pode testar, as possibilidades são infinitas. Eis alguns exemplos:

- Concentre-se mais em fazer perguntas, para que o cliente possa esclarecer dúvidas.

- Concentre-se mais em oferecer soluções.

- Concentre-se mais em contar histórias.

- Aborde a interação de modo mais formal.

- Aborde a interação de modo *menos* formal.

Em um evento de alto risco, caso não atinja seu objetivo de ganhar o campeonato ou o cliente, você poderá usar a Área de Aprendizagem para refletir sobre os progressos que fez ao longo do tempo, as abordagens que o ajudaram ou não a crescer e o que poderá fazer para evoluir de modo mais eficaz.

Por outro lado, se atingir seu objetivo, será ótimo: comemore a conquista e os progressos. Em seguida, faça as mesmas reflexões para continuar avançando. Visite de novo a Área de Aprendizagem, desafie a si mesmo e aperfeiçoe seus talentos.

Foi o que fez o setor aéreo para tornar os voos mais seguros – empreendeu um esforço incansável para analisar e refletir sobre erros, o que resultou em constantes mudanças de equipamentos e procedimentos. Em *O princípio da caixa-preta*, Syed descreve as abordagens dessa indústria para analisar seus erros. A própria caixa-preta é o exemplo mais notável dessa forma de pensar. Cada aeronave contém duas caixas resistentes, feitas de materiais duráveis como aço inoxidável ou titânio (elas não são mais pretas; são agora de um laranja brilhante para facilitar sua localização). Uma das caixas armazena informações sobre o voo, como velocidade e altitude; a outra grava as conversas realizadas na cabine de comando do avião. Após um desastre aéreo, esses dados são analisados para que se descubra o motivo do acidente e haja mudanças a fim de evitar casos semelhantes no futuro.

Inspirados pela indústria aérea, alguns hospitais estão começando a usar caixas-pretas em salas de cirurgia.[14] A Bridgewater Associates, uma das maiores gestoras de recursos do mundo, registra todas as reuniões para que seus funcionários aprendam com elas.[15] Com o mesmo objetivo e com o consentimento dos pacientes, o ClearChoice Dental, um grande centro de implantes dentários no Arizona, Estados Unidos, registra todas as suas interações.[16] Qualquer um de nós pode implementar práticas semelhantes, mesmo sem registrar os eventos literalmente. Podemos coletar feedbacks durante ou após ações de alto risco, com os quais poderemos aprender posteriormente. Um amigo meu sempre tem um *aliado de feedback* que frequenta suas reuniões para observá-lo e fazer anotações, que depois apresenta a ele. No final de minhas palestras ou workshops, costumo propor uma breve pesquisa aos participantes a fim de aprender com suas opiniões.

Dipo Aromire, ex-executivo de vendas da Thomson Reuters, provedora mundial de soluções e informações inteligentes para empresas e profissionais, contou-me as consequências de um dos maiores erros de sua carreira: perder um negócio com um grande cliente, que representava 20% do faturamento administrado por sua equipe.[17] Muitas pessoas já foram demitidas por erros menos importantes. Tudo começou quando o cliente indicou que estava interessado em um novo serviço lucrativo.

"Era um negócio muito, muito importante para minha empresa, mas fomos muito, muito arrogantes nas negociações. Nos comportamos assim durante todo o processo, que durou cerca de nove meses. No final, perdemos o contrato. Tiraram o negócio da gente e o ofereceram a outra pessoa. Era uma empresa que atendíamos havia uns 15 anos", disse Dipo.

Foi uma perda dolorosa para toda a equipe. Como executivo-chefe de vendas, Dipo assumiu toda a responsabilidade. Para descobrir o que tinha acontecido, ele convidou o cliente para almoçar e lhe perguntou o que haviam feito de errado. "O cliente citou uns 15 erros. Mas o maior foi simplesmente nossa atitude. Nossa mentalidade estava errada. Achávamos que tínhamos tudo sob controle porque os conhecíamos muito bem", contou Dipo.

A experiência ensinou ao executivo lições que ele ainda guarda. A mais importante é nunca subestimar uma pessoa só porque a conhece há muito tempo. Ele aplicou essa lição até em seu relacionamento com a esposa.

A história teve um final feliz: dois anos depois, Dipo reconquistou o cliente e com um volume de negócios maior que antes.

OS ERROS SÃO OPORTUNIDADES PARA ENTRAR NA ÁREA DE APRENDIZAGEM

Muitos erros da vida real combinam aspectos dos quatro tipos de erros. Alguns podem ser de alto risco, outros bobos, *ahá* ou de expansão, e até todos juntos, pois tais categorias não são mutuamente excludentes. Na verdade, os erros são oportunidades para refletirmos melhor sobre situações, abordagens e implicações. Compreendê-los melhor nos ajuda a vê-los como parte temporária e necessária do crescimento. Portanto, quando acontecem, devemos permanecer calmos e aprender com eles.

A Matriz de Erros, a seguir, ilustra as principais características dos quatro tipos de erros.

MATRIZ DE ERROS

Erros *ahá*	Erros de expansão
Erros bobos	Erros de alto risco

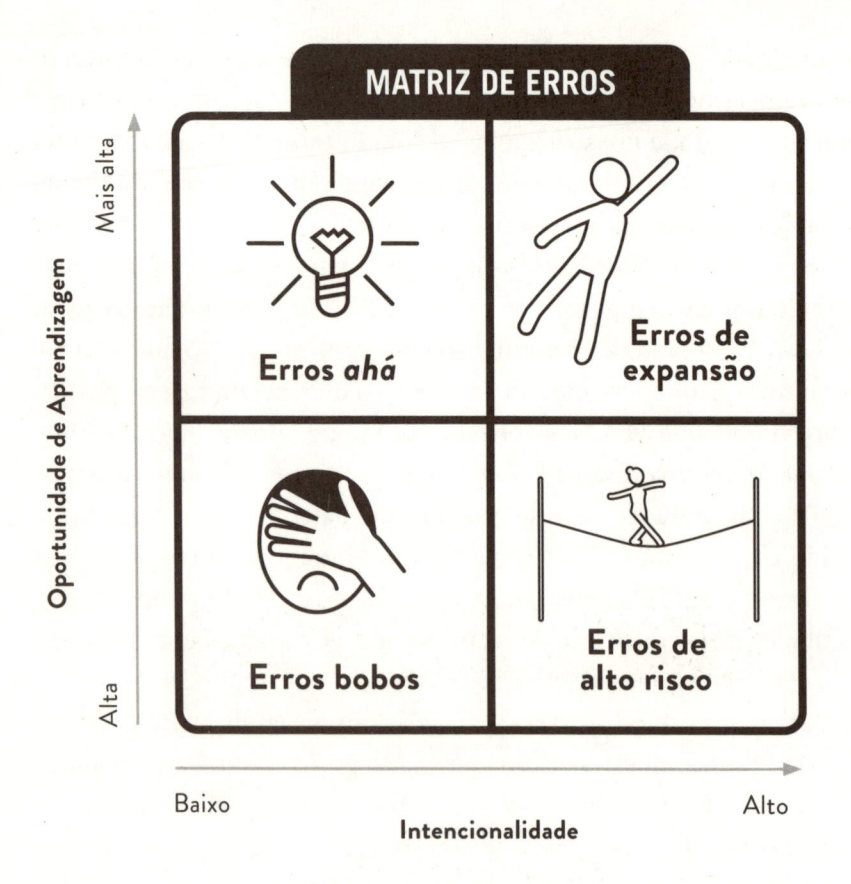

Eixo vertical: Oportunidade de Aprendizagem (Alta → Mais alta)
Eixo horizontal: Intencionalidade (Baixo → Alto)

    Observe que os erros *ahá* e os de expansão tendem a ser os mais valiosos, pois é possível aprender mais com eles sem prejuízos significativos. Portanto, você pode gerar erros de expansão intencionalmente na Área de Aprendizagem. Os outros três, na maioria das vezes, ocorrem na Área de Desempenho. Os erros *ahá* são aqueles com os quais você depara sem planejar, portanto são de baixa intencionalidade. O que dá para fazer é solicitar feedbacks para trazê-los à luz e refletir sobre eles.

    Quando erros bobos acontecem, você pode se perguntar se são motivo de riso ou de reflexão para evitar que se repitam. É melhor concentrar-se em evitar os erros de alto risco.

    Independentemente do erro que cometa, você sempre poderá usá-lo como um pretexto para entrar na Área de Aprendizagem. Isso lhe permitirá aprender com ele, gerenciar melhor suas emoções, ser mais engenhoso e mais resiliente.

Tomer Cohen, diretor de produtos do LinkedIn, relaciona diferentes tipos de erros ao orientar seus colaboradores. Em um quadro branco, ele desenha três círculos concêntricos. O círculo interno é a Área de Desempenho, onde "você não está aprendendo, está fazendo o que já sabe". O círculo médio é a Área de Expansão, onde "você se sente desconfortável, sem saber ao certo se o que está fazendo vai funcionar". O círculo externo é a Área de Perigo, onde os erros custam caro – o travamento de um site, por exemplo. Ele pede às pessoas, então, que reflitam sobre o tempo que gastam na Área de Expansão.

"Tento garantir que pelo menos um terço do meu tempo seja gasto na Área de Expansão. Algumas pessoas passam 40% ou 50%, o que é maravilhoso", disse-me ele.[18]

COMO VOCÊ DIVIDE SEU TEMPO?

Aprender enquanto faz (Área de Expansão)

Área de Desempenho

Área de Perigo

No início, poderá ser difícil decidir quais erros merecem uma reflexão. Então eis algumas estratégias:

- Pergunte a si mesmo, ou discuta com sua equipe, se o envolvimento regular na Área de Aprendizagem é importante, como você gostaria de fazer isso e as implicações em caso de erro.

- Reserve tempo na agenda. Assinale os compromissos recorrentes e deixe lembretes sobre o que deseja fazer durante esse período, inclusive perguntas.

- Incorpore as reflexões nos processos recorrentes de trabalho. Por exemplo, após cada palestra que faço, solicito feedbacks. Também passo alguns minutos anotando o que deu certo, o que aprendi e o que posso fazer diferente no futuro.

- Avalie se reuniões regulares poderiam incorporar a Área de Aprendizagem de modo mais eficaz. Talvez uma reunião semanal possa incluir espaço para que os integrantes da equipe troquem importantes lições aprendidas.

- Caso alguma coisa urgente exija os esforços de toda a equipe, deixe de lado a Área de Aprendizagem até a superação da crise. Mas as estruturas dessa Área devem permanecer intocadas, pois a ideia é que constituam um padrão e um hábito regular.

- Cometeu um erro na Área de Desempenho, mas o momento não é adequado para ingressar na Área de Aprendizagem? Anote o problema para trabalhar nele mais tarde. Envie a si mesmo um e-mail rápido com um lembrete, adicione-o a sua agenda ou a um documento que você consulte regularmente ou, se preferir, grave uma mensagem de voz. Observar seus erros na Área de Desempenho com a intenção de escrutiná-los não só ajuda o aprendizado como também melhora a performance, mostrando que suas limitações não são imutáveis.

OS ERROS COMO ARMAS

O que você vê como um erro bobo, outra pessoa poderá descrever como um erro de expansão ou de momento *ahá*. Por isso, tome cuidado com a armadilha potencial de usar sua percepção sobre os tipos de erros para culpar e punir os outros. Usar erros como armas levará as pessoas a evitar riscos, ocultar falhas e retomar o desempenho crônico, resultando em estagnação.

Somos todos humanos e cometemos erros, mesmo quando não queremos e tentamos não cometê-los. Se o erro de alguém irritar você, lembre-se de que você não conhece a história toda nem o que a pessoa estava pensando ou fazendo. Procure fazer perguntas para entender as perspectivas dos demais e saber como percebem a situação, o que estão aprendendo com ela, o que planejam fazer diferente no futuro e, é claro, o que você pode fazer diferente no futuro.

"O MELHOR NEGÓCIO QUE JÁ FIZ"

Lembra-se de Gino Barbaro, o dono de trattoria que conhecemos no início do livro e que era vítima de anos de desempenho crônico?

Ansioso para se livrar da rotina, Gino ficou intrigado quando soube da renda passiva que um imóvel poderia gerar.[19]

"Você precisa falar com meu amigo Jake", disse o irmão de Gino, Marcos, sugerindo que Gino abrisse um negócio no ramo imobiliário. Jake Stenziano era um vendedor de produtos farmacêuticos que também pensava em se transferir para o setor imobiliário.

Gino adorou a ideia.

Jake, por sua vez, não se mostrou tão entusiasmado com Gino. Já fora ao restaurante e não confiava muito no irmão de Marcos. Gino parecia estar sempre de péssimo humor, resmungando sem parar a respeito de um ou outro problema.

Mas acabou superando as reticências e concordou em se encontrar com o irmão mal-humorado do amigo. Após se conhecerem, Jake e Gino combinaram de manter contato, mesmo depois que Jake e sua esposa se mudassem para Knoxville, no estado do Tennessee, em busca de oportunidades de investimento imobiliário. Por fim, os dois decidiram formar uma parceria.

Antes de conhecer Jake, Gino havia tido uma experiência ruim com um investimento que não deu certo. Naquela ocasião, um amigo lhe contou que um conhecido estava querendo comprar um camping para trailers na Flórida. Gino tinha exatamente 172 mil dólares na poupança, montante que havia trabalhado duro para economizar, passando longas horas no restaurante. Mas, atraído pela ideia de fazer seu dinheiro render mais, investiu todas as economias no camping. Fez isso sem sequer conhecer a propriedade nem investigar o empreendedor que iria executar o projeto, que acabou fracassando. Gino perdeu tudo.

Mas houve uma reviravolta. Gino, hoje, chama o incidente de "o melhor negócio que já fiz". O fracasso ensinou-lhe que, para se tornar um investidor imobiliário eficiente, deveria investir também em seu próprio desenvolvimento. Antes, ele achava que sabia por instinto o que seria um bom investimento imobiliário, assim como achava que sabia administrar um restaurante.

Obter provas concretas de que estava errado o fez perceber o quanto tinha a aprender.

Na parceria com Jake, ambos aprenderam a investir com eficiência. Procurar propriedades até encontrar algo que parecesse ótimo não era o bastante; eles precisariam dedicar regularmente algum tempo à Área de Aprendizagem. Começaram, então, a ler livros, a fazer cursos e a estudar com objetividade o que poderia ser um bom investimento.

Também procuraram outros investidores e lhes pediram conselhos. Aprenderam quais tipos de reformas nos imóveis tendiam a gerar retornos financeiros positivos. Cultivaram relacionamentos com corretores e informaram-se sobre mercados locais. Passaram dois anos na Área de Aprendizagem em busca de um negócio atraente antes de encontrarem o que acabou se tornando seu primeiro investimento bem-sucedido, que lhes deu dinheiro e credibilidade para crescer.

A Área de Aprendizagem era tão importante para Jake e Gino que o aprendizado contínuo se tornou um valor fundamental nas empresas que eles possuem e administram: uma de investimentos imobiliários, uma de administração de imóveis e uma de financiamento imobiliário. Eles também criaram um negócio dedicado a oferecer oportunidades educacionais para investidores em imóveis multifamiliares. A empresa se chama Jake & Gino. Tiveram tanto sucesso que acumularam um portfólio com mais de 225 milhões de dólares em ativos sob sua gestão, compreendendo mais de 1.600 unidades.[20]

Gino aprendeu a ver desafios e contratempos como oportunidades. Quando surgem, sua resposta é engajar-se na Área de Aprendizagem. Se ocorre uma crise econômica – ou uma pandemia –, ele ajuda outras pessoas a ver a situação não como um incêndio que destruirá a todos, mas como um caminho para aprender e recomeçar. Afinal, se não fossem os desafios que a recessão de 2008 trouxe ao seu restaurante, ele não teria aprendido as lições valiosas que deram um novo rumo à sua vida. E se não fosse pelo erro que o levou a perder 172 mil dólares, as economias de toda uma vida, em um mau investimento, não teria descoberto o poder da Área de Aprendizagem e mudado sua trajetória.

FAÇA OS ERROS TRABALHAREM A SEU FAVOR

Para alavancar o poder dos erros, aceite desafios além dos que já conhece e solicite feedbacks com frequência. Desafios geram erros de expansão e os feedbacks trazem à tona todos os tipos de erros, incluindo os preciosos erros *ahá*.

Quando algo der errado, pergunte a si mesmo se não está diante de uma oportunidade de transformação.

Se você tem medo de errar ou resiste aos erros, lembre-se de que sempre há espaço para melhorias em tudo o que faz. Erros fazem parte da vida e são uma valiosa fonte de aprendizagem. À medida que adquire o hábito de enfrentar desafios, solicitar feedbacks e perceber o que pode aprender, você verá que seus sentimentos a respeito dos erros mudarão gradualmente. E começará a valorizar os benefícios que eles podem trazer à sua vida, preparando-se para atingir seus objetivos.

Envolva as pessoas ao seu redor. Em vez de se fechar em um casulo para refletir sobre os erros que cometeu, discuta-os com o grupo. Esse talvez seja o início de uma comunidade mais conectada e cooperativa, tanto no aprendizado quanto no desempenho.

PERGUNTAS PARA REFLEXÃO

- Como costumo reagir aos meus erros e aos erros dos outros? Como posso influenciar o modo como meus colegas abordam os erros?
- Que erro significativo cometi no ano passado? Como o usei para produzir lições valiosas e mudanças positivas?
- Estou assumindo desafios significativos o suficiente para gerar erros de expansão com os quais eu possa aprender?

CONTEMPLANDO O FUTURO

O que mindset de crescimento significa para mim?

Capítulo 6: Seis equívocos comuns sobre a aprendizagem

IDEIA PRINCIPAL Banalidades e mal-entendidos a respeito de aprendizagem e mindset de crescimento são abundantes. Para superar o paradoxo da performance e alcançar novos patamares, devemos esclarecer o que significam esses fatores de crescimento e como podemos promovê-los.

CERTA VEZ, EM UMA CONFERÊNCIA, uma mulher me disse que vinha tentando havia anos inspirar as pessoas a adotar um mindset de crescimento. Apesar de seus melhores esforços, não conseguia, e queria descobrir como melhorar sua abordagem.

De passagem, ela acrescentou: "É claro que não é possível mudar a inteligência das pessoas, mas tento fazê-las entender que trabalho duro é fundamental para o sucesso."

Não é de admirar que ela tivesse tanta dificuldade. Seu comentário despretensioso revelou que ela realmente não entendia o que era um mindset de crescimento, e ela mesma não parecia ter um – pelo menos não quando se tratava de pensar em inteligência. Ela não percebia que o trabalho duro pode assumir diversas formas e que, na Área de Aprendizagem, era o que levava ao crescimento.

Essa conversa me lembrou a fábula de Esopo "A lebre e a tartaruga", na qual uma tartaruga vence uma corrida contra uma lebre arrogante que parou no meio da competição para tirar uma soneca.[1] Educadores e pais bem-intencionados exaltam a mensagem de perseverança da história, e muitos deles acham que, ao contá-la, estarão promovendo um mindset de crescimento e um aprendizado eficaz.

Vamos nos aprofundar um pouco mais na mensagem da fábula. Como nenhum dos personagens se envolve na Área de Aprendizagem nem aprimora suas qualificações – ninguém fica mais rápido nem melhor –, a narrativa serve apenas para reforçar a crença emblemática de um mindset fixo: somente pessoas sem talento inato precisam trabalhar duro e se aperfeiçoar. O talento inato, por sua vez, só precisa fazer um esforço mínimo – e não ser muito presunçoso.

Mas não podemos viver torcendo para que a lebre relaxe.

E nosso objetivo não deveria ser avançar sem nos transformarmos ao longo do caminho.

Nos últimos 15 anos, encontrei muitas pessoas, equipes e organizações que pensam estar muito mais avançadas no desenvolvimento de uma cultura de aprendizagem do que de fato estão. Aliás, diversas vezes ouvi de pessoas que se reportam a executivos seniores que seus chefes falam com frequência sobre "mindset de crescimento", mas, na verdade, não entendem o que é nem o que isso implica.

Mindset de crescimento, infelizmente, virou um jargão da moda.

Eu mesmo já ouvi de pessoas aprisionadas no paradoxo da performance muitos mitos e equívocos sobre aprendizado e crescimento. Já testemunhei como tentativas equivocadas de promover o mindset de crescimento podem ser desastrosas. Voltemos à experiência de Anjali. Sua gerente, Salma, a via como uma valiosa integrante da equipe, queria apoiar seu crescimento, dar-lhe mais responsabilidades e aumentar a equipe que ela liderava. Os feedbacks oferecidos por Salma eram bem-intencionados e visavam contribuir para o crescimento de Anjali, mas vinham geralmente associados a insinuações de que ela sabia que Anjali era mais uma "pessoa de contatos humanos" do que alguém que pensasse de maneira sistêmica. A mensagem implícita era que havia coisas que Anjali não saberia desenvolver. Salma nunca explicou *por que* oferecia feedbacks e não percebia que Anjali interpretava suas sugestões como críticas e ameaças. As duas tinham ideias diferentes com relação ao propósito dos feedbacks.

Construir uma cultura de mindset de crescimento não é tão simples quanto somente oferecer feedbacks, encorajar as pessoas a trabalhar duro ou lhes pedir que mudem sua mentalidade. O objetivo dessa cultura é iniciar uma jornada infinita de desenvolvimento pessoal, torná-la visível para outras pessoas e convidá-las a participar. Uma verdadeira cultura de mindset de crescimento cria estruturas e práticas que apoiam o aprendizado contínuo e incentiva as pessoas a aplicar esse aprendizado para avançar.

Mas se quisermos realmente aprender a crescer – e a promover o crescimento em nossas organizações –, precisamos de objetividade. Precisamos enfrentar os equívocos. Alguns são tão prevalentes e prejudiciais que reservei um capítulo inteiro para começar a desconstruí-los.

EQUÍVOCO Nº 1: Mindset de crescimento é o mesmo que pensamento positivo, trabalho duro ou perseverança, e promove o crescimento como um passe de mágica.

REALIDADE Nº 1: Mindset de crescimento é a crença de que nossas habilidades e qualificações podem mudar – se nos engajarmos na Área de Aprendizagem.

As pessoas costumam equiparar mindset de crescimento e pensamento positivo. Já até me perguntaram se mindset de crescimento é o mesmo conceito divulgado no livro *O Segredo*, de Rhonda Byrne, que preconiza o pensamento positivo para atrair coisas positivas para a nossa vida.[2]

A ideia é bem diferente. O mindset de crescimento não é um poço dos desejos.[3] Tampouco é a crença de que o trabalho duro é importante, que a perseverança compensa ou que tudo é possível. Ele é a crença de que nossas habilidades, qualificações e inteligência não são imutáveis e que, por meio de esforços contínuos na Área de Aprendizagem, poderemos crescer e mudar. Se defendermos o trabalho árduo, mas nunca informarmos a uma pessoa que ela pode se tornar mais capaz por meio desse trabalho, estaremos prestando um tremendo desserviço.

O mindset de crescimento também não apregoa que qualquer um pode fazer qualquer coisa. Apenas sugere que não há como prever o que uma pessoa pode ser capaz de realizar. Como a Microsoft afirma em seus princípios culturais, "o potencial é nutrido, não predeterminado".[4]

Ele também não despreza o papel dos genes em nossas habilidades. Estas derivam em parte da natureza e em parte da educação, mas tendemos a superestimar a primeira em detrimento da segunda. A verdade é que quanto mais nos concentrarmos no fato de que podemos mudar e crescer, mais nos beneficiaremos dos efeitos psicológicos de um mindset de crescimento.

Pesquisas revelam que, quando acreditamos que podemos mudar, tendemos a ver o esforço como algo que pode beneficiar a todos. Assumimos mais desafios, vemos lutas e erros como parte do processo, perseveramos diante de contratempos, colaboramos de modo mais eficaz na resolução de conflitos e procuramos feedbacks mais construtivos. Esses comportamentos geram excelentes resultados: desenvolvemos relacionamentos mais positivos, ficamos menos estressados e alcançamos desempenhos melhores.

Acreditar que os seres humanos podem mudar é necessário para que comportamentos eficazes ocorram – mas as coisas não param aí.

São nossas *ações* que nos fazem progredir, não somente nossas crenças.

Se queremos melhorar, precisamos trabalhar para isso. É aí que entram as estratégias utilizadas na Área de Aprendizagem, como questionamentos, práticas deliberadas e feedbacks.

O mindset de crescimento é uma base poderosa, pois prepara o terreno para a transformação pessoal e organizacional. Mas teremos que avançar se quisermos aprimorar nossas habilidades ou o desempenho de nossas organizações: precisaremos também conhecer estratégias eficazes de aperfeiçoamento.

Ou seja, se quisermos progredir, precisamos que o mindset de crescimento e a Área de Aprendizagem trabalhem juntos e se reforcem mutuamente.

EQUÍVOCO Nº 2: A armadilha do paradoxo da performance é achar que tanta ênfase na aprendizagem e no crescimento prejudica o desempenho.

REALIDADE Nº 2: A aprendizagem gera mais desempenho e resultados se assumirmos nossas responsabilidades.

O paradoxo da performance leva muitas pessoas a achar que o foco na aprendizagem prejudica o desempenho. Pesquisas revelam o contrário. Pessoas, equipes e organizações que se envolvem na Área de Aprendizagem conseguem melhor desempenho e mais impacto.[5]

Não significa que você vá se transformar da noite para o dia. A verdade é que o foco no aprendizado e no crescimento pode, sim, impactar negativamente o desempenho no curto prazo se perdermos de vista o que estamos tentando alcançar ou melhorar.

Precisamos nos responsabilizar por avanços concretos porque resultados são importantes. Se não obtivermos melhoras no desempenho, devemos descobrir o motivo, considerar ajustes e tentar diferentes estratégias de aprendizagem.

Para promover a responsabilidade, algumas empresas estabelecem metas mensuráveis em torno de questões como tempo de espera do cliente, índices de utilização de equipamentos ou satisfação do consumidor. Essas métricas são rastreadas em cada interação com o cliente para revelar o que deu errado e encontrar soluções. Isso gera inovações no sistema e as métricas agregadas são utilizadas para verificar se as empresas estão alcançando o progresso desejado.

Mas o foco em aperfeiçoar somente as métricas relacionadas a clientes e ativos pode ter consequências involuntárias sobre o bem-estar e a felicidade da força de trabalho. No final das contas, são as pessoas que determinarão o sucesso de uma empresa, não as máquinas. Funcionários saudáveis e felizes atendem melhor os clientes e os fidelizam. Assim sendo, não se esqueça de aplicar as métricas também aos locais de trabalho.

EQUÍVOCO Nº 3: Todos os elogios e encorajamentos são bons.

REALIDADE Nº 3: Alguns elogios e encorajamentos podem ser úteis se não forem mal direcionados nem exagerados.

Meu amigo Rajeev me perguntou o que ele poderia fazer para ajudar sua jovem filha a superar o medo de correr riscos.[6] Ele e sua esposa adoravam desafios – praticavam esportes radicais, como esqui, *kitesurf* e *wakeboard*. E, nas raras ocasiões em que sua filha tentava algo difícil, geralmente se saía bem.

"Está vendo? Quando você tenta, consegue!", dizia Rajeev a ela.

Crianças precisam de reforços positivos, certo? Então, como o fato de elogiá-las quando fazem bem alguma coisa poderia dar errado?

O que Rajeev não havia percebido é que elogiava as *realizações* da filha, não o fato de ela ter assumido riscos. O medo de tentar alguma coisa, falhar e decepcionar o pai continuava ativo.

Assim, a menina parou de tentar.

Tão logo percebeu essa dinâmica, Rajeev começou a estimular as escolhas corajosas da filha, fossem bem-sucedidas ou não. A filha se sentiu, então, capaz de ir além do que conhecia e aprender com isso, o que, para ela, representou um enorme sucesso. E seus temores de desapontar o pai acabaram desaparecendo.

Em um estudo inovador, Claudia Mueller e Carol Dweck revelaram as consequências não intencionais de elogios bem-intencionados.[7] Elogiar crianças por serem inteligentes, por exemplo, não funcionava. Quando elogiavam as crianças e depois lhes perguntavam se preferiam resolver um quebra-cabeça fácil ou difícil, a maioria optava pelo fácil. Por outro lado, as crianças que eram aplaudidas por seus comportamentos e *suas escolhas* – coisas que podiam controlar – eram muito mais propensas a preferir o quebra-cabeça mais difícil. E também se saíam melhor diante de dificuldades.

Pode parecer que elogiar a inteligência das crianças aumentará sua confiança e as municiará para enfrentar desafios maiores e perseverar. Mas pode ocorrer o contrário. Elas podem ser induzidas a pensar que as pessoas são bem-sucedidas por serem inteligentes e talentosas e, portanto, se concentram em provar sua inteligência e talento em vez de se aperfeiçoar, enveredando pelo caminho do desempenho crônico que aprisiona tantos jovens ansiosos por agradar.

Quando começamos a ensinar sobre o mindset de crescimento, frequentemente citávamos essa pesquisa sobre elogios, pois queríamos que os pais percebessem as consequências indesejáveis de rotular seus filhos como inteligentes.

Mas ainda não sabíamos que a principal conclusão desses estudos não era tanto elogiar o esforço, mas que elogiar os indivíduos por serem espertos, inteligentes ou geniais era contraproducente. As pessoas começavam a achar que o mindset de crescimento era fruto de *elogios ao esforço*. Esse mal-entendido teve consequências indesejáveis:

1. Ao concluir que tudo se resumia a elogiar o esforço, perdia-se um elemento-chave das pesquisas sobre o mindset de crescimento: en-

corajar o trabalho duro tende a não funcionar se quem está sendo encorajado acredita que não pode mudar.

2. Algumas pessoas acabaram elogiando outras apenas por seu empenho. No entanto, existem diferentes tipos de empenho: os da Área de Aprendizagem e os da Área de Desempenho. Quando alguém se esforça muito e não progride, deve mudar de estratégia.

3. Elogios constantes condicionam as pessoas a fazerem coisas para obter aprovação em vez de desenvolverem tendências e motivações interiores. E precisamos muito de motivação interna, pois ela nos ajuda a aprender mais profundamente, nos proporciona mais controle sobre nossas ações e nos torna mais resilientes diante de adversidades.

Em resumo: o elogio não é o princípio nem o fim de tudo – seja para crianças, seja para adultos.

Na verdade, pode ser muito mais efetivo fazer perguntas que estimulem reflexões como: No que você está trabalhando? Como você está indo nesse trabalho? Isso está funcionando bem? O que você está aprendendo? O que você pode tentar de diferente?

Quando fazemos perguntas, trabalhamos em nosso próprio crescimento, inspiramos um compromisso e moldamos um caminho para o aprendizado ao longo da vida.

Saber até que ponto podemos elogiar alguém depende de nosso relacionamento com a pessoa, da cultura da qual fazemos parte, das necessidades que essa pessoa tem e de sua visão a respeito de elogios. Marcelo Camberos, CEO da Beauty for All Industries, certa vez recebeu um feedback de que era direto demais em suas críticas e não reconhecia o que os outros faziam bem. Isso levava seus colegas a acharem que ele não se importava com os funcionários nem notava o que faziam de positivo.[8]

Marcelo ficou magoado, pois realmente *se importava* com os funcionários e de fato valorizava o trabalho deles. Mas oferecia feedbacks do modo como aprendera com seu pai – que não "enfeitava" nada.

Na verdade, Marcelo nunca se importou com essa característica do pai. Considerava que suas sugestões eram prova de que estava atento às pessoas. Mas um estilo contundente nem sempre funciona. Ao perceber isso, Marcelo decidiu não se limitar às críticas construtivas e começou a elogiar explicitamente o que as pessoas estavam fazendo direito. Essa mudança permitiu que ele apoiasse e orientasse melhor os funcionários, gerando relacionamentos mais próximos, aprendizagem mais rica e desempenho melhor.

Resumindo, reflita sobre sua comunicação: você dá a entender que as habilidades e qualidades humanas são moldáveis? Ou rotula as pessoas como inteligentes ou naturalmente talentosas? Você está usando seus julgamentos como incentivos ou cobranças, ou colabora para que todos aprendam e atuem juntos?

EQUÍVOCO Nº 4: Ou você tem mindset de crescimento ou não.

REALIDADE Nº 4: Os mindsets existem em um espectro; dependem de contexto, são fluidos e podem mudar com o tempo.

Todos vivenciamos, de vez em quando, um mindset fixo: faz parte da natureza humana. Se não identificamos os momentos em que tendemos a esse tipo de mindset, é porque não refletimos o suficiente.

Podemos estar dispostos a crescer em algumas áreas de nossas vidas, enquanto preconceitos, suposições ou realidades difíceis nos mantêm presos a outras áreas. Como meu mentor, Ron Berger, educador lendário e um dos líderes da rede de escolas EL Education, destaca: "Todos nós temos um mindset de crescimento para habilidades específicas e um mindset fixo para outras. Não acredito que exista algo como uma 'pessoa somente com mindset de crescimento' ou uma 'pessoa somente com mindset fixo.'"[9]

O problema é que a maioria das habilidades que consideramos como fixas tende a se basear em suposições incorretas. "Não escrevo bem",[10] "Não consigo aprender matemática"[11] ou "Não sou sociável"[12] são exemplos comuns. Às vezes, consideramos essas habilidades como fixas, quando, na verdade, podem ser desenvolvidas. Nossas suposições equivocadas tornam-se, então, profecias autorrealizáveis que nos impedem de entrar na Área de Aprendizagem.

Assim como podemos ter um mindset de crescimento em relação a uma habilidade e um mindset fixo em relação a outra, também podemos ter um mindset de crescimento com relação a uma pessoa e um mindset fixo com relação a outra. Por exemplo, podemos nos ver como aprendizes e um colega como incapaz de mudar. Nosso mindset fixo cria uma profecia autorrealizável, pois nos leva a reter informações que poderiam ajudar outra pessoa a aprender e a crescer.

Por isso é importante desafiarmos continuamente nossas crenças quando achamos que temos certeza absoluta sobre algum assunto ou acreditamos que alguém não pode melhorar.

Os mindsets são fluidos. Situações desafiadoras podem nos levar a um mindset fixo. Se recebemos um feedback crítico ao nos estressarmos com um prazo apertado ou nos sentimos intimidados pelo status ou pelas conquistas de outra pessoa, podemos nos surpreender resmungando: "O negócio é que eu não sou um jogador de equipe", "Não me saio bem em crises" ou "Acho que não fui feito para esse trabalho".

Felizmente, podemos mudar para um mindset de crescimento prestando atenção a como falamos com nós mesmos – e sabendo que sempre poderemos mudar o roteiro. Se nos sentirmos frustrados ao não conseguirmos fazer alguma coisa, podemos nos lembrar de que não conseguimos fazê-la *ainda* e procurar na Área de Aprendizagem estratégias para aumentar nossas habilidades.

EQUÍVOCO Nº 5: A função do mindset de crescimento é responder a contratempos e erros.

REALIDADE Nº 5: O crescimento proativo é muito mais poderoso do que o comportamento reativo.

Meus erros são bem-vindos porque me ensinam a melhorar.
Parece um mindset bastante poderoso. O que poderia haver de errado com ele?

Aprender com os erros é uma sábia atitude, mas não precisamos contar com eles para impulsionar nosso crescimento. Embora seja muito mais desejável do que um mindset fixo, um *mindset de crescimento reativo* – no qual nos concentramos apenas em aprender com erros e contratempos imprevistos – não é tão forte quanto um *mindset de crescimento proativo*, a ideia de que *conduzo minhas mudanças e minha evolução*. Podemos fazer isso assumindo desafios além do que conhecemos e adotando hábitos da Área de Aprendizagem para aprimorar consistentemente nossas habilidades.

Qual é o seu padrão? Permanecer sempre o mesmo, a menos que um fracasso o leve a fazer algo diferente? Ou conduzir constantemente seu próprio desenvolvimento?

A segunda abordagem é muito mais efetiva.

Por esse motivo, acredito que o hábito mais poderoso para promover um mindset de crescimento e cultivar a Área de Aprendizagem é lembrar-se todas as manhãs em que você está trabalhando para melhorar. É o que faço todos os dias ao ligar o computador: lembro a mim mesmo em que pretendo concentrar meus esforços ao entrar na Área de Aprendizagem. O que também favorece um mindset de crescimento.

Depois que tornei essa estratégia um hábito diário, ela ficou automática e fácil.

EQUÍVOCO Nº 6: Podemos encorajar nossos entes queridos, os membros de nossa equipe ou os jovens a crescer, mas somente eles podem agir para alcançar resultados.

REALIDADE Nº 6: Se quisermos que as pessoas cresçam, precisamos cultivar ambientes propícios ao crescimento.

Como professores, gestores, pais ou líderes, é nossa responsabilidade promover ambientes que favoreçam a Área de Aprendizagem e o mindset de crescimento, para apoiar o desenvolvimento das pessoas.

Ambientes de aprendizagem estimulam o mindset de crescimento e aceleram o desenvolvimento, pois permitem que as pessoas aprendam em colaboração, o que é mais eficaz do que aprender isoladamente.[13]

Para que todos possam prosperar, precisamos também promover sistemas equitativos, que amenizem os preconceitos inconscientes que todos temos, seja sobre raça, gênero, idade, questões políticas ou qualquer outro grupo.

Devemos nos refrear antes de descartar alguém por acharmos que tem um mindset fixo ou quando encorajamos uma pessoa a desenvolver seu mindset sem perguntar em que ela está interessada e como poderemos apoiá-la. Este livro é sobre o cultivo deliberado de culturas, sistemas e hábitos que apoiem a aprendizagem para todos.

O foco da segunda parte será como estimular tais culturas, sistemas e hábitos em equipes e organizações.

SEGUINDO EM FRENTE COM OBJETIVIDADE

Entender que podemos mudar nos prepara para pensar em *como* mudar. Quanto mais aplicamos estratégias eficazes, mais profundamente entendemos nossa maleabilidade. Trata-se de um ciclo de reforço com resultados acumulativos.

Assim sendo, em sua busca por aperfeiçoamento, lembre-se de cultivar um mindset de crescimento – a crença de que as pessoas podem mudar – e a Área de Aprendizagem – o estado mental e os comportamentos que realmente geram mudança e crescimento.

Se deixarmos de lado esses dois elementos, ficaremos empacados. Utilizando ambos, poderemos embarcar em uma jornada que nos moldará, desenvolvendo poderes que jamais imaginamos ter. Como fazer isso é o assunto do próximo capítulo.

PERGUNTAS PARA REFLEXÃO

- Quais situações tendem a me levar a um mindset fixo? Como eu poderia desenvolver a capacidade de percebê-las em tempo real? (A conscientização é o primeiro passo).
- Quais habilidades e qualidades valorizo em mim mesmo e nos colegas, amigos e entes queridos? Acredito que são inatas ou que podem ser desenvolvidas?
- Costumo fazer perguntas que estimulem a reflexão e o engajamento na Área de Aprendizagem?

CONTEMPLANDO O FUTURO

O que preciso desenvolver em mim mesmo para ser competente nas duas áreas?

Capítulo 7: A hélice de crescimento: cinco elementos-chave que impulsionam o crescimento

IDEIA PRINCIPAL Para se tornar um mestre em aprender e executar, trabalhe no desenvolvimento de sua identidade, de seus propósitos, de suas crenças, de seus hábitos e de sua comunidade. Esses elementos funcionam juntos como uma hélice, equipando você para avançar confiantemente rumo às suas ambições mais ousadas.

LIZZIE DIPP METZGER, a corretora de seguros e consultora financeira novata[1] que conhecemos no capítulo 2, sempre se interessou em fazer do mundo um lugar melhor.

Mas vendendo seguros de vida?

Ela não via essa atividade como a vocação de sua vida. Além do mais, a ideia de ligar para as pessoas e tentar lhes vender alguma coisa não a agradava. Mas seus novos colegas começaram a falar sobre como o trabalho deles fez uma grande diferença na vida de alguns clientes. Essas histórias a encantaram e lhe deram motivação.

Certo dia, Lizzie se viu conversando a respeito de planejamento financeiro com Emilio,[2] pai de uma das amigas mais próximas de sua filha. Emilio estava pensando em fazer um seguro de vida e foi bastante receptivo. Lizzie escreveu um lembrete em sua agenda para retornar a ligação e continuar a conversa, mas acabou adiando o telefonema. Não queria parecer uma "vendedora" para os amigos da família.[3]

A certa altura, ligar para Emilio era o único lembrete que restava em sua lista de tarefas. Mesmo assim, ela não conseguiu fazer a ligação.

Alguns meses depois, ela recebeu a notícia de que Emilio – que tinha apenas 40 e poucos anos – havia morrido repentinamente, deixando esposa, filhos e muita incerteza financeira, pois a família dependia de sua renda.

Lizzie ficou arrasada. Telefonou então para a viúva de Emilio, também sua amiga, para apresentar condolências e pedir desculpas por não ter ligado antes. Soube então que o casal havia decidido fazer um seguro de vida com ela, mas ambos estavam ocupados e não deram seguimento à ideia. Achavam que tinham muito tempo.

Esse incidente foi um divisor de águas para Lizzie, pois a ensinou a não adiar a venda de seguros de vida (que podem ser contratados mesmo que a família ainda não tenha um plano financeiro detalhado) e sedimentou sua noção de propósito. Desde então, ela nunca mais deixou que o medo de parecer insistente a impedisse de fazer ligações. Embora saiba que a maioria de seus contatos profissionais resultará em rejeição, sabe também que alguns mudarão a vida de gerações futuras.

Lizzie continuou a aprender mais sobre seus clientes e a diferença que poderia fazer na vida deles. Aprendeu a fazer perguntas e ouvir as respostas em vez de falar sem parar, sobretudo quando estava conhecendo as pessoas.

No início, ela se sentia pressionada a mostrar que conhecia bem o assunto. Com o tempo, aprendeu – em parte com colegas mais experientes – que, para melhor atender os clientes, precisava primeiro conhecer as necessidades deles.

Em outras palavras, precisava entrar na Área de Aprendizagem.

Foi um forte sentido de *propósito* que proporcionou a Lizzie o vigor e o direcionamento necessários para se envolver nas duas áreas. Esse sentido de propósito, combinado com a convicção de que tinha muito a aprender, foi a base em torno da qual ela construiu as crenças, os hábitos e a noção de comunidade que lhe permitiram ter sucesso na profissão.

Neste capítulo, entenderemos que alunos comprometidos, como Lizzie Dipp Metzger, impulsionam o próprio crescimento explorando uma estrutura que chamo de hélice de crescimento – constituída por cinco elementos que nos permitem superar o paradoxo da performance e alcançar nossas aspirações.

COMO POSSO PERMANECER COMPROMETIDO COM O APRENDIZADO E O CRESCIMENTO?

Como podemos nos envolver na Área de Aprendizagem e atuar na Área de Desempenho de modo consistente? Como evitar passar semanas, ou até meses, na Área de Aprendizagem sem progredir como gostaríamos? Como nos manteremos motivados e eficientes?

A resposta reside em desenvolver uma poderosa *hélice de crescimento* que reúna os cinco elementos-chave necessários para brilhar nas duas áreas.

Imagine uma hélice de avião com três pás. No centro da hélice – o eixo – estão nossa identidade e nosso propósito, que proporcionam a energia essencial e o direcionamento para impulsionarmos nossos esforços. Cada uma das pás da hélice define os elementos que nos movem: nossas crenças, nossos hábitos e nossa comunidade – os quais, por sua vez, determinam em que nível de eficiência e harmonia nos envolvemos nessas áreas.

Vamos explorar mais profundamente cada um desses elementos.

IDENTIDADE

Quando o marido de Linda Rabbitt se tornou abusivo – emocional e fisicamente –, ela o deixou para proteger a si mesma e às filhas, como contou no podcast de Mahan Tavakoli chamado *Partnering Leadership*.[4] Seu ex-marido logo transferiu todos os bens que tinham para o exterior, deixando a dona de casa sem nada. Obrigada a se mudar para o pequeno apartamento de uma amiga com suas filhas, Linda se sentiu um fracasso. Foi o momento mais difícil de sua vida.

Decidida a provar seu valor e sustentar as filhas, ela conseguiu um emprego como assistente executiva na KPMG, uma das quatro grandes empresas globais de contabilidade. Linda não sabia nada sobre contabilidade nem sobre o universo executivo, mas sabia que poderia aprender.

Depois de dar duro na KPMG, ela acabou conquistando o respeito de seu chefe. Mas seu objetivo era se tornar executiva, algo difícil de conseguir sem um diploma de contabilidade.

Enquanto pensava sobre seu futuro, uma mulher que Linda havia conhecido na Câmara de Comércio local a abordou com uma oportunidade única: queria abrir a primeira construtora pertencente a uma mulher e estava à procura de uma sócia. Linda demonstrou interesse e as duas fizeram uma parceria.

Quando ela contou ao chefe que iria abrir uma construtora, ele perguntou: "O que você sabe sobre construção?"

"Absolutamente nada, mas posso aprender", respondeu ela.[5]

Ao longo dos anos, Linda enfrentou muitos desafios – teve até que romper com sua sócia –, mas sua personalidade de aprendiz a ajudou a criar a Rand Construction, a maior construtora de prédios comerciais nos Estados Unidos fundada por uma mulher.

Embora sua identificação com o aprendizado tenha se mantido ao longo de sua carreira, Linda também evoluiu de outras formas. Ela hoje se considera líder empresarial, filantropa, mentora e conselheira, o que não seria possível no início de sua carreira.

Talvez você ache que tem múltiplas identidades (pai ou mãe, corredor e artista, por exemplo) ou que tem uma identidade integrada com múltiplos aspectos.[6] Mas o importante, quando se trata de superar o paradoxo da performance, é que os vários aspectos de sua identidade única sejam consistentes com o fato de ser um aprendiz – alguém que evolui ao longo do tempo. Vários estudiosos e teóricos[7] chamam isso de *identidade de aprendiz*, incluindo Stanton Wortham[8] e Alice Kolb e David Kolb.[9]

Portanto, preste atenção aos rótulos que aplica a si mesmo e aos outros. Quando chama alguém de "líder nato" ou se considera assim, você inadvertidamente envia a mensagem de que liderança é uma característica fixa, que ninguém precisa se esforçar para alcançá-la.[10] Da mesma forma, rotular-se de extrovertido pode impedir que você se envolva em atividades potencialmente úteis, como introspecção, atenção plena ou escuta atenta. Identificar-se com muita rigidez como introvertido pode impedir você de buscar formas de se conectar e colaborar com outras pessoas, o que é fundamental para o crescimento e o alto desempenho.

Essa visão da identidade como algo maleável e mutável não é a mesma coisa que não ter noção de si mesmo. Quando Linda Rabbitt se identificou como uma aprendiz que evolui, ela se manteve fiel aos valores que recebeu de seus pais imigrantes – a importância de ser disciplinada, de melhorar sempre, de perseverar, de formar uma comunidade, de fazer diferença e de viver a vida plenamente. Caso se identificasse como uma mãe que cuida da casa, talvez não tivesse desenvolvido as aspirações de ser uma líder empresarial pioneira. Mais tarde, se tivesse se identificado de modo muito inflexível como executiva-chefe, talvez não tivesse se concentrado em orientar e apoiar outras pessoas.

Como diz o renomado psiquiatra Thomas Szasz: "O eu não é algo que se encontra, é algo que se cria."[11]

PROPÓSITO

Quando era menina, Meirav Oren muitas vezes fingia estar doente para poder faltar à escola e ir com o pai, um empreiteiro, aos canteiros de obras, onde convivia com os trabalhadores da construção civil.[12]

Ela só descobriu que gostava da escola quando chegou à faculdade, onde tinha mais controle sobre seu tempo e sobre a escolha dos cursos, o que lhe permitiu se concentrar nas matérias que lhe interessavam. Assim, obteve um diploma e um MBA em direito.

Meirav começou a trabalhar na Intel e alguns de seus projetos favoritos envolviam os esforços filantrópicos da empresa. Graças a isso, conseguia passar um tempo significativo ocupada com duas de suas maiores alegrias: aprender e retribuir.

Anos mais tarde, seu irmão, que trabalhava como gerente de projetos em um canteiro de obras, perdeu um operário que caiu de um andaime. Meirav ficou profundamente abalada com a tragédia e angústia do irmão. Como resultado, fundou a Versatile, empresa de tecnologia que ajuda a tornar a vida dos trabalhadores da construção civil mais segura e os projetos mais eficientes. A Versatile oferece um dispositivo que, ao ser conectado entre os guindastes e suas cargas, usa inteligência artificial para coordenar o trabalho e sinalizar perigos. A eficiência do produto fez a empresa expandir rapidamente sua base de clientes e faturar mais de 100 milhões de dólares.

O interesse de Meirav em fazer diferença sempre lhe proporcionou boas oportunidades de trabalho. Mas a luta de seu irmão, associada a laços emocionais com os tempos de infância, quando frequentava os canteiros de obras com o pai, abriu-lhe os olhos para seu novo propósito: tornar esses locais mais seguros e eficientes.

Portanto, em vez de pensar em *encontrar* seu propósito, o que reflete um mindset fixo – pois implica que o propósito é predeterminado –, é mais útil pensar em *desenvolvê-lo*.[13] Segundo Paul O'Keefe, Carol Dweck e Greg Walton, pessoas que utilizam essa abordagem são mais eficazes na expansão de seus interesses e mais resilientes quando confrontadas com desafios.

Como desenvolver seu propósito? No início, basta explorar, manipular e experimentar coisas, ao mesmo tempo que desenvolve seus conhecimentos e competências na Área de Aprendizagem. Ao ir além do conhecido, você sairá do paradoxo da performance e, no processo, estará evoluindo.

Algumas dessas experiências não ecoarão dentro de você. Tudo bem. Outras o farão. Aprofunde-se na exploração de coisas que poderá apreciar a longo prazo, em vez de buscar algo que pareça uma tarefa permanente.

Nem todo mundo tem o privilégio de escolher suas atividades – e a sorte sempre faz parte da jornada –, mas, ao notar coisas que pareçam interessantes e arriscar, alguma coisa provavelmente o encantará. Se seus interesses forem mutáveis, em vez de fixos, você se tornará mais ativo em sua busca e mais capaz de atingir seus objetivos.

Desenvolver um propósito significa também ver a vida com novos olhos. Pense nos motivos pelos quais seu trabalho e seus interesses são importantes para você. E para outras pessoas.

Agora que examinamos o eixo de crescimento da hélice – composto pela identidade e pelo propósito, que darão uma base sólida para os esforços na Área de Aprendizagem e na Área de Desempenho –, é hora de passar para as pás, que determinam a eficácia em ambas as áreas.

CRENÇAS

Um ano e meio depois de começar sua carreira como corretora de seguros e consultora financeira, Lizzie Dipp Metzger estava em um evento da seguradora New York Life em Nova Orleans quando foi convidada para um jantar com membros do famoso conselho diretor da empresa, um reconhecimento aos melhores corretores.

Todos logo se entrosaram e, durante o jantar, um dos colegas de Lizzie lhe disse: "Você precisa se tornar parte do conselho diretor ainda este ano para a gente se encontrar mais."

Lizzie percebeu que aqueles corretores bem-sucedidos não eram muito diferentes dela e que ela poderia se tornar um deles. Levando a sério o encorajamento, ela escreveu em um post-it ao chegar em casa: "Farei parte do conselho diretor a partir da reunião de 2012." Então, colou o lembrete sobre sua mesa como motivação para fazer o que fosse necessário.

Cumprindo a promessa feita a si mesma, Lizzie se tornou integrante do conselho em 2012 e, até o momento em que este livro foi escrito, em todos os 11 anos seguintes.

"Nunca olhei para trás. É tudo uma questão das crenças que temos. Quando nos libertamos de nossas próprias limitações, nossas possibilidades são infinitas", disse ela aos membros do conselho diretor em um discurso de abertura ao qual assisti.[14]

Como ela salientou, as crenças são fundamentais, não porque funcionem como magia, mas porque permitem que nos comportemos de modo diferente. Em vez de ficar presa a um desempenho crônico, Lizzie faz um trabalho árduo na Área de Aprendizagem para descobrir como atingir um novo objetivo todos os anos e incorporar os hábitos necessários para chegar lá.

"Olhando para aquele momento decisivo em Nova Orleans, posso dizer que estar no restaurante certo na hora certa foi apenas uma questão de sorte. Mas eu estava estudando e me preparando quando aqueles corretores fantásticos entraram na minha vida, e estava pronta para caminhar com eles", conta ela.

Muitas crenças afetam nosso comportamento. O próprio paradoxo da performance está enraizado na crença equivocada de que a melhor forma de obter sucesso é ter o melhor desempenho possível. Ao substituir essa crença por outra – a de que combinar desempenho e aprendizagem nos permite alcançar um desempenho muito melhor –, podemos superar esse paradoxo.

Nossas crenças sobre *competência, iniciativa* e *transparência* podem apoiar ou prejudicar tanto o nosso crescimento quanto o nosso desempenho em qualquer área. Convém dar uma olhada em cada uma dessas crenças – elas estão nos impulsionando ou nos atrasando?

Comecemos com nossas crenças a respeito de *competência*: a capacidade de fazer algo bem feito.

Quando o chefe de Linda Rabbitt lhe perguntou o que ela sabia a respeito de edificações e ela respondeu "absolutamente nada, mas posso aprender", ela estava demonstrando que, embora ainda não conhecesse o setor, realmente acreditava em sua competência como *aprendiz*. Isso lhe deu confiança para deixar o emprego e abrir uma nova empresa. Ela sabia que poderia descobrir as coisas ao longo do caminho e crescer durante o processo.

Pense nisso na próxima vez que encontrar um novo desafio no trabalho ou em sua vida pessoal: você pode nunca ter gerenciado uma grande equipe, reformado seu banheiro ou treinado um cachorro, mas *aprendeu* muitas habilidades novas ao longo de sua vida. O que funcionou e o que não funcionou? Quais especialistas você poderá trazer para realizar o trabalho – se quiser compartilhar os louros – ou para apoiá-lo enquanto você desenvolve suas habilidades na nova área, caso seja algo que você deseja aprender?

Ao nos concentrarmos no desenvolvimento de nossa competência como aprendizes por meio das muitas estratégias descritas neste livro, poderemos enfrentar as incertezas do novo.

A qualidade seguinte, a *iniciativa*, é descrita por Angela Duckworth, professora da Universidade da Pensilvânia, como "a convicção de que você molda o próprio futuro".[15] É a crença de que você navega pela vida realizando ações, grandes ou pequenas, para traçar seu caminho e influenciar os sistemas ao redor. É o oposto de se sentir uma vítima indefesa.

Alex Stephany, um profissional de tecnologia de Londres, estava entre um empreendimento e outro, reunindo-se com muitas pessoas para descobrir o que faria em seguida.[16] Na estação de metrô próxima de sua casa, ele conheceu um homem em situação de rua chamado Lucas, com quem começou a conversar. Com o tempo, habituou-se a levar um café e algo para Lucas comer enquanto papeavam.

Alguns meses depois, Lucas desapareceu. Quando voltou, Alex soube que ele havia sofrido um ataque cardíaco e ficou internado em um hospital. Parecia dez anos mais velho e castigado pela vida. Alex percebeu que levar alimentos para Lucas não estava ajudando em nada. Na verdade, as perspectivas de Lucas só tinham piorado.

Diante da situação de Alex, muitos de nós poderíamos nos sentir impotentes e simplesmente ignorar o drama de Lucas, cuidando apenas de nossas vidas. Mas Alex acreditava profundamente na própria iniciativa. Assim, perguntou a si mesmo de que Lucas precisava de fato. A resposta não foi café nem comida e, sim, recursos e apoio para adquirir qualificações com as quais pudesse conseguir um emprego. Mergulhou então em sua Área de Aprendizagem, reunindo-se com outras pessoas em situação de rua e seus defensores, tanto entidades públicas quanto ONGs.

Assim, acabou fundando a Beam, uma plataforma de *crowdfunding* que conecta pessoas necessitadas com outras que querem ajudá-las a mudar suas vidas. Pelo aplicativo, qualquer um pode fazer donativos e enviar mensagens de apoio. Até o momento em que este livro foi escrito, a Beam já havia ajudado mais de 1.400 pessoas a mudar de vida.

Todo aprendiz e executor eficaz que promove mudanças, que faz as coisas acontecerem, tem iniciativa. Sem iniciativa, as pessoas tendem a ficar paralisadas.

Uma das estratégias para promover a iniciativa é se concentrar nos progressos, não na perfeição. Não podemos estalar os dedos para criar um mundo perfeito, mas podemos realizar esforços consistentes na Área de Aprendizagem e na Área de Desempenho para tornar o mundo melhor.

Por fim, vamos analisar nossas crenças sobre a *transparência* – o compartilhar de nossos pensamentos e sentimentos com os outros. Os grandes empreendedores sabem que a transparência estimula a aprendizagem e o desempenho, além de permitir que outros nos apoiem e colaborem melhor conosco.

Após se tornar CEO da Rand Construction, Linda Rabbitt desenvolveu o hábito de se reunir com cinco outros CEOs da indústria da construção. Certo dia, anos depois, um deles disse: "Sabe, Linda, com todo o respeito, seu discurso sobre ser uma pobre coitada soa quase falso. Você é tão bem-sucedida. Quer dizer, você tem que mudar o rumo da sua conversa: você não é mais uma pobre coitada." Refletindo sobre esse momento, Linda diz: "O fato de ele ter me dito isso foi um grande gesto de amizade. Eu não sou uma pobre coitada, mas estava falando como se fosse. É que foi isso que me motivou por muito tempo, ser uma pobre coitada."[17]

Linda percebeu, então, que precisava adotar uma nova identidade que melhor correspondesse à sua realidade. Mas primeiro teria de ser transparente a respeito de como se via, assim como o outro líder fora transparente a respeito de como ela estava se comportando. Quando vemos a transparência como um meio para aumentar a aprendizagem e a eficácia, temos conversas mais abertas e sinceras, o que nos proporciona melhor aprendizagem e melhor desempenho, assim como relacionamentos mais próximos.

Muitas vezes, seja em nossas parcerias, amizades ou locais de trabalho, tendemos a refrear nossas frustrações, impressões ou ideias por medo de parecermos incapazes ou complicados.

Mas, ao nos mostrarmos como somos e lidarmos com nossos conflitos, passamos a compreender melhor as pessoas e a encontrar formas mais harmoniosas de interação.

Não estou querendo dizer, é claro, que devemos externar tudo o que passa por nossa mente. Precisamos exercitar nosso julgamento e inibir alguns de nossos impulsos.[18] Antes de manifestar qualquer coisa que pareça potencialmente polêmica, reserve um momento para se perguntar se isso ajudaria outra pessoa, ou equipe, a alcançar os objetivos comuns. Em seguida, pergunte a si mesmo qual seria a melhor forma de transmitir as informações.

Você poderá, por exemplo:

- perguntar se a pessoa deseja feedbacks;

- explicar *por que* está compartilhando as informações (porque se preocupa com a pessoa/equipe ou porque suas impressões podem ser úteis);

- concentrar-se em comportamentos objetivos e observáveis e em seus efeitos sobre você em vez de fazer suposições sobre as intenções ou os sentimentos de alguém, que podem facilmente ser mal-interpretadas.

Para refletir sobre suas crenças, pergunte a si mesmo:

- Até que ponto me vejo como um aprendiz em processo de transformação ao longo da vida?

- Quais circunstâncias que considero fixas em minha vida sou capaz de influenciar?

- Se me tornar mais transparente, posso levar outras pessoas a colaborar mais comigo tanto na aprendizagem quanto no desempenho?

HÁBITOS

Examinemos agora a segunda pá da hélice de crescimento: os hábitos.

Ao longo deste livro, discutimos diversas estratégias que podem ser utilizadas na Áreas de Aprendizagem, mas, a menos que as incorporemos à nossa rotina, não nos beneficiaremos delas.

Se o fizermos, nos programaremos para o crescimento. Podemos separar os hábitos em três categorias.

1. *Hábitos proativos* são aqueles que implementamos para desenvolver uma habilidade específica ou um conjunto de conhecimentos. Profissionais experientes não se limitam a esperar por contratempos ou desafios para embasar suas jornadas de aprendizagem. Estão sempre trabalhando proativamente nesse sentido.

Linda Rabbitt tem o hábito de ler todos os dias. "Eu leio, ouço podcasts, assisto a palestras ou acesso qualquer outro tipo de mídia e sempre que alguma coisa me impressiona particularmente, eu a repasso para pessoas que, no meu entender, poderiam se beneficiar. Assim, todas as manhãs, das seis e meia até sete e meia, estou lendo ou ouvindo algo. Não fiz um curso formal de administração, mas estudei e li tudo o que pude sobre planejamentos de sucessão e outros assuntos da área empresarial."

2. *Hábitos responsivos* são desencadeados por eventos ao nosso redor. Embora ser um aprendiz proativo talvez fosse melhor, temos de aprender com contratempos, erros, surpresas e feedbacks.

Durante um período com muitos trabalhos, a equipe de liderança da Rand Construction se viu sob forte pressão e acabou promovendo um membro relativamente novo da equipe como gerente de projetos para um determinado cliente. Só que o novo contratado ainda não estava pronto para representar a Rand de modo adequado. Reagia defensivamente às críticas, o que deixou o cliente insatisfeito.
Qual foi a atitude de Linda?
"Liguei para o cliente e disse: 'Estou muito envergonhada, somos melhores que isso. Quero saber sua opinião a respeito do que fizemos de errado para que todos nós possamos aprender com os erros.' E o cliente respondeu: 'Como você sabe, todo mundo comete erros. Mas o que mais detestamos é quando oferecemos feedbacks às pessoas e elas ficam na defensiva. Obrigado por não ficar na defensiva.'"
Hábitos responsivos dizem respeito a como você age quando comete um erro, recebe um feedback, é surpreendido por alguma coisa ou depara com uma situação difícil. Nesses casos, poderá refletir sobre como tende a responder; identificar os eventos que desencadeiam comportamentos inde-

sejáveis; escolher a resposta mais acertada; e, por fim, estabelecer o hábito de se lembrar da melhor resposta para a situação.

3. *Hábitos enraizados* são hábitos estáveis que garantem nossa evolução constante. Embora os hábitos proativos mudem de tempos em tempos conforme desenvolvemos habilidades diferentes, os hábitos enraizados geralmente não mudam. Podem incluir coisas como definir suas intenções de aprendizagem no início de cada semana, mês ou ano e revisá-las todas as manhãs; escrever um diário ou participar regularmente de determinada reunião para aprender com outras pessoas.

Um hábito enraizado que valorizo muito é me lembrar, todas as manhãs, quando ligo o computador, no que estou trabalhando para desenvolver ou mudar. Também abro um documento com lembretes para mim mesmo. Esse hábito permanente alimenta minha evolução, estimula um mindset de crescimento e me coloca diariamente na Área de Aprendizagem.

Pergunte a si mesmo:

- Estou fazendo alguma coisa na Área de Aprendizagem – diária ou semanalmente – para mudar o que pretendo melhorar?

- Estou solicitando feedbacks constantemente para gerar informações que fundamentem meu crescimento contínuo?

- Tenho algum hábito enraizado que apoie continuamente minha própria evolução?

COMUNIDADE

Todos somos capazes de aprender sozinhos. Mas podemos aprender mais rapidamente e produzir mais em qualquer área se tivermos acesso a pessoas que nos ajudem a pensar, a realizar tarefas, a acessar recursos, a entrar em contato com novos aliados e a nos oferecer feedbacks. É por esse motivo que a comunidade é a terceira pá da hélice de crescimento.

As pessoas ao nosso redor também influenciam profundamente os outros componentes de nossa hélice – nossas crenças, nossos hábitos, nossa identidade e nosso propósito.

Para construir uma comunidade eficaz, pense nas pessoas com quem você desejaria construir relacionamentos próximos, no sentido de promover *confiança*, *pertencimento* e *colaboração* com elas. Você poderá estimular a confiança expressando de modo transparente alguns de seus pensamentos e sentimentos, aprofundando-se gradualmente nessa prática à medida que todos compartilham mais de si mesmos. Você poderá promover pertencimento – a noção de que sua comunidade é seu lar – ganhando confiança, identificando objetivos comuns e valorizando os outros pela contribuição deles para que esses objetivos sejam alcançados. Você poderá encorajar a colaboração solicitando e oferecendo ajuda para poder, de modo interdependente, aprender e realizar mais.[19] Discutiremos esses importantes conceitos com mais profundidade nos capítulos subsequentes. A segunda parte deste livro aborda a construção de comunidades, equipes e organizações fortes.

Ao refletir sobre seus relacionamentos, tome cuidado com os estereótipos que podem impedi-lo de se aproximar de pessoas diferentes de você. A diversidade traz força, criatividade e inteligência coletiva. Queremos construir comunidades que reconheçam o valor da diversidade, nas quais pessoas de qualquer origem se sintam valorizadas e seguras.

À medida que você conhece as pessoas e trabalha com elas nas áreas de aprendizagem e de desempenho, a confiança, o entrosamento e a colaboração aumentam. Isso, por sua vez, fortalece sua capacidade de interagir com elas. É um ciclo de reforço mútuo.

Pergunte a si mesmo:

- Meus relacionamentos estão me atendendo bem ou, para que eu cresça e melhore meu desempenho, deveria me cercar de relacionamentos diferentes?

- O que posso fazer para que essa comunidade seja mais parecida com um lar para mim e para os outros?

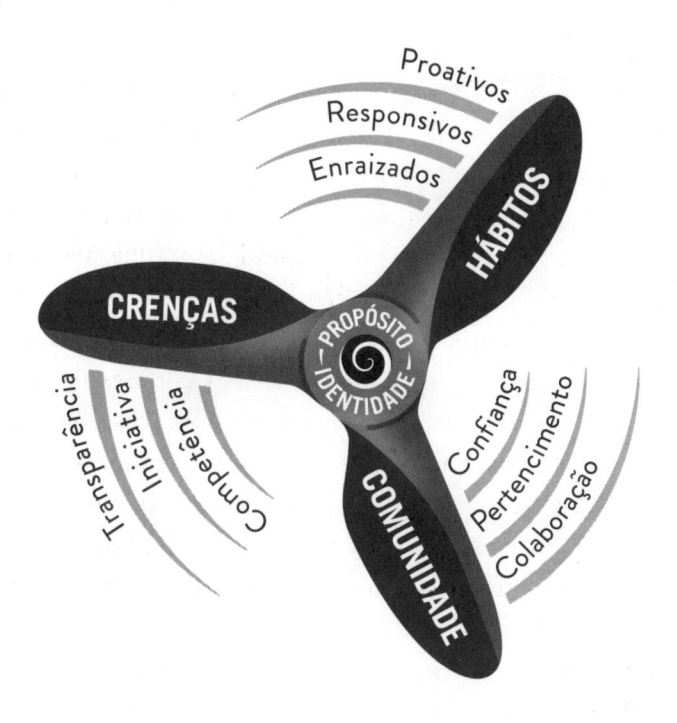

PROJETANDO SUA HÉLICE DE CRESCIMENTO

Agora que já examinou os componentes de uma hélice de crescimento forte, recomendo que você esboce um desenho para a sua. Quais você gostaria que fossem os principais aspectos de sua identidade, de seu propósito, de suas crenças, de seus hábitos e de sua comunidade?

(Você pode baixar uma versão ampliada da imagem da página seguinte em: briceno.com/paradoxo/resources/.)

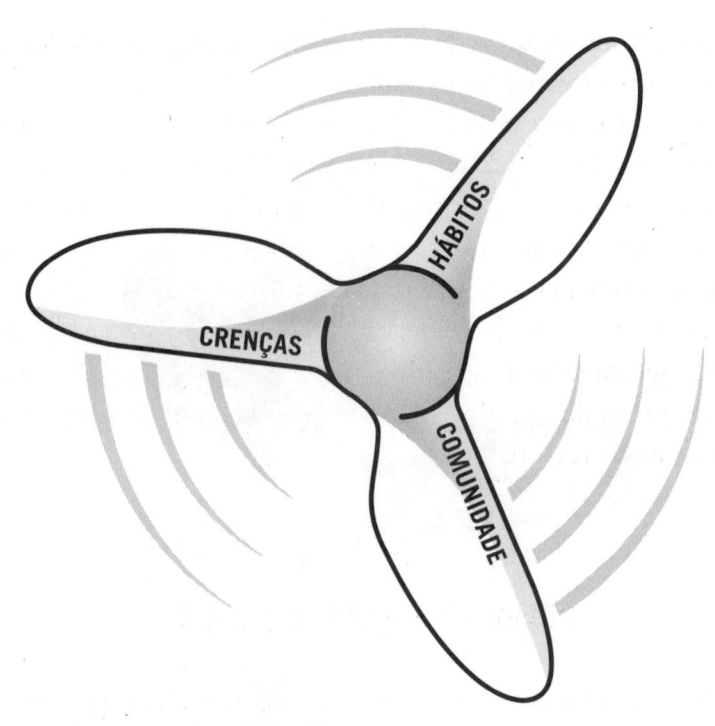

Reflita sobre o que descobriu.

- Quais partes de sua hélice são mais fortes?

- Quais partes poderiam receber mais atenção?

- Qual medida você pode tomar agora mesmo para fortalecer uma área da sua hélice de crescimento?

Os componentes de uma hélice de crescimento são interligados, portanto precisamos trabalhar neles simultaneamente. Ou seja, não precisamos construir nossa identidade ou propósito antes de nos debruçarmos sobre nossas crenças, hábitos e comunidade. Atuar em qualquer um desses componentes contribui para fortalecer os demais, pois todos se reforçam mutuamente.

Quando as partes de nossa hélice estão alinhadas, nós nos sentimos mais confiantes e equipados para navegar na vida e no trabalho.

Como diz Linda Rabbitt: "No fim das contas, você pode ser quem você quiser. Você é quem decide como deseja se comportar, quem deseja ter como amigos, como deseja viver sua vida, como deseja ser visto ao se aposentar. E todos podemos fazer essas escolhas."

É possível relacionar os componentes de sua hélice de crescimento a qualquer área da vida, como diversão, saúde, descanso, prazer, saúde mental ou qualquer outra coisa. Se você deseja que um pensamento, uma emoção ou um comportamento esteja mais presente na sua vida, trabalhe para fortalecer adequadamente sua hélice de crescimento.

Agora, identifique em que deseja trabalhar nos próximos dois meses e marque na agenda uma data para avaliar como você está se saindo e em quais etapas pretende trabalhar em seguida. Melhor ainda: torne essa anotação um lembrete recorrente.

PERGUNTAS PARA REFLEXÃO

- Quando reflito sobre como quero me desenvolver, quais dos cinco elementos de minha hélice de crescimento sinto que são mais fortes ou mais fracos? Quais precisam ser mais trabalhados na Área de Aprendizagem?
- Na Área de Aprendizagem, criei hábitos proativos, responsivos e enraizados para continuar desenvolvendo meus conhecimentos e habilidades? Como poderei progredir ainda mais como aprendiz?
- Sou um agente de mudanças dentro do meu âmbito de influência?
- Entrei em contato com outros aprendizes para me conectar e colaborar com eles?

CONTEMPLANDO O FUTURO

Como deve ser uma organização que aprende?

PARTE DOIS

Superando o paradoxo da performance em equipes e organizações

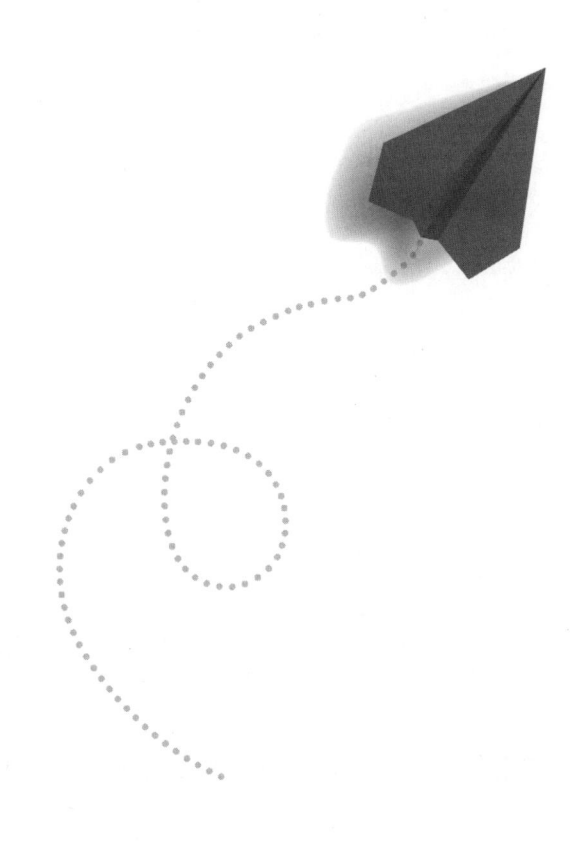

Capítulo 8: Pilares de uma organização que aprende

IDEIA PRINCIPAL As organizações mais fortes são as que aprendem. Suas estruturas e sistemas fazem do desenvolvimento das pessoas um hábito do dia a dia, o que as torna ágeis, resilientes e efetivas.

Quando Satya Nadella foi promovido a CEO da Microsoft, em 2014, a empresa tinha uma cultura de valorizar o "sabichão". A Microsoft contratava pessoas capazes, mas os novos funcionários logo percebiam que a melhor forma de obter promoções era ser a pessoa mais inteligente do grupo e ajudar sua equipe a ser melhor que as outras. Como Nadella descreve em seu livro *Aperte o F5*, às vezes, a empresa parecia uma confederação de feudos. A cultura local desencorajava a curiosidade, o desenvolvimento contínuo de conhecimentos e habilidades e a colaboração no aprendizado e na realização de tarefas.[1]

A falta de atenção ao desenvolvimento dava aos funcionários a sensação de que a liderança considerava as habilidades humanas como algo em grande parte fixo. Esse julgamento pode levar as pessoas a evitar riscos, a reter informações e, às vezes, até a sabotar colegas de trabalho. Como resultado, apesar de ser a maior empresa de software do mundo, a Microsoft perdeu oportunidades gigantescas em mecanismos de buscas na internet, em sistemas operacionais para celulares, em tecnologias de nuvem e de redes sociais, sendo rapidamente ultrapassada nessas categorias por Google, Apple, Facebook e Amazon.

A Microsoft estava sendo enganada pelo paradoxo da performance. Presos a um desempenho crônico, os funcionários continuavam a fazer as coisas da melhor forma que sabiam, sem realmente se aventurarem em territórios desconhecidos. Já vi isso em muitas empresas e você também, provavelmente.

Além de não nos sentirmos motivados a criar e nem mesmo a trabalhar nesse tipo de cultura, ainda adquirimos maus hábitos que se reforçam porque:

- Aprendemos na escola, na vida em sociedade, nos meios de comunicação e nos locais de trabalho que devemos saber fazer o nosso trabalho e apresentar resultados e que, quando as coisas ficam difíceis, a solução é trabalhar ainda mais.

- Adquirimos o hábito de criar listas de tarefas que preenchem nosso tempo em vez de usarmos o tempo para identificar o que é mais importante e como podemos ser mais eficientes. Falo não só de indivíduos, mas também de equipes e organizações.

- Incorporamos a suposição generalizada de que o alto desempenho está enraizado na competição e não na colaboração. Isso nos leva a trabalhar de modo independente e a reter informações em vez de trabalharmos em conjunto para aumentar nossos conhecimentos e aprimorar os resultados coletivos.

- Supervalorizamos o momento presente e subestimamos o futuro. Isso, aliado ao hábito de reforçarmos estruturas (como o foco nos lucros do trimestre seguinte), nos impede de investir na Área de Aprendizagem, o que melhoraria muito nosso desempenho.

- Não percebemos as vantagens de trabalhar de maneira diferente porque – como se usássemos antolhos – trabalhamos apenas na Área de Desempenho, em vez de aprender enquanto fazemos.

Nesta segunda parte do livro, examinaremos como a Microsoft e outras organizações romperam com o paradoxo da performance, estabelecendo estruturas e rituais que transformaram o envolvimento nas duas áreas em um hábito diário.

O objetivo não é implementar o que outras organizações fazem, mas entender o que é necessário para melhorar o desempenho e identificar um pequeno subconjunto de estratégias no qual trabalhar. Todas as abordagens compartilhadas se baseiam em dois princípios. Em primeiro lugar, sempre considerar que as habilidades e qualidades humanas são maleáveis. Em segundo, estabelecer hábitos, estruturas e ferramentas que apoiem tanto a Área de Aprendizagem quanto a Área de Desempenho.

Neste capítulo, examinaremos especificamente estruturas organizacionais que permitem a equipes e pessoas trabalharem nas duas áreas. Essas estruturas são necessárias para transformar culturas que valorizam os sabichões em organizações que aprendem – lugares onde as pessoas se alinham, se comunicam e colaboram melhor; aprofundam sua compreensão dos clientes, inovam, se adaptam e permanecem resilientes – e, assim, impulsionar mudanças e alcançar resultados notáveis.

Para evitar perder mais oportunidades em setores emergentes, como a inteligência artificial, a realidade mista e a computação quântica, Nadella – em parceria com a diretora de Recursos Humanos Kathleen Hogan e outros executivos – decidiu inspirar e liderar uma transformação cultural. Assim, os mais de 100 mil funcionários da Microsoft precisaram desenvolver diferentes crenças e hábitos, formar grupos focados em fazer mais perguntas, usar a imaginação com mais frequência, colaborar com outros departamentos, assumir mais riscos e ultrapassar limites. Para superar o paradoxo da performance, fez-se necessário pensar além da execução perfeita e abraçar ambas as áreas.

MEUS PRÓPRIOS ERROS COMO LÍDER ORGANIZACIONAL

Em 2007, me formei na Universidade Stanford com uma missão: reunir tudo o que aprendi sobre mindset com as pesquisas de Carol Dweck para ajudar as pessoas a colocar em prática ideias que mudam vidas. Com esse propósito, fundei uma empresa chamada Mindset Works, que ajudava escolas a cultivarem crenças e atitudes com relação ao aprendizado, não só em benefício de seus alunos como também de seus funcionários – influenciando pais e comunidades no processo.

Desde os nossos primeiros dias, deixamos bem claro que queríamos praticar o que pregávamos. Isso nos levou a criar uma *cultura de mindset de crescimento* bem diferente do modo como muitas organizações atuavam.

Como éramos pioneiros nesse novo tipo de empresa, decidimos moldá-la da maneira mais sólida possível. Para isso, buscamos inspiração em empresas como a Patagonia, de roupas e acessórios esportivos, e a Zappos, de calçados, conhecidas por construírem culturas totalmente únicas e conectadas às suas missões.

Com sede na costa sul da Califórnia, a Patagonia tem tudo a ver com atividades ao ar livre. Quando o tempo está bom, seus funcionários estão autorizados a sair do escritório para surfar. A empresa até publica um boletim para mantê-los informados sobre as condições do mar.[2]

Enquanto a Patagonia criava uma cultura única, vinculada à sua paixão pela natureza e pela recreação ao ar livre, a Zappos se concentrou no atendimento ao cliente: contrata seus funcionários pela personalidade e os incentiva a estabelecer uma conexão verdadeira com os consumidores, mesmo que isso signifique passar muito mais tempo ao telefone do que em uma típica chamada de atendimento ao cliente. Conforme relatou o site *Business Insider*, um funcionário da Zappos – em um caso que ficou famoso – passou mais de 10 horas conversando ao telefone com um cliente!

"Às vezes as pessoas só precisam conversar. Nós não fazemos julgamentos, só queremos ajudar", explicou um membro da equipe de fidelização de clientes da empresa.[3]

O que essas organizações poderiam nos ensinar sobre a criação de uma cultura totalmente nossa? Que elas desenvolveram culturas que são uma forte indicação do que defendem. Assim sendo, atraíram funcionários que, seduzidos por seu propósito, funcionam como seus embaixadores.

Nós pretendíamos fazer a mesma coisa, queríamos ser radicais no desenvolvimento das pessoas.

O que poderia dar errado?

UMA ABORDAGEM ERRADA

Na época, poucos tinham ouvido falar em mindset de crescimento. Quando conversávamos com clientes em potencial, eles ficavam curiosos, mas já tinham uma longa lista de prioridades e o mindset de crescimento não figurava nela.

Tudo bem para nós. Víamos as mudanças que pretendíamos implementar como uma maratona, não como uma corrida de curta distância. E, considerando que a nossa missão seria um empreendimento para a vida inteira, não procuramos investidores, pois eles podem ser muito impacientes. Decidimos começar com nossos próprios recursos.

Como forma de estabelecer nossa cultura única de desenvolvimento extremo, passei um tempo considerável, naquele primeiro ano, aprendendo a programar. Assim, com a orientação de meu sócio Steve Goldband, poderíamos desenvolver nosso site e habilitar nosso programa, que já existia em CD, para ficar disponível on-line. Além de constituir uma bela história de origem, caberia em nosso minguado orçamento.

Em vez de recrutar profissionais experientes, buscaríamos pessoas com paixão pelo aprendizado e pela nossa missão. Achávamos que, ao construir a cultura de mindset de crescimento mais forte do planeta, nossos colaboradores desenvolveriam suas qualificações a um ritmo sem precedentes, assim como eu mesmo como CEO novato.

Certo dia, fui cortar o cabelo e sentado na cadeira ao lado estava um rapaz recém-formado pela Universidade de Berkeley, que explicava ao barbeiro o que procurava em um emprego. Segundo ele, teria de ser algo com significado, algo que pudesse mudar a vida das pessoas.

Quando o ouvi acrescentar que tinha experiência em trabalhar com jovens, senti que adoraria o trabalho que estávamos fazendo. Portanto, quando ambos terminamos nossos cortes de cabelo, eu me apresentei. Contei a ele sobre nosso empreendimento e o convidei para almoçar. Mais tarde, ele me contou que não sabia o que aquele estranho que surgira do nada queria com ele, mas, felizmente para mim, concordou com o almoço.

Cole Turay não só se tornou nosso primeiro contratado, como também me ajudou a formar toda a equipe de funcionários durante o segundo ano de existência da empresa. Trabalhamos juntos por cinco anos, enquanto ampliávamos nossa equipe mantendo a mesma filosofia de contratação: paixão pelo aprendizado e desejo de contribuir.

Aos poucos, fomos encontrando escolas e educadores que logo compreenderam o poder do mindset de crescimento e contrataram nossos serviços. Mas cometemos o erro de querer atender o maior número possível de interessados. Assim, crescemos rapidamente durante alguns anos, mas acabamos estagnando. Além dos primeiros participantes, não conseguíamos persuadir os clientes em potencial a fazer do mindset de crescimento uma prioridade, e nossa equipe tinha dificuldades para lidar com as políticas e com os processos decisórios de nosso distrito escolar.

Sabíamos pouco sobre vendas. Também tínhamos dificuldades para trabalhar juntos de modo eficaz. Seguindo a nossa estratégia de priorizar a paixão, montamos uma organização exclusivamente remota, com funcionários dispersos pelos Estados Unidos e por três continentes. Mas subestimamos as dificuldades que tal estrutura trouxe aos relacionamentos e à colaboração, sobretudo nos tempos pré-pandemia, quando o mundo ainda não estava acostumado com coisas assim.

Além disso, havíamos desconsiderado algo importante: aprendizado e aperfeiçoamento, embora fundamentais, precisam de tempo.

E a verdade é que a paixão pelo trabalho e pela aprendizagem não foi o bastante para constituir uma empresa: também era importante que os candidatos tivessem habilidades prévias. Contratamos pessoas com muito potencial, mas nosso tempo e nossos recursos eram limitados para apoiar seu desenvolvimento. Independentemente do quanto nos importássemos com o crescimento e a aprendizagem, nossa organização tinha pouco dinheiro. Muitas vezes tínhamos de nos concentrar somente em *fazer* as coisas. Fomos enganados pelo paradoxo da performance.

Cometemos um erro que o capitalista e bilionário Marc Andreessen observa constantemente. "Acho que o mito arquetípico do empresário rico aos 22 anos é extremamente exagerado... A aquisição de habilidades – ou seja, aprender como fazer as coisas – é extremamente subestimada. As pessoas estão superestimando o valor de mergulhar de cabeça até o fundo da piscina, mas a verdade é que quem mergulha assim geralmente se afoga", disse ele aos estudantes de engenharia da Universidade Stanford em um evento compartilhado no *Podcast a16z*.[4]

Com poucos e inexperientes funcionários para atender muitos clientes, e sem muitos recursos, acabamos nos transformando em gestores de crises em tempo integral. Por fim, pedimos um financiamento, o que nos permitiu contratar mais pessoas e desenvolver programas mais robustos. Ganhamos mais tempo e capacidade para nos envolvermos na Área de Aprendizagem em vez de continuarmos atolados no desempenho crônico.

A Mindset Works cresceu na base do boca a boca até atender milhares de escolas. Também semeamos um ecossistema que tornou "mindset de crescimento" uma expressão comum e um objetivo desejado em muitas escolas do mundo. Porém, em retrospecto, poderíamos ter chegado lá mais rapidamente se tivéssemos uma compreensão mais clara do que é necessário para obter melhorias no desempenho. Aprendi que um mindset de crescimento, embora indispensável, não é o bastante. E que a paixão e o desejo de aprender também são insuficientes: as estruturas organizacionais que apoiam o trabalho, tanto na Área de Aprendizagem quanto na Área de Desempenho, são fundamentais.

Depois de cinco anos conosco, Cole migrou para a Salesforce, onde teve acesso a maiores recursos e estruturas para desenvolver seus talentos como vendedor. E hoje é um bem-sucedido executivo de vendas.

Quanto a mim, desenvolvi minha compreensão e minhas abordagens do que é liderança. Agora, quando preciso contratar alguém, procuro, além de paixão autêntica, competências de conhecimento e de aprendizagem: alguém que tenha habilidades específicas para começar a trabalhar com relativa rapidez e crescer a partir daí.

Ao longo dos anos, vi empresas de todos os tamanhos caírem na mesma armadilha que nós, e também vi grandes empresas com poderosas estruturas para um crescimento efetivo. Neste capítulo, falarei sobre algumas delas. A ideia não é implementar todos os recursos, mas mostrar como funcionam as organizações que aprendem e indicar os próximos passos para sua jornada.

COMO É DE FATO UMA ORGANIZAÇÃO QUE APRENDE

Ao ingressar na ClearChoice Dental Implant Centers como CEO, Kevin Mosher percebeu que entre 5% e 10% dos centros de atendimento vendiam seus procedimentos odontológicos com muito mais eficácia que o restante da empresa.[5]

Ligou, então, para Andy Kimball, um ex-colega, e lhe encomendou uma consultoria para descobrir o que aqueles centros estavam fazendo de diferente. Curioso, Andy mergulhou na Área de Aprendizagem, observando e fazendo perguntas.

Acabou descobrindo que a maioria dos vendedores da empresa usava uma técnica de vendas que chamavam *pulverizar e rezar*. "Eles pulverizavam informações a respeito de nossos procedimentos em um paciente e rezavam para que algum deles atendesse a alguma necessidade desse paciente", explicou Andy. Falavam sobre os tratamentos e a eficiência dos dentistas, sem parar para ouvir o que realmente se passava na vida dessas pessoas.

Já os vendedores bem-sucedidos ouviam muito mais que falavam. Não se viam apenas como vendedores, mas também como *solucionadores de problemas*. O que se tornou parte de sua identidade.

Andy, que acabou se tornando diretor de desempenho na ClearChoice, observou que os melhores vendedores, ao ouvir as histórias dos pacientes, descobriram que alguns sentiam muita vergonha do que consideravam como dentes imperfeitos. "Os vendedores também tentavam descobrir como os pacientes imaginavam uma vida com o sorriso de seus sonhos. Qual seria o final feliz para a história dentária deles?"

A ClearChoice treinou todos os seus vendedores e dentistas para aprender com as práticas bem-sucedidas e configurar sistemas para continuar aprendendo. Foram instaladas câmeras de vídeo em todos os consultórios. A cada semana, com o consentimento do paciente, a equipe de vendas e os dentistas selecionam uma habilidade relacionada à comunicação com os pacientes e gravam as interações no consultório. Entre uma consulta e outra, os profissionais assistem a um breve segmento do vídeo e analisam como interagiram e se poderiam ter respondido melhor a alguma pergunta, alternando-se rapidamente entre a Área de Desempenho (tempo com os pacientes) e a Área de Aprendizagem (análises dos vídeos). A equipe também pode mostrar os vídeos a algum coach ou a colegas, e solicitar feedbacks, embora os vídeos não possam ser vistos por outras pessoas sem a permissão dos envolvidos, já que são usados para o desenvolvimento profissional e não para avaliações do trabalho. Nas reuniões semanais, os profissionais conversam com seus pares sobre os aspectos que buscam melhorar. Desde que a empresa iniciou essa prática, os profissionais que se saem melhor são os que analisam e revisam com mais frequência os próprios vídeos.

Andy Kimball explicou por que o vídeo é uma ferramenta tão essencial. "Normalmente, quando alguém ouve um feedback, pode descartá-lo dizendo: 'Bem, é óbvio que essas pessoas não gostam de mim, não me conhecem ou não me veem no consultório.' Mas, quando você se vê em vídeo, não há como descartar nada. Um vídeo é um grande nivelador. Um vídeo sempre diz a verdade."

Os funcionários da ClearChoice regularmente recebem feedbacks de uma variedade de fontes, o que os ajuda a desenvolver suas habilidades. Como resultado, a empresa prosperou, conquistando mais de 50% em seu nicho de mercado.

Na ClearChoice, os vídeos são usados para proporcionar três elementos necessários ao desenvolvimento de uma habilidade. Primeiro, oferecendo um modelo de sucesso a ser imitado. Desde o momento em que os funcionários ingressam na organização, vídeos de profissionais qualificados são usados para discutir práticas eficazes e, também, para mostrar que mesmo profissionais qualificados podem se aperfeiçoar. Segundo, os vídeos são usados como uma oportunidade para praticar na Área de Aprendizagem. Os vendedores participam de sessões de treinamento gravadas nas quais interagem com seus coaches; em seguida, todos analisam os vídeos. E terceiro, os dentistas e a equipe de vendas, além de assistirem a vídeos de suas próprias interações diárias, veem as interações uns dos outros com os pacientes para poder refletir sobre o que viram e oferecer feedbacks. O resultado é um conjunto de estruturas sólidas a serem usadas na Área de Aprendizagem, com o claro objetivo de aperfeiçoar suas técnicas na Área de Desempenho.

Quando a ClearChoice introduziu os vídeos como ferramentas de aprendizagem, por volta de 25% dos vendedores passaram a assisti-los religiosamente, revelando verdadeira paixão pelo aprendizado. Em torno de 60% deles assistiam aos vídeos porque sabiam que deveriam fazê-lo, mas sem o mesmo nível de entusiasmo; os 15% ou 20% restantes nutriam séria aversão a se verem em um vídeo.

"Neste negócio, quando você tenta treinar um grande número de pessoas, o importante é alterar a curva normal. Não conseguimos fazer isso com todo mundo, mas, se conseguirmos deslocar essa curva para a direita, em vez de 25%, teremos 30% ou 40% de pessoas com paixão pela aprendizagem. Isso faz uma grande diferença", disse Andy.

Assistir a vídeos não é o único recurso de aprendizado dos funcionários da ClearChoice. Entre meus favoritos está um jogo colaborativo em que um membro da equipe vira um cartão e lê a descrição do caso de algum paciente. Cada um dos outros jogadores informa, então, como reagiria e o grupo discute as ideias apresentadas. Depois, a pessoa que inicialmente leu o cartão o entrega a quem ofereceu sua abordagem preferida. A pessoa que tiver mais cartas no final ganha o jogo.

Existem também sistemas para que os funcionários acessem recursos de aprendizagem para suas áreas. Quando atingem determinados níveis, eles ganham medalhas e recompensas financeiras. As pessoas que estão em meio a uma progressão de aprendizagem devem treinar ou orientar alguém menos avançado no desenvolvimento, observando um desempenho, por exemplo, ou assistindo ao vídeo de alguma consulta e oferecendo feedbacks. Coisas que promovam a aprendizagem colaborativa.

A ClearChoice é uma organização que aprende: todos trabalham diariamente, em parte para crescer, e em parte para receber recursos, obter oportunidades e estabelecer novos relacionamentos. Como disse Andy: "Trata-se de estimular a paixão pelo aprendizado e, em seguida, proporcionar aos aprendizes apaixonados as ferramentas de que necessitam para satisfazer sua paixão."

Como resultado de seus sistemas para aprendizagem contínua, a ClearChoice continua a bater os próprios recordes. Durante os primeiros 17 anos de sua existência, nenhum vendedor jamais havia arrecadado mais de um milhão de dólares em um só mês. Quando um deles finalmente conseguiu isso, a empresa fundou o chamado clube do milhão de dólares para homenagear quem alcançasse esse marco. No ano seguinte, sete outros vendedores conseguiram fazê-lo.

Quando a empresa realizou um evento comemorativo e os oito sócios do clube falaram sobre suas práticas, alguém perguntou o que eles faziam quando tinham um dia, uma semana ou um mês ruim. Todos responderam que reviam seus vídeos.

Em outras palavras, para os grandes realizadores, as dificuldades são uma deixa para entrar na Área de Aprendizagem.

Vimos muitos exemplos disso neste livro e veremos outros mais. Ao perder uma grande oportunidade de vendas, Dipo Aromire marcou um almoço com o cliente para saber o que sua equipe havia feito de errado.

Quando Traca Savadogo teve dificuldades para atender aos pedidos na Starbucks, ela testou novas ideias. Quando um projeto deu errado, Linda Rabbitt ligou para o cliente a fim de pedir feedback. Quando os novos restaurantes da Luke's Lobster obtiveram resultados decepcionantes, os líderes reuniram dados e descobriram como deveriam planejar, no futuro, a abertura de novas lojas. Usar as dificuldades como deixa para ingressar na Área de Aprendizagem é norma nas organizações que aprendem.

DAS CULTURAS DOS SABICHÕES ÀS CULTURAS QUE APRENDEM

Um grupo de pesquisadores liderado por Elizabeth Canning e Mary Murphy decidiu investigar se as organizações têm habitualmente um mindset de crescimento.[6] Entrevistaram então mais de quinhentos funcionários de sete empresas ranqueadas na *Fortune 1000* e descobriram que, de modo geral, eles concordavam entre si a respeito de como sua empresa enxergava o talento, se fixo ou maleável. Empresas como a ClearChoice, que transformaram a Área de Aprendizagem em um aspecto de suas operações, são vistas por seus funcionários como incentivadoras de um mindset de crescimento. As organizações voltadas para seleção e avaliação com o objetivo de eliminar os incapazes e manter os talentosos, sem investirem no contínuo crescimento das pessoas, são vistas como defensoras de um mindset fixo.

Segundo Canning, Murphy e seus colegas, os funcionários que achavam que suas organizações incentivavam um mindset de crescimento também relataram níveis mais elevados de colaboração, inovação, integridade, confiança e compromisso nos locais de trabalho. Nessas empresas, os funcionários estavam mais dispostos a trabalhar de modo interdependente, a se aventurar rumo ao desconhecido e a serem honestos com eles mesmos e com os outros.

Ou seja, eram organizações mais propensas a adotar uma cultura de aprendizagem em oposição à valorização dos sabichões. Quando as organizações enfatizam o desenvolvimento das pessoas, os funcionários são mais capazes de criar fortes hélices de crescimento, que lhes permitem se destacar tanto na Área de Aprendizado quanto na de Desempenho.

O CAMINHO PARA UMA ORGANIZAÇÃO adotar a cultura de aprendizagem envolve uma combinação de esforços de cima para baixo e de baixo para cima. Qualquer um de nós pode começar de onde estiver. Em vez de nos sentirmos frustrados quando algumas pessoas hesitarem, podemos nos conectar com quem tem mais interesse e evoluir a partir daí. Concentre-se no que você pode controlar mais facilmente – a começar por seu próprio comportamento – e continue ampliando seus limites.

No restante deste capítulo, examinaremos estruturas adicionais utilizadas pelas organizações que aprendem para promover o crescimento. Embora este capítulo discuta estruturas organizacionais de modo amplo, muitas das estratégias podem ser implementadas tanto em nível de equipe quanto individualmente.

TORNE CLARA SUA LINGUAGEM DE ORIENTAÇÃO

Quando Jake e Gino abriram sua empresa de investimentos imobiliários, nenhum dos dois pensava que uma declaração de missão ou de valores fundamentais era algo importante.[7] O restaurante da família de Gino nunca teve nada parecido. A empresa anterior de Jake estampara sua missão e valores fundamentais em cartazes nas paredes, mas isso não afetava o comportamento dos funcionários e ninguém se referia a eles.

Mas, depois de lerem livros e participarem de workshops sobre as melhores práticas empresariais, ambos compreenderam que construir uma cultura intencionalmente é fundamental para o sucesso.

Trata-se de conceber e cultivar fortes hélices de crescimento.

A missão da empresa deles é "criar comunidades que motivem as pessoas a se tornar a melhor versão de si mesmas". Seus valores fundamentais são *ter um mindset de crescimento, fazer as coisas acontecerem, priorizar as pessoas, ter uma ética inabalável* e *ter um extremo senso de propriedade*. Eles consideram todos os valores fundamentais, identificam quais comportamentos cada valor implica e por que cada um deles é importante. Jake e Gino regularmente retomam esses valores, apontando quando as pessoas os seguem ou se desviam deles. Os funcionários os incorporam todos os dias.

Isso também pode ser feito em grande escala. Uma das empresas que atendo, a Procter & Gamble, faz questão de que todos os seus mais de 100 mil funcionários estejam intimamente familiarizados com o que a empresa chama de PVPs – propósitos, valores e princípios.[8] No decorrer do dia de trabalho, todos os colaboradores relembram os PVPs. Quando alguém não está vivendo conforme os PVPs, o problema é sério e precisa ser resolvido. Esse procedimento cria um ambiente seguro para aqueles que adotam os princípios, algo que qualquer pessoa pode fazer.

Nossas declarações de missão, valores fundamentais e comportamentos-chave não devem ser exaustivas, mas simples, fáceis de lembrar e focadas nos atributos mais importantes. Isso é necessário para que todos na organização possam facilmente lembrar-se deles e consultá-los diariamente ao dar e receber feedbacks ou quando perceberem a ausência dos comportamentos desejados. Se as pessoas não conseguirem se lembrar de quais são os princípios-chave – o que é comum em organizações que têm muitos –, as estruturas, por si só, não ajudarão a orientar o comportamento das pessoas.

Com direcionamentos claros e aplicáveis a toda a organização, os líderes e colaboradores terão mais ferramentas para promover a cultura desejada.

DESCARTE SISTEMAS DE AVALIAÇÕES FOCADOS SOMENTE EM DESEMPENHO

Muitas organizações têm processos de gestão de desempenho nos quais os gestores oferecem feedbacks a seus subordinados diretos e os mantêm informados sobre progressos na carreira. No entanto, enganados pelo paradoxo da performance, esses rituais anuais normalmente se concentram somente no desempenho e não incluem o aprendizado.

As empresas com que trabalhei, e que têm obtido mais sucesso na promoção de ambas as áreas, modificaram seus sistemas de gestão de desempenho para:

- **Livrar-se de classificações forçadas, nas quais os funcionários são enquadrados com base no desempenho comparativo.** Em uma cultura de aprendizagem bem-sucedida, todos os funcionários podem ter sucesso. Ao colaborarem em ambas as áreas, em vez de entrarem em competição, podem evoluir e alcançar melhores resultados. Podemos encorajar esse comportamento avaliando-os com base em padrões em vez de jogar uns contra os outros.[9]

- **Instituir metas de aprendizagem, não somente metas de desempenho.** Consiste em pedir aos funcionários que reflitam sobre o desenvolvimento das habilidades que se propuseram a desenvolver durante o último ciclo, o que pretendiam aprender no próximo ciclo e quais estratégias usariam. Incentivá-los a partilhar essas informações reforça a cultura de aprendizagem, gerando apoio e feedbacks úteis por parte dos colegas.

- **Promover conversas frequentes e orientadas para o desenvolvimento.** Em vez de uma conversa anual sobre desempenho, essas empresas realizam pelo menos uma conversa trimestral sobre desenvolvimento, com incentivo e modelos para um diálogo mais frequente.

Faça a si mesmo as seguintes perguntas para identificar oportunidades de aperfeiçoar a gestão de desempenho e os sistemas de suporte em sua organização. Se seus sistemas organizacionais revelarem lacunas, analise como poderá preenchê-las e influenciar a empresa:

- Quando as pessoas estabelecem metas, estabelecem apenas metas de desempenho ou também especificam quais qualificações pretendem melhorar e como farão isso?

- As pessoas costumam debater sobre aprendizagem, sobre melhorias e sobre o que pode ser ajustado no futuro?

- As pessoas são avaliadas em relação a outras ou com base na própria eficácia?

- As metas de desempenho são apenas individuais ou também baseadas em trabalho de equipe? (As metas de desempenho da equipe podem promover colaboração, tanto no desempenho quanto no aprendizado.)

- Existem estruturas, além do processo de avaliação formal, para que as pessoas aprendam e recebam feedbacks regulares?

IMPLEMENTE SISTEMAS PARA O APRENDIZADO

Uma organização precisa de estruturas e sistemas que apoiem o desenvolvimento de qualificações e habilidades, que, por sua vez, variam de acordo com as necessidades da organização.

Dona Sarkar, a engenheira de software que lidera a equipe de suporte da plataforma de aplicativos da Microsoft, notou que o sistema de treinamento da Microsoft mudou drasticamente nos últimos anos, depois de Satya Nadella ter se tornado CEO.[10]

"Nosso treinamento costumava ser 'tecnologia, tecnologia e tecnologia'. Agora, quando olho para o meu cronograma de treinamento, vejo coisas como 'inteligência artificial ética'. Se você estiver implantando IA e não estiver pensando em como isso afetará as pessoas na África do Sul, por exemplo, estará agindo errado. A IA ética já é um treinamento importante e obrigatório para todo mundo na empresa", disse-me ela.

Outros treinamentos obrigatórios da Microsoft abrangem a formação de equipes inclusivas, a análise de privilégios e a comunicação para superar diferenças. Muitos outros treinamentos e recursos opcionais são oferecidos para quem quiser se aprofundar.

Vale notar que essas estruturas de formação e desenvolvimento profissional estão sendo utilizadas para desenvolver não só competências em áreas específicas, mas também a identidade, o propósito, as crenças e os hábitos compartilhados que constituem fortes hélices de crescimento.

"Temos pessoas de todas as gerações (geração Z, millennials, geração X e boomers) atuando e falando sobre diferentes estilos de comunicação ao longo de décadas. Um grupo ficou muito chocado e dizia coisas como 'O quê? Por que estamos falando sobre isso no trabalho? Isso não tem nada a ver com o trabalho'. E, sinceramente, para aqueles que não entenderam o motivo, a resposta foi: então talvez esta empresa não sirva para você. Porque ela realmente valoriza que as pessoas tragam todo o seu ser para o trabalho e procura torná-lo um lugar seguro para que todos possam fazer isso", disse Dona.

No interesse de contribuir de modo mais amplo, a Microsoft disponibilizou gratuitamente para qualquer pessoa – em seu site *Microsoft Inclusion Journey*[11] – muitos de seus recursos de aprendizagem sobre diversidade e inclusão.

A Liquidnet, uma empresa americana de tecnologia e investimentos, tem diversas estruturas de apoio ao aprendizado.[12] Uma delas é muito simples, mas poderosa: todos os funcionários que trabalham em tempo integral têm direito a uma bolsa anual de 2.500 dólares para buscar desenvolvimento profissional e oportunidades de educação continuada. Esse benefício não termina com a conclusão de um treinamento: espera-se que os funcionários compartilhem com seus colegas o que aprenderam. "A aprendizagem contínua está incorporada ao DNA da organização, faz parte dos nossos processos normais de negócios. Por exemplo, alguém regressa de um seminário e diz aos colegas: 'Fiz um excelente curso sobre pensamento estratégico. Aprendi cinco tipos de pensamento estratégico e o modo de aplicá-los a diferentes situações.' Se tudo parasse por aí, já seria ótimo, a equipe se beneficiaria desse aprendizado, mas, às vezes, a coisa vai ainda mais longe. Um colega poderá responder: 'Isso é muito interessante. Vou me inscrever nesse seminário.' Ou então: 'Vou testar o que acabei de aprender com meu colega e contar a ele minha experiência.' Para nós, a aprendizagem deve ser algo contagiante", disse Jeff Schwartzman, chefe global de aprendizagem da empresa.

Na Telenor, uma das maiores empresas de telecomunicações móveis do mundo, cada funcionário tem 40 horas de trabalho remunerado por ano para dedicar-se ao aprendizado, dentro ou fora do local de trabalho. Para promover sua cultura, a empresa certa vez desafiou seus funcionários a quebrar o recorde mundial do *Guinness* para o maior número de pessoas completando uma aula de desenvolvimento pessoal on-line no prazo de 24 horas – e eles conseguiram.[13] Para o desafio, escolheram um curso sobre mindset de crescimento. Tive a honra de fazer parte de um vídeo que os convidava a participar do desafio, que a empresa aproveitou como uma oportunidade para aprofundar a compreensão de seu pessoal sobre aprendizado e crescimento.

A New York Life disponibiliza inúmeros programas para ajudar os funcionários a crescer e desenvolver habilidades. Um deles, denominado Programa de Mobilidade Interna, oferece aconselhamento e workshops sobre temas como planejamento de carreira, redação de currículos e entrevistas eficazes.[14]

A empresa também incentiva seus corretores a aderirem a um "grupo de estudo" – colegas que se reúnem regularmente para prestarem apoio mútuo e aprenderem uns com os outros, como aquele ao qual Lizzie Dipp Metzger se juntou. Não é novidade que os corretores envolvidos em grupos de estudo têm muito mais probabilidades de atingir um desempenho superior. Com base nas respostas de questionários distribuídos a seus corretores, a New York Life estima que 58% dos mais bem-sucedidos participam de grupos de estudo, enquanto apenas 7% dos que obtêm menos sucesso o fazem.[15] Por conversas mantidas com muitos dos melhores corretores da empresa, acredito que quem não se envolve em grupos de estudo se envolve em outras estratégias da Área de Aprendizagem.

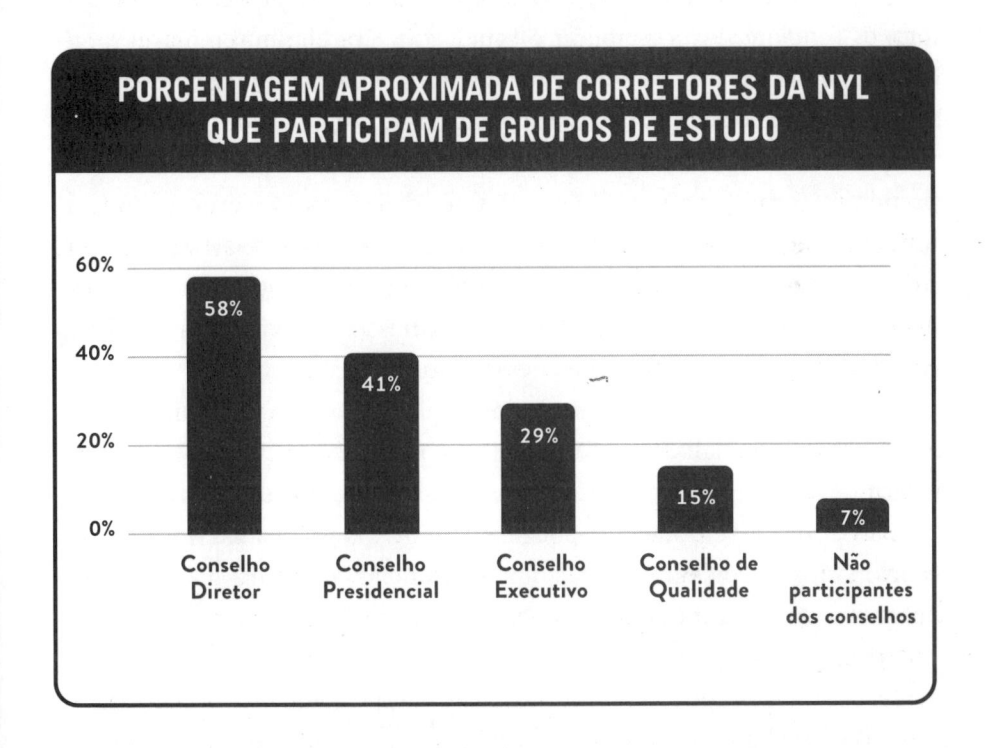

PORCENTAGEM APROXIMADA DE CORRETORES DA NYL QUE PARTICIPAM DE GRUPOS DE ESTUDO

Categoria	Percentual
Conselho Diretor	58%
Conselho Presidencial	41%
Conselho Executivo	29%
Conselho de Qualidade	15%
Não participantes dos conselhos	7%

A relação entre a Área de Aprendizagem e o desempenho foi também demonstrada em pesquisas. Sabine Sonnentag e Barbara Kleine descobriram que os melhores corretores de seguros se dedicam ao aprendizado, pelo menos uma vez por semana, para expandir seus conhecimentos.[16] Consultam colegas ou especialistas na área, testam novas estratégias, realizam simulações mentais, solicitam feedbacks e reservam tempo para refletir.

Foi exatamente o que vimos anteriormente neste capítulo, no caso da ClearChoice Dental: quanto mais os vendedores analisam os vídeos, melhores serão seus resultados. O padrão se aplica a empresas e setores e demonstra que a Área de Aprendizagem não prejudica o alto desempenho. Favorece.

Ferramentas e estruturas desenvolvidas por uma organização podem apoiar qualquer estratégia da Área de Aprendizagem – experimentação, revisões intermediárias e feedbacks, por exemplo. Quando líderes seniores disponibilizam essas estruturas e ferramentas, em vez de esperarem que gestores e funcionários as desenvolvam por conta própria, fica mais fácil conseguir que todos se envolvam regularmente na Área de Aprendizagem.

Qualquer um de nós pode implementar recursos e programas que ajudem os funcionários a conhecer o mindset de crescimento e outras crenças, hábitos e princípios fundamentais ou indicar alguns dos excelentes recursos já disponíveis. Pode ser algo simples, como conceder às pessoas uma verba anual para programas de aprendizagem dos quais gostariam de participar, como faz a Liquidnet, ou oferecer orientação e espaços para os funcionários aprenderem uns com os outros, como faz a New York Life. E se nossa principal esfera de influência for apenas uma equipe e não a organização inteira, podemos nos alinhar com nossos colegas mais próximos para implementar qualquer uma dessas abordagens.

Ao criar programas e recursos que apoiem o desenvolvimento, precisamos primeiro analisar para quem estarão disponíveis. Todos os funcionários devem ter acesso a essas oportunidades, desde os mais novos até os mais antigos. Se optarmos por reservar alguns programas apenas para funcionários que achamos ter "grande potencial", devemos disponibilizar programas semelhantes para os outros, a fim de não os estigmatizar.

Considere estas perguntas:

- Qual é a habilidade mais importante para que você, sua equipe ou sua organização se tornem excelentes?

- Quais estratégias da Área de Aprendizagem impulsionariam o desenvolvimento dessa habilidade? Quais estruturas poderiam apoiar a utilização dessas estratégias?

- Quem poderia ser um patrocinador, ou um aliado, no sentido de fortalecer as estruturas da Área de Aprendizagem?

ESTABELEÇA ESTRUTURAS PARA ARRISCAR E EXPERIMENTAR

Grandes empresas de tecnologia, como a IBM e o Google, têm criado equipes de pesquisa e desenvolvimento cujo trabalho é explorar territórios desconhecidos: expandir as fronteiras da ciência, inventar novas tecnologias e transformá-las em produtos. Essas estruturas deram origem a muitas invenções sem as quais muitos de nós não conseguiríamos viver, desde computadores pessoais e smartphones até a conectividade sem fio e as máquinas de diagnóstico médico por imagem.

A Deloitte, empresa multinacional de serviços de auditoria, consultoria, assessoria financeira e outros serviços relacionados, lançou a subsidiária Deloitte Ventures, que abre a qualquer pessoa o acesso a ferramentas, comunidades e estratégias de inovação.[17] A Coats, multinacional de produtos têxteis, criou eixos de inovação – espaços com equipamentos especializados para que seus funcionários, clientes e fornecedores imaginem novos produtos.[18] A Microsoft implementou maratonas tecnológicas nas quais qualquer funcionário pode recrutar uma equipe para idealizar, testar e desenvolver ideias novas em que queira trabalhar.[19]

Mas será que precisamos mesmo de vultosos investimentos em alta tecnologia ou em pesquisa e desenvolvimento para inovar ou ampliar nossas habilidades?

Claro que não! Quando liderava a área de gestão de incidentes graves, Brad Willoughby, diretor de infraestrutura em nuvem da Oracle, instituiu pequenos experimentos como forma de promover uma cultura de enfrentamento inteligente de riscos.[20] A cada trimestre, todos em sua equipe faziam um experimento de livre escolha e expunham suas descobertas aos colegas. O que interessava a ele era a participação, o enfrentamento inteligente de riscos e o compartilhamento de lições aprendidas.

Com esses procedimentos, a equipe implementou diversas melhorias nos processos, como encerrar uma tarefa de comunicação diária e recorrente que consumia muito tempo, era mentalmente desgastante e, na opinião de todos, não gerava informações úteis. Graças a essa decisão (e ninguém sentiu falta dos relatórios), os membros da equipe perceberam que tinham mais poder do que imaginavam para influenciar seu ambiente. E mais importante, promoveram uma cultura de enfrentamento inteligente de riscos.

Quando estiver pensando em formas de promover a experimentação, pergunte a si mesmo:

- Quais períodos e ambientes podem servir como ilhas para que as pessoas aprendam sem correr riscos nem causar danos significativos?

- Como reunir diversas pessoas, talvez de diferentes funções e organizações, para ampliar uma gama de ideias, perspectivas e conhecimentos?

- Como criar estruturas para lembrar às pessoas que o propósito da experimentação é o aprendizado?

DESENVOLVA AS MELHORES PRÁTICAS

Não há razão para que pequenos experimentos trimestrais – ou qualquer outra estrutura da Área de Aprendizagem – não possam ser instituídos em nível departamental ou em toda a organização. Isso pode ajudar a promover a cultura, a comunidade, a identidade, as crenças e os hábitos da empresa. Mas cuidado para não ser exigente demais. Os eventos da Microsoft, os grupos de estudo da New York Life e os programas da Deloitte Ventures são opcionais, o que é uma coisa sensata.

Precisamos equilibrar o dimensionamento de estruturas e processos que funcionam – o que facilita o trabalho – sem extinguir a liberdade das pessoas para escolher o que funciona melhor e para testar novas abordagens. Um dos caminhos é tornar os programas facilmente acessíveis, mas opcionais.

Considere as dificuldades ao projetar estruturas para toda a organização, para promover uma cultura de aprendizagem e hábitos como:

- Rituais de inovação, como maratonas tecnológicas ou pequenos experimentos trimestrais.

- Acesso a recursos externos, como plataformas de cursos on-line, eventos com palestrantes convidados ou recursos de entidades de classe.

- Disponibilização de ferramentas para que as pessoas testem novas ideias em pequenos grupos antes de promovê-las para valer.

- Estruturas para analisar erros e falhas, transformar os processos que levaram a eles e compartilhar lições aprendidas.

RECRUTE, CONTRATE E INTEGRE PARA PROMOVER O CRESCIMENTO

O recrutamento, a contratação e a integração, além de nos ajudarem a selecionar pessoas que já são aprendizes competentes, podem também promover suas futuras transformações.

Funcionários recém-contratados estão passando por uma transição de vida, o que é uma oportunidade de mudança em sua identidade, suas crenças e seus hábitos.

Durante as transições, os novatos sabem que precisarão mudar para se adaptarem ao novo contexto. Portanto, no novo ambiente, estão sempre muito atentos ao comportamento das pessoas e ao que elas valorizam, para, assim, poderem ser aceitos e prosperar.

Isso configura uma oportunidade.

Por isso, muitas pesquisas sobre mindset de crescimento são realizadas em períodos de transição, quando as pessoas ainda estão se familiarizando com algo novo, que pode ser uma escola, um ano escolar, uma universidade ou um programa.

Precisamos implementar sistemas que apresentem enunciados claros aos potenciais candidatos sobre o que nossa organização representa; e que também ensinem a eles, como padrão, que devem aprender, assumir riscos, discutir falhas, solicitar feedbacks e aceitar mudanças. O ideal é que as pessoas que se sentem atraídas por essas filosofias se envolvam ativamente no processo de recrutamento. Da mesma forma, aquelas que as temem devem procurar locais de trabalho mais adequados. Queremos também que aqueles que se juntarem a nós aprendam mais sobre como viver esses valores todos os dias e em colaboração com as outras pessoas.

Uma mensagem clara não se limita a atrair profissionais com hélices de crescimento mais fortes: também garante mais objetividade e confiança para que adotem, desde o início, os comportamentos desejados, em vez de ficarem hesitantes, achando que precisam aprender mais sobre a cultura antes de assumir riscos.

Na ClearChoice, a integração de novos vendedores começa com uma série de missões de aprendizagem que eles completam durante a "Semana de Observação". Uma de suas primeiras missões é uma caça ao tesouro para conhecer a estrutura organizacional, entrevistar colegas importantes e esboçar o que aprenderam em um pedaço de papel. Em seguida, estudam o formulário que os vendedores devem preencher em cada interação com o cliente e participam de consultas com os clientes para observar, e até orientar, um vendedor mais experiente à medida que este aplica o formulário na vida real. Orientações são vistas como necessárias ao aprendizado. "Ninguém aprende mais que um orientador", observa Andy Kimball.

Depois de concluírem essas etapas, os novos contratados viajam até a sede da empresa, em Denver, para relatar o que aprenderam, estudar os valores e princípios da empresa, assistir a vídeos de consultas reais para avaliar práticas eficazes e ineficazes e, finalmente, praticar em simulações de alta fidelidade.

"O objetivo não é ensinar um roteiro a eles. Não acreditamos em roteiros. Acreditamos em ensinar conceitos e princípios para o sucesso. Em seguida, oferecemos uma estrutura e uma sequência de práticas recomendadas para aplicar os princípios. Desejamos que eles encontrem a própria voz. Praticamos para que se lembrem dos passos e para que integrem sua voz a esses passos. É como ensaiar um papel: primeiro você deve se lembrar das palavras, depois, torná-las suas. Só quando realmente entendemos o que precisa ser feito é que podemos improvisar", explica Andy.[21]

Nesse processo, os novatos percebem claramente que o aprendizado não termina na integração.

PROMOVA O PERTENCIMENTO, A CONFIANÇA E A COLABORAÇÃO

Na hélice de crescimento, o pertencimento, a confiança e a colaboração são elementos-chave da pá *comunidade*. Os processos de integração que constroem esses elementos preparam as pessoas e as equipes para o sucesso, e devemos continuar a reforçá-los.

A Accenture (empresa multinacional de consultoria de gestão, tecnologia da informação e outsourcing) integra mais de 150 mil novos funcionários todos os anos, em todo o mundo, reunindo-os no mesmo espaço, chamado One Accenture Park.[22] Trata-se de um campus virtual localizado no "Nth floor", o metaverso da Accenture. Para uma experiência totalmente imersiva, os novos funcionários usam fones de ouvido de realidade virtual que os levam de fato para o espaço. Lá poderão conhecer novos contratados do mundo inteiro e conversar com eles. Assim como em uma sala real, ouvem as pessoas com quem estão falando em alto e bom som e as que estão por perto, em um volume mais baixo. Depois que o programa formal se inicia, eles são transportados virtualmente para réplicas de espaços reais, como o laboratório de inovação da Accenture em San Francisco. Isso permite que os novos funcionários se sintam bem-vindos, aprendam mais sobre a organização e se conectem uns com os outros. O espaço virtual permanece sempre disponível, permitindo que as pessoas se reúnam para trabalhar ou simplesmente bater papo.

Também existem recursos de baixa tecnologia para promover o pertencimento, a confiança e a colaboração. Muitas organizações reúnem seus funcionários pessoalmente ou por videoconferência.

Peter Handal, CEO da Dale Carnegie & Associates, uma empresa de treinamento, promovia a confiança e o pertencimento lembrando frequentemente, em reuniões e comunicados, que a empresa dispunha de vários diretores de ética que qualquer pessoa poderia contatar para tratar de questões sensíveis, incluindo-se todos os tipos de assédio.[23] Handal informava com regularidade aos funcionários o número do celular de um advogado externo que eles também poderiam acionar caso não se sentissem à vontade para abordar um problema com um diretor de ética interno. Além de conferir às pessoas um senso de autonomia e transparência caso surgisse algum problema ético ou de assédio, essa medida dava a todos a sensação de que eram valorizados na empresa em que trabalhavam.

Para promover o senso de pertencimento, a confiança e a colaboração, vale a pena investir na Área de Aprendizagem, o que aumentará a conscientização das dinâmicas que, muitas vezes, afetam populações menos representadas. Por exemplo, quando quase todas as pessoas em um grupo pertencem a determinado setor demográfico, podem não discriminar conscientemente nem tratar de modo diferente os que não fazem parte do grupo majoritário, desconsiderando, portanto, características sociodemográficas como raça ou gênero e não as vendo como um problema. Só que as pessoas dos grupos sub-representados tendem a notar que são as únicas na sala; elas, então, se perguntam por que e podem ter receio de correr riscos que reforcem estereótipos negativos sobre seu grupo. Claude Steele, professor de psicologia de Stanford, chama o fenômeno de ameaça do estereótipo. Em seu livro *Whistling Vivaldi*, Steele afirma que esse estereótipo afeta negativamente o desempenho das pessoas e que um mindset de crescimento pode contribuir para mitigar esse problema.[24]

Quando temos uma força de trabalho diversificada e promovemos uma noção de pertencimento, não só evitamos o impacto dos estereótipos no desempenho como também aumentamos a inteligência do grupo. Isso porque à medida que mais pessoas se manifestam, mais condições temos de explorar uma variedade maior de conhecimentos e pontos de vista, o que produz ideias mais criativas e bem-informadas. Isso, por sua vez, reforça nossa eficácia coletiva em qualquer situação – sobretudo quando precisamos atender uma base diversificada de clientes – e nos beneficia tanto na Área de Aprendizagem quanto na Área de Desempenho.

CRIE ESTRUTURAS PARA PROMOVER A DIVERSIDADE E A INCLUSÃO

Durante seu primeiro ano na Stanford Graduate School of Business, Eugene Baah e Patrick Kann moraram juntos.[25] No início do ano, eles foram jantar juntos em um restaurante do bairro. Ambos fizeram os pedidos no balcão e cada qual pagou com seu cartão de crédito, mas apenas Eugene teve de se identificar. Ficou claro para ambos qual o motivo da solicitação: Eugene é negro, enquanto Patrick é branco.

Patrick ficou chocado com o comportamento do caixa e também surpreso por Eugene não parecer incomodado. Patrick, que é brasileiro, sentiu-se confuso. Eugene era um homem muito bem-educado, havia se formado em Princeton e falava com um sofisticado sotaque britânico. Por que Eugene havia sido discriminado e ele não? Quando se sentaram para esperar a comida, Patrick já havia processado seus pensamentos o suficiente para expressar seu espanto a Eugene. Eugene explicou que esse tipo de coisa acontecia com ele o tempo todo. Patrick perguntou o que poderiam fazer, se deveriam pedir para falar com o gerente. Eugene disse a ele: "Patrick, eis o que eu gostaria que você fizesse – um dia você vai abrir sua própria empresa, e quero que você tenha certeza de que as pessoas que contratará não agirão assim."

Aquele momento mudou a vida de Patrick. Uma década depois, ele fundou a Papaya, desenvolvedora de um aplicativo para pagamento de contas. Seu sócio, Jason Meltzer, outro homem branco, também se preocupava com a igualdade, por isso eles decidiram criar um local de trabalho diversificado e inclusivo.

Ainda assim, dois anos depois da fundação da Papaya, ambos olharam ao redor e notaram que a equipe que haviam formado era composta por meia dúzia de homens brancos. De tão concentrados na pesquisa das necessidades dos clientes, na construção de protótipos e em testar suas ideias, eles haviam negligenciado a criação de estruturas que promovessem a força de trabalho diversificada e inclusiva que almejavam. Começaram, então, a implementar sistemas e alcançaram grandes progressos desde então. Hoje, cerca de 60% da equipe vem de grupos sub-representados, o que consideram um ponto fortíssimo da organização.

A empresa evita cotas de contratação, achando que pode fazer um trabalho melhor no aumento da diversidade instituindo processos para atrair grupos diversificados de candidatos. A Papaya é agora muito cuidadosa no modo como redige anúncios de emprego.

"Sabemos que, em média, os grupos sub-representados têm menos probabilidades de se candidatar a um emprego se não cumprirem todos os requisitos. Portanto, removemos tudo o que é 'bom ter' e incluímos apenas o que é necessário. E nos questionamos sobre coisas como: eles precisam de cinco anos? Poderiam ser quatro, poderiam ser três? Sempre nos empenhamos em incluir o estritamente necessário", salienta Patrick.

Eles também anunciam claramente, no topo de cada postagem, os valores da Papaya com relação à diversidade e à inclusão, o que atrai pessoas de grupos sub-representados e que compartilham os valores da empresa. Em certa ocasião, quando Patrick estava entrevistando uma pessoa negra, ele perguntou por que ela queria trabalhar na Papaya. Sem hesitação, ela recitou de memória parte da declaração de valores da empresa que constava no topo do anúncio de emprego: "Flexibilidade, comunicação e vontade de aprender são da maior importância. A Papaya acredita que a diversidade ajuda a construir uma cultura inclusiva na qual todos os membros da equipe podem crescer, contribuir e se sentir valorizados. Se você concorda, adoraríamos ouvir sua opinião!"

Assim que os candidatos chegam à sede para uma entrevista, são introduzidos em um escritório que Patrick descreve como "chato". A ideia é remover quaisquer itens que possam passar aos candidatos uma mensagem de que ali não é lugar para eles.

"Nós não temos mesas de pingue-pongue porque poderiam desencorajar pessoas que não gostam de pingue-pongue. Qualquer coisa que possa estar associada a algum tipo de grupo demográfico nós removemos. O escritório é chato de propósito", contou ele.

Os funcionários podem personalizar seu próprio espaço, mas o espaço comum não tem adornos.

Se o candidato estiver sendo entrevistado por um grupo de pessoas, a Papaya toma medidas para que esse grupo inclua funcionários que representem uma variedade demográfica. A empresa também não hesita em contratar um ótimo candidato, mesmo que a vaga que ele vai preencher só esteja disponível dentro de seis meses ou um ano.

No início, a Papaya operava como muitas startups em rápida evolução, sem formalidades como títulos hierárquicos ou avaliações anuais de desempenho. Mas logo descobriu que as avaliações de desempenho podem ser altamente valiosas para os funcionários sub-representados, oferecendo uma ideia de sua posição e do que precisam fazer para se alçar ao nível seguinte. A empresa também descobriu a importância dos títulos.

"É comum ouvir nas startups coisas como: 'Aqui não se trata de títulos, trata-se de atitude, trata-se de resultados para a empresa.' Mas a verdade é que se você for um profissional sub-representado, poderá ser mais afetado por preconceitos inconscientes. Por exemplo, se você é um diretor ou um gerente, a forma como é ouvido é diferente. Assim, aprendemos que, na verdade, os títulos são muito importantes para a inclusão", afirmou Patrick.

Os ganhos em termos de diversidade e inclusão da Papaya resultam do fato de que seus líderes continuam a se envolver na Área de Aprendizagem para alcançar seus objetivos. E o fazem não só para ajudar pessoas específicas como também para aperfeiçoar os sistemas da empresa em benefício de todos os funcionários, atuais e futuros, e da organização como um todo. Com essa abordagem, a Papaya desenvolveu um excelente serviço, arrecadou mais de 65 milhões de dólares em financiamentos e expandiu sua base de clientes, hoje com centenas de milhares de organizações e muitos milhões de usuários.[26]

Quando os líderes deixam de se envolver na Área de Aprendizagem para questionar pressupostos e descobrir abordagens mais eficazes, as culturas enraizadas de suas organizações podem ser um grande obstáculo ao progresso e ao crescimento.

A ativista ambiental e empreendedora social Angelou Ezeilo, que é afro-americana, fundou uma ONG chamada Greening Youth Foundation (GYF), cuja meta é despertar jovens negros para a importância vital de serem administradores do meio ambiente e expô-los à variedade de carreiras no mundo ambiental.[27]

Em seu livro *Engage, Connect, Protect*, Ezeilo afirma que assim que agências federais começaram a recrutar funcionários a partir dos candidatos da GYF, concentraram suas análises em informações relevantes para o trabalho. Assim, essas eram as informações que a GYF estava acostumada a oferecer, já que as agências governamentais constituíam sua primeira base de clientes.[28]

Quando Ezeilo começou a abordar empresas privadas, percebeu que elas funcionavam de modo diferente.

"Essas empresas queriam saber muito mais... Quais são os seus interesses pessoais? Quais são seus hobbies? Ficamos surpresos e tentamos descobrir o que elas estavam procurando. Por que se importavam com essas coisas intangíveis? O que descobrimos é que estavam pensando em termos de cultura corporativa", escreveu ela.

Ezeilo e sua equipe perceberam que as empresas tentavam avaliar quais candidatos da GYF poderiam ser uma boa opção. Mas se as empresas não examinam se a ideia de "adequação" é excludente, como fez a Papaya, acabam por reunir uma força de trabalho homogênea. O que contribuiu para que o movimento ambientalista fosse em grande parte branco.

Os processos de contratação das empresas com as quais Ezeilo entrou em contato conflitavam diretamente com seu novo objetivo: diversificar a força de trabalho.

Ezeilo destaca que promover o pertencimento não é apenas uma questão racial. Mesmo dentro de sua fundação, cujos funcionários são todos negros, houve alguns momentos desafiadores, a exemplo de quando ela tentou incorporar práticas de bem-estar, como meditação e ioga, à cultura da empresa. Um de seus funcionários reclamou que se sentia desconfortável em ficar sozinho com seus pensamentos porque estava passando por algumas dificuldades pessoais.

"Eu nunca tinha visto nada assim. Estou sempre crescendo ao lidar com minha equipe. E momentos como esses são importantes, pois demonstram o valor da diversidade ao levar em consideração muitos pontos de vista diferentes. A diversidade nos leva a ser empáticos e flexíveis, o que é igualmente importante", escreveu ela.

Isso significa identificar o que é de fato essencial e reunir uma equipe com pessoas de todas as áreas da vida que têm a mesma paixão e partilham a mesma abordagem.

Como essas histórias ilustram, a jornada para fortalecer o pertencimento, a confiança e a colaboração – sobretudo quando se trata de promover a diversidade, a equidade e a inclusão – envolve muitos momentos *ahá*. Quando eles surgem, devemos refletir para extrair seus preciosos insights.

Também podemos participar proativamente de uma jornada de aprendizado para saber o que pessoas de grupos sub-representados costumam vivenciar e o que os especialistas descobriram a respeito. Depois, poderemos analisar nossos sistemas organizacionais, como estruturas de subordinação e composições de equipes, para descobrir quem colabora com quem. Algumas questões a considerar:

- Como posso saber se todos têm a sensação de pertencimento?

- Em que áreas estamos excluindo pessoas de conversas importantes e em que áreas estamos sobrecarregando pessoas com demasiadas informações ou reuniões?

- Todos se sentem apoiados na busca por áreas de interesse?

- Será que, às vezes, tenho expectativas mais baixas em relação a alguns grupos de pessoas? Em caso afirmativo, como isso pode afetar as minhas interações com eles?

- Quem são as pessoas que conseguem interagir com os clientes? Quem são as que *não conseguem* e, por isso mesmo, não têm oportunidade de aprender diretamente com as pessoas que atendemos?

- Existem rotações de cargos e outras estruturas que promovam o pensamento sistêmico, a colaboração multidisciplinar e uma identidade em toda a organização?

FAÇA PESQUISAS DE CLIMA

Nosso envolvimento em conversas abertas e honestas à medida que colaboramos nos proporciona a possibilidade de obter uma boa noção da força de nossa cultura e saber até que ponto as pessoas incorporam comportamentos da Área de Aprendizagem. Mas não devemos parar por aí.

Pesquisas de clima geram dados mais objetivos, proporcionando a todos uma voz igual e nos ajudando a descobrir pontos cegos e percepções tendenciosas em nossas interações, o que nos permite agir com base em dados e não em suposições. Crie o hábito de medir as experiências da força de trabalho perguntando aos funcionários até que ponto eles concordam com afirmativas como:

- Esta empresa se importa comigo e apoia meu desenvolvimento.

- Meu supervisor me incentiva a assumir riscos inteligentes e reconhece que eles podem não funcionar como planejado.

- Quando as pessoas cometem erros ou assumem riscos e falham, a reação de seus colegas é extrair lições em vez de atribuir culpas.

- Meus colegas solicitam feedbacks com frequência e aprendem com isso, em vez de se colocarem na defensiva.

- Os líderes seniores solicitam feedbacks, informam em que estão tentando melhorar, expõem seus erros e enumeram as lições aprendidas.

Considere também pedir feedbacks abertamente para que os funcionários possam compartilhar ideias que não estejam no seu radar.

HÁ MUITOS CAMINHOS PARA UMA ORGANIZAÇÃO QUE APRENDE

Ao construir uma organização que aprende, tenha em mente que uma força de trabalho composta por funcionários engajados e prósperos não será o único benefício obtido. Uma organização de alto desempenho que aprende também terá um desempenho melhor e resultados financeiros mais substanciais.

A Microsoft, que de fato transformou sua cultura, não demorou a ver os resultados. Oito anos depois que Satya Nadella se tornou CEO, as receitas mais que duplicaram. O lucro líquido mais que triplicou. E o preço das ações subiu mais de 700%. Para um gigante global que tinha quase quatro décadas de existência quando Nadella assumiu o comando, isso é notável. E, sem dúvida, é o resultado da identificação dos princípios que norteiam o sucesso, do alinhamento em torno deles e do trabalho para mudar todas as estruturas e comportamentos de acordo com esses princípios.

Ao avaliar as políticas de sua empresa em seu caminho para uma cultura de aprendizagem, tenha em mente que qualquer política ou estrutura pode promover inadvertidamente um mindset fixo, um mindset de crescimento ou nenhum dos dois. Assim, precisamos evitar estruturas que funcionem como se as habilidades fossem fixas, como certos sistemas de avaliação que comparam as pessoas, deixando implícito que talento é um jogo de soma zero.

Devemos ter meios claros de apoio à Área de Aprendizagem na rotina diária, para evidenciar que o desenvolvimento das pessoas, das equipes e da organização é uma prioridade fundamental, apoiada de maneira efetiva.

Isso não significa que devemos criar novas estruturas da noite para o dia. Podemos começar de onde estamos, convidando as pessoas a fazer experiências e evoluir a partir daí, focadas no que mais puderem influenciar. Podemos encorajar testes e repetições, reforçando a ideia de que uma grande cultura está sempre em evolução.

Com uma imagem de como as organizações que aprendem podem ser, vamos agora mergulhar nos meios de incentivar a formação de equipes de aprendizagem – um elemento indispensável às organizações.

PERGUNTAS PARA REFLEXÃO

- Todo mundo na minha organização tem uma sensação de pertencimento? Quais estruturas podem precisar de modificações para se tornarem mais inclusivas?
- Temos rotinas para que todos identifiquem regularmente os objetivos da aprendizagem, as formas de alcançá-los, os progressos a serem feitos e os ajustes necessários?
- Quais estruturas e sistemas poderiam apoiar melhor os hábitos de aprendizagem que meus colegas e eu queremos construir e promover, e quais estruturas podem prejudicar nossos objetivos?

CONTEMPLANDO O FUTURO

Como posso inspirar minha equipe a incorporar as duas áreas?

Capítulo 9: Distribuindo as equipes nas áreas

> **IDEIA PRINCIPAL** Normas, princípios e técnicas poderosas podem preparar qualquer equipe para englobar as duas áreas. Você pode se inspirar na metodologia do design thinking e adaptar suas técnicas a uma cultura de aprendizagem própria.

QUANDO INICIEI MEUS ESTUDOS de pós-graduação em Stanford, a universidade estava lançando o Hasso Plattner Institute of Design (Instituto Hasso Plattner de Design), que passou a ser chamado de d.school [escola de d (design)]. A d.school foi inicialmente instalada em um trailer modular temporário montado no campus. Depois de 18 meses, foi transferida para o andar de um outro departamento – ainda sem espaço próprio. Fiel a sua filosofia, a escola começou a criar protótipos de si mesma ao lançar suas primeiras aulas e programas. Participei de alguns deles. Liderança e alunos aprendiam enquanto faziam, o que foi muito agradável de observar e vivenciar.

Um colega meu, Razmig Hovaghimian, que fazia um curso chamado The Design for Extreme Affordability (Projetos de Acessibilidade para Extremos) – apelidado de Extreme –, recebeu um desafio, com três outros alunos. Nenhum deles se conhecia.[1]

O desafio era o seguinte: mais de três milhões de bebês morrem todos os anos nos primeiros 28 dias de vida. Uma causa significativa, principalmente para os prematuros, era a hipotermia, condição que pode causar problemas de saúde ao longo da vida, como deficiência cognitiva, diabetes precoce e doenças hepáticas. Para prevenir a hipotermia, os bebês prematuros são colocados em incubadoras que os mantêm aquecidos. Entretanto, as incubadoras são equipamentos muito caros – custam cerca de 20 mil dólares – e não estão disponíveis em muitas partes do mundo.

O programa Extreme desafiou os alunos a encontrar soluções que custassem 1% das alternativas então disponíveis. Ou seja, a equipe de estudantes precisava projetar uma incubadora cuja produção não custasse mais de 200 dólares. Além disso, os protótipos teriam de ser pequenos o suficiente para serem transportados em uma mochila ou uma bicicleta.

Os alunos mergulharam na Área de Aprendizagem para estudar o problema. Tal como Tom e David Kelley descrevem em seu livro *Confiança criativa*, eles enviaram Linus Liang, um dos integrantes da equipe, ao Nepal para conversar com médicos, pais e outras pessoas afetadas pelo problema.[2] Ao chegar ao Nepal, Linus ficou surpreso ao encontrar incubadoras não utilizadas nos hospitais. O motivo era que nem sempre havia um técnico qualificado disponível para operar as máquinas ou realizar a manutenção regular necessária. Além disso, algumas estavam em mau estado.

Linus descobriu também que 90% dos bebês que morriam de hipotermia nasciam em vilarejos distantes dos hospitais. Muitos desses vilarejos não tinham técnicos qualificados, recursos para comprar máquinas caras ou, em alguns casos, abastecimento constante de eletricidade. Ele também soube que 85% dos bebês nasciam em casa.

Diante disso, os alunos começaram a projetar um aparelho que funcionasse sem eletricidade e fosse barato, portátil e seguro; além disso, poderia ser operado em casa pela mãe ou por uma parteira.

Ao final do curso, de seis meses, a equipe havia projetado um protótipo, semelhante a um saco de dormir, que podia proporcionar calor à temperatura exigida de 37°C por até quatro horas. Era um aparelho fácil de usar, portátil e podia ser rapidamente reaquecido (e higienizado) mediante a imersão de um de seus componentes, por alguns minutos, em uma panela com água fervendo. Mais tarde, os alunos patentearam a invenção.

A incubadora podia ser fabricada por 25 dólares.

Os estudantes fizeram o curso porque queriam aprender sobre design e trabalhar em projetos em que pudessem fazer a diferença. Mas, depois de conhecerem uma necessidade séria e desenvolverem uma ideia que poderia salvar milhões de vidas, sentiram-se compelidos a dar seguimento ao projeto após a formatura. Assim, fundaram uma ONG chamada Embrace, para tornar viável a fabricação do produto e trazê-lo ao mundo.

Inicialmente, decidiram se concentrar na Índia, um grande mercado, onde mais de dois milhões de bebês prematuros nascem todos os anos, principalmente em vilarejos. Eles poderiam fabricar os dispositivos lá e, mais tarde, expandir a produção para o Nepal e Bangladesh, países vizinhos.

Radicaram-se então na cidade indiana de Bangalore, onde projetaram uma incubadora barata, reutilizável e também durável – tarefa que não foi nada fácil. Como se não bastasse, o grupo teve de tornar o dispositivo seguro, fácil de usar, culturalmente sensível e capaz de permitir interações entre mãe e filho, seguindo o método canguru, endossado pela Organização Mundial da Saúde.

Além de projetar a incubadora, a equipe ainda precisou descobrir como persuadir as mulheres mais velhas e as parteiras dos vilarejos rurais a confiarem neles o bastante para depositar frágeis recém-nascidos naquele novo aparelho. Por meio de entrevistas, o grupo chegou à conclusão de que precisava primeiro convencer os médicos dos vilarejos, que, segundo detectaram, procuravam orientação com os colegas das cidades. A equipe acabou encontrando meios de transpor as linhas de influência e conduzir ensaios clínicos que demonstraram a qualidade do dispositivo – tão eficiente quanto uma incubadora tradicional.

Enquanto eu escrevia este livro, a Embrace salvou mais de 350 mil vidas em vinte países da África, da Ásia e da América Latina, investindo menos de 1% do custo de uma alternativa inacessível.[3]

A Embrace é apenas uma das organizações que se originaram no programa Extreme. Dois outros colegas meus, Sam Goldman e Ned Tozun, fizeram o mesmo curso no ano anterior, quando o foco era Mianmar.[4] Assim como a equipe da Embrace, eles não se conheciam antes do curso. Ao longo das aulas, foram identificando uma enorme necessidade de fornecimento de iluminação e energia no país a preços acessíveis. Conceberam, então, um sistema alimentado por energia solar e fundaram a d.light (trocadilho com a palavra *delight* – deleite – sendo que *light* significa luz), empresa cujo nome presta homenagem à d.school.

Com o tempo, eles desenvolveram um conjunto de produtos que vai de lanternas a sistemas domésticos completos. Além disso, obtiveram apoio local, soluções de financiamento e parcerias com fabricantes de telefones, rádios e televisores. Eles já venderam mais de 25 milhões de produtos a famílias com baixa renda que, anteriormente, não tinham acesso à rede de energia, a aparelhos elétricos e a financiamentos.⁵ Nesse processo, melhoraram a vida de mais de 140 milhões de pessoas em setenta países e estão ajudando o mundo a abandonar o querosene – que, além de emitir gases de efeito estufa, pode causar queimaduras e incêndios – e adotar a energia solar.⁶

Que processo poderoso permite que dois rapazes aceitem um desafio sobre o qual nada sabem, mergulhem na Área de Aprendizagem e na Área de Desempenho e criem inovações que têm melhorado tantas vidas?

Os princípios e procedimentos fundamentais ensinados na d.school, chamados de *design thinking* ou *human-centered design* (design centrado no ser humano), promovem a criação de equipes de aprendizagem.⁷ Essa abordagem na resolução de problemas – lançada pela empresa de design IDEO, cujo fundador, David Kelley, também foi um dos principais fundadores da d.school – é agora utilizada por milhares de organizações em todo o mundo.⁸ O design thinking pode levar qualquer equipe a superar o paradoxo da performance e tem gerado inovações revolucionárias em empresas líderes, incluindo Airbnb, Apple, GE HealthCare, Google, IBM, Intuit, Microsoft, Netflix, Nike, Procter & Gamble, Uber e muitas outras.⁹

A boa notícia é que qualquer pessoa pode aprender as técnicas e filosofias do design thinking e com elas estimular o aprendizado em suas equipes, para que possam atuar com desenvoltura e imaginação, ao mesmo tempo que tornam o trabalho mais gratificante e divertido ao longo do caminho.

O design thinking é somente um exemplo. Existem muitas outras filosofias, normas e técnicas para desenvolver equipes de aprendizagem, algumas das quais inspiradas por líderes ou organizações que conhecemos neste livro, ou você pode criar as suas próprias, como fizeram algumas pessoas que conhecemos. Já vimos muitos exemplos de como "ser ousado", "assumir responsabilidade total", "aprender muito experimentando um pouco", "trabalhar de modo mais inteligente, não mais difícil", "estabelecer que a mudança é o padrão", "pregar que o vídeo sempre diz a verdade" e "defender o progresso em vez da perfeição". E veremos muitos outros.

Mas se você não sabe por onde começar, o design thinking oferece um conjunto coeso de princípios, normas e técnicas simples, que qualquer pessoa pode utilizar e se beneficia de uma comunidade mundial capaz de facilitar o aprendizado e a prática. Esse pensamento pode ser usado para complementar outros princípios e técnicas que você já esteja utilizando.

Passar pelo processo com outras pessoas o ajudará a formar uma comunidade com identidade, propósito, crenças e hábitos partilhados, que vai prosperar tanto na Área de Aprendizagem quanto na de Desempenho.

Um belo aspecto do processo do design thinking é ser flexível. Você pode ajustá-lo a diferentes aspectos de seu trabalho e usar sua filosofia para apoiar uma cultura de aprendizagem e alto desempenho.

Considere as seguintes premissas, etapas e técnicas inspiradas no design thinking para formar uma equipe de aprendizagem.[10] Fui apresentado a esses conceitos e exercícios durante meu tempo em Stanford. Ótimos livros que tratam do assunto são *Creative acts for curious people*, de Sarah Stein Greenberg, diretora-executiva da d.school,[11] e *Confiança criativa*, dos irmãos Kelley.

Como sempre, o objetivo não é levar você a utilizar todas as técnicas, mas refletir sobre as que lhe poderão ser úteis. Lembre-se também de que todas as técnicas são baseadas em dois princípios fundamentais: considerar habilidades e qualificações como coisas maleáveis e estabelecer estruturas e hábitos, tanto para a Área de Aprendizagem quanto para a de Desempenho.

REÚNA PESSOAS DE DIFERENTES ORIGENS E DISCIPLINAS EM TORNO DE UM PROPÓSITO COMUM

O design thinking incentiva a composição de uma equipe diversificada e multidisciplinar. O programa The Design for Extreme Affordability está aberto a alunos de todas as escolas de Stanford. O corpo docente organiza cuidadosamente cada equipe. A equipe da Embrace incluía dois estudantes da escola de engenharia (Rahul Panicker, engenharia elétrica, e Linus Liang, ciência da computação) e dois da escola de negócios (Jane Chen, oriunda da área de filantropia, e meu amigo Razmig, que veio do setor de consultoria de gestão e desenvolvimento internacional).

Pessoas de diferentes formações e especializações tendem a oferecer diferentes conhecimentos e formas de pensar, o que gera um grupo mais inteligente e inovador. No caso da Embrace, nenhum dos membros da equipe tinha formação em neonatologia nem sabia nada a respeito de dispositivos médicos. Mas pessoas que não têm conhecimentos específicos do problema que está sendo enfrentado podem ver as coisas através de lentes diferentes e explorar ideias por diferentes ângulos. Algumas ideias podem parecer ingênuas ou problemáticas, mas talvez sejam as sementes que vão gerar soluções viáveis.

Sua equipe deve ter um propósito comum. Em uma empresa de hotelaria, por exemplo, pode ser garantir que um hotel atenda às necessidades dos hóspedes com deficiência. A equipe poderia então se concentrar na criação de caminhos acessíveis na propriedade, na identificação de possíveis necessidades de pessoas com deficiência e na reconstrução do site do hotel para torná-lo mais acessível a pessoas com dificuldades visuais. Alguns membros da equipe podem estar mais ou menos motivados, mas você pode promover a coesão lembrando-os o propósito mais elevado do trabalho e o quanto ele pode afetar a vida das pessoas. Passar pelo processo de design thinking cria propósito e coesão, pois os membros da equipe descobrem as necessidades humanas, têm insights e, no processo, aprofundam as conexões uns com os outros.

Ter um forte propósito compartilhado – um vínculo emocional com nosso trabalho – assim como estratégias para realizá-lo nos une e injeta energia para suportar o esforço mental e físico exigido pela Área de Aprendizagem e pela Área de Desempenho.

TENHA UM OU MAIS FACILITADORES

Se você estiver passando pelo processo de design thinking, pode ser útil ter um ou mais facilitadores familiarizados com o assunto para elaborar os procedimentos para sua equipe, orientá-la ao longo do caminho, propor normas e zelar pelo alinhamento da equipe.

O processo passa por fases, que geralmente se alternam entre pensamento divergente e pensamento convergente – entre expandir possibilidades (criar opções) e restringi-las (fazer escolhas).[12] Os membros da equipe devem deixar claro em que estágio se encontram, pois cada qual envolve pensamentos e comportamentos diferentes.

O pensamento divergente é como pisar no acelerador, enquanto o pensamento convergente é como pisar no freio. Você não deve pisar no acelerador e no freio ao mesmo tempo.

Quando buscamos ampliar possibilidades se dá o pensamento divergente. Exploramos, pesquisamos o desconhecido e acrescentamos ideias. Exemplos de normas para essa etapa:

- Pense como um iniciante. Concentre-se no que não sabe em vez de no que já sabe.

- Observe, faça perguntas abertas e complementares e procure desenvolver novas percepções.

- Proponha ideias malucas e opte pela quantidade, não pela qualidade.

- Adie julgamentos. Aceite ideias sem avaliá-las – e também não avalie as próprias contribuições.

- Seja brincalhão, dinâmico e divirta-se.

Depois de um estágio de pensamento divergente, segue-se um estágio de pensamento convergente, que trata de fazer escolhas. Pegamos a explosão de observações, insights e ideias geradas na fase anterior, consideramos o que pode ser mais promissor e identificamos a questão orientadora, a hipótese ou a ideia que iremos testar. Exemplos de normas para um estágio de pensamento convergente incluem:

- Anote todas as observações, perguntas e novos insights que surgiram e os exponha em um momento de compartilhamento.

- Discuta suas ideias com a equipe, pensando em conjunto para chegar mais fundo.

- Identifique uma pergunta orientadora, uma necessidade central ou um ponto de vista.

Normas como essas criam objetividade e alinhamento para que os membros possam se comportar com mais confiança e ajudar a equipe a obter sucesso. Qualquer um de nós pode usar essas normas – ou normas semelhantes – para formar equipes de aprendizagem.

Uma filosofia abrangente do design thinking, que também ajuda a estimular um mindset de crescimento e a Área de Aprendizagem, é confiar no processo. Ou seja, não avalie o design thinking até ter completado o processo. Depois de terem passado por um ciclo, as pessoas, às vezes, ficam surpresas com o que elas e sua equipe foram capazes de aprender, inventar e realizar. Vivenciada essa magia, ficará mais fácil mergulhar na Área de Aprendizagem em qualquer contexto.

ESTABELEÇA CONFIANÇA

Além de desenvolver confiança no processo, é fundamental também desenvolver confiança entre os colegas de equipe.[13] A colaboração eficaz, tanto na Área de Aprendizagem quanto na de Desempenho, exige isso. Sem confiança, as pessoas tendem a ser muito cautelosas e avessas a riscos.

Você pode gerar confiança trabalhando em conjunto, mas, às vezes, é útil investir um pouco de tempo se conhecendo. Assim, as pessoas terão mais facilidade para manifestar suas intenções e contar o que as atrai para o trabalho, o que esperam ganhar com ele e como pretendem contribuir. Mantendo essas conversas, você estabelecerá uma base para fortalecer ainda mais a confiança mútua, pois, quando tornamos explícito o implícito, fica mais fácil para os outros interpretarem nossas palavras e ações da forma como pretendemos, deixando menos espaço para mal-entendidos.

ANALISE, TORNE-SE PRÓXIMO E EXAMINE ATENTAMENTE

Depois que a equipe escolhe uma população ou um indivíduo no qual se concentrar, o processo de design thinking geralmente se inicia com pesquisas. O que pode incluir investigações tradicionais, como pesquisas on-line ou entrevistas com especialistas, mas, idealmente, envolve um trabalho de empatia centrado no ser humano. Isso significa sair do escritório e entrar no espaço habitado pelas pessoas que você busca atender e observá-las realizando suas rotinas diárias em seu ambiente natural. Também é possível entrevistá-las com perguntas investigativas. Envolva-se em apurações exploratórias sem ideias preconcebidas, tentando se colocar no lugar das pessoas e identificar as necessidades não atendidas que elas têm.

O processo de investigação se enquadra na categoria de pensamento divergente, pois queremos expandir a nossa consciência. Assim nos livramos de suposições anteriores, mergulhamos no desconhecido e percebemos o que nunca tínhamos notado. Quando fazemos isso em equipe, temos de preparar boas perguntas e proteger os pesquisados, para deixá-los à vontade para fazer observações atentas. É uma experiência emocional e compartilhada de descoberta e de geração de insights para a tarefa em questão que também nos aproxima como equipe. Isso se aplica a todos os aspectos do design thinking.

Tendemos a superestimar a compreensão que temos das pessoas que procuramos atender, em parte pela *tendência ao falso consenso*, ou seja, a inclinação humana a achar que todo mundo pensa como nós.[14] Mas não há nada melhor do que nos aproximarmos das pessoas que procuramos servir no próprio ambiente em que elas vivem.

Quando se tornou CEO da Microsoft, Satya Nadella passou a dedicar parte do tempo do retiro anual que a empresa faz com seus executivos mais seniores a visitas a clientes. No início, "muita gente revirou os olhos e rangeu os dentes", escreve ele em *Aperte o F5*. Mas seus colegas acabaram percebendo o valor do procedimento. "Os executivos ouviram o que os clientes tinham a dizer. Aprenderam juntos. Tiveram a chance de se conhecer. Tiraram a armadura, livraram-se das armas, descobriram novas maneiras pelas quais a Microsoft poderia cumprir sua missão no mundo. Sentiram o poder de participar de uma equipe diversificada e multidisciplinar, resolvendo juntos os problemas do cliente."[15]

Ao observarmos juntos, obtemos novos insights e fomentamos uma cultura de colaboração e crescimento.

IDENTIFIQUE UMA DÚVIDA OU NECESSIDADE DE ORIENTAÇÃO

Após as explorações, devemos compartilhar observações e insights. Também podemos manifestar dúvidas, necessidades e pontos de vista.

É quando entramos no campo do pensamento convergente.

Compartilhar insights expande a consciência. Falamos sobre o que vimos com novos olhos, ouvimos o que os outros viram e agimos com base nas observações e nos questionamentos uns dos outros. Colaboramos para sintetizar o que observamos, especificar o usuário e suas necessidades, e formular alguma pergunta ou ponto de vista que direcionará os próximos passos.

Várias técnicas podem nos ajudar nessas sínteses e definições.

Tenha uma conversa de cada vez

Envolva sua equipe em uma conversa inclusiva e colaborativa, em vez de se dividir em conversas paralelas com diferentes pessoas falando ao mesmo tempo. Quando alguém compartilhar uma ideia, poderá escrevê-la em uma nota adesiva e afixá-la em um mural ou mesmo na parede, em um lugar bem visível para todos.

Você pode dividir a parede em quadrantes com títulos, como: Disse, Fez, Pensou e Sentiu. Isso permitirá que os membros da equipe assimilem mais observações.

Inclua tudo o que o surpreendeu quando você observava de perto seu usuário final: novas ideias, pontos problemáticos, oportunidades ou necessidades. Os membros da equipe poderão escrever observações como "Acha que está fazendo isso sozinha"; "Precisa de um contato mais direto com os colegas"; "Sente-se confusa porque seu fornecedor não é confiável"; "Tem símbolos de sua etnia em todo o seu espaço"; "Deu um grande sorriso quando lhe perguntamos sobre o acordeão".

Embora qualquer dessas etapas do design thinking possa ser realizada de modos menos estruturados, normas claras apoiam o aprendizado, o desempenho e o desenvolvimento de uma cultura. Por exemplo, estabelecer a regra de que duas pessoas não devem falar ao mesmo tempo garante que todos ouçam todos e se mantenham sintonizados para os próximos passos. Além de contribuir para amenizar preconceitos inconscientes e promover a inclusão.

Classifique por temas

Procure padrões. Desloque as notas adesivas para grupos relacionados. À medida que os temas surgem, você descobrirá conexões que o conduzirão a insights adicionais e áreas de oportunidade.

Identifique um usuário

O design thinking é centrado no ser humano. Isso significa que todo o processo está focado nas necessidades de uma pessoa, avatar ou população-alvo.

A equipe da Embrace teve de decidir se deveria se concentrar nas necessidades dos bebês, dos pais ou dos trabalhadores das ONGs. Decidiram se concentrar nos "pais desesperados que moram em vilarejos remotos e não têm recursos para recorrer a um grande hospital".

Uma cadeia de restaurantes pode utilizar o design thinking para descobrir necessidades não satisfeitas de famílias com um orçamento apertado, de profissionais solteiros com pressa de regressar ao trabalho ou de pessoal da cozinha sob estresse profissional e pessoal. Uma transportadora pode se concentrar nas necessidades dos remetentes, dos destinatários ou dos motoristas. Um hospital pode se concentrar nas necessidades da equipe de enfermagem, dos pacientes submetidos a cirurgias no joelho ou dos familiares desses pacientes.

Identifique uma necessidade

O programa Design for Extreme Affordability ensina os alunos a desenvolver um "foco nítido nas necessidades essenciais do usuário", diz James Patell, o professor do curso.[16]

Enuncie a necessidade que você está procurando resolver. Ela deve abordar um problema específico, que não seja amplo demais nem tenha uma solução predeterminada, deixando assim espaço para a liberdade criativa e, ao mesmo tempo, tornando claro o objetivo. Ironicamente, ter algumas restrições – como um propósito específico – ajuda as pessoas a ter ideias mais criativas.

A equipe da Embrace identificou a necessidade dos pais "de dar ao seu bebê prematuro uma chance de sobrevivência".

Pergunte sempre: "Como poderemos?"

A pergunta "Como poderemos?" busca saber que necessidade você procura atender e para quem. Ela inspira a equipe a se concentrar em soluções, não em obstáculos, e a pensar de maneira criativa.

A equipe da Embrace a fez do seguinte modo: "Como poderemos proporcionar a pais desesperados, que moram em vilarejos remotos, sem recursos para recorrer a um grande hospital, os meios necessários para dar a seus bebês prematuros uma oportunidade de sobrevivência?"[17]

Declarar uma necessidade clara de uma forma concreta e centrada no ser humano nos inspira a mergulhar na Área de Aprendizagem para encontrar soluções inovadoras.

Eis outros exemplos:

- O que poderemos fazer para que os hóspedes com deficiência se sintam bem-vindos e seguros em nossos hotéis e, ao mesmo tempo, tornar o check-in mais fácil, acessível e eficiente?

- Como poderemos melhorar o sistema de transportes para que moradores de localidades isoladas possam se conectar com pessoas de outras localidades?

- Como poderemos ajudar nossos colegas que trabalham remotamente a manter um sentimento de camaradagem e uma ligação com aqueles que trabalham no escritório?

As perguntas com "como poderemos?" oferecem foco, direcionamento e inspiração às pessoas, além de orientar estágios subsequentes do processo.

QUESTIONE COM "É MESMO, E..."

Esclarecido o foco, estamos prontos para gerar uma explosão de ideias criativas: o estágio de pensamentos divergentes.

Durante a apresentação de ideias, as pessoas geralmente ficam em pé segurando uma pilha de notas adesivas. Em um tempo definido para, digamos, cinco a vinte minutos, elas geram o maior número de ideias possível. Cada pessoa expressa uma ideia em voz alta, para que todos possam ouvi-la, e fixa na parede a respectiva nota adesiva. Enquanto faz isso, outro participante já começou a expor sua própria ideia – de preferência com base no que acabou de ouvir – e a escrevê-la. É a equipe buscando mais ideias e opções, e utilizando esse manancial para gerar outras mais. Trata-se de um processo rápido.

Durante a geração de ideias, é melhor ninguém fazer críticas. Mais vale utilizar a técnica humorística do "É mesmo, e...". Por exemplo, se alguém disser: "Poderíamos construir uma ponte com clipes de papel", não diga: "Não, isso não vai funcionar." Diga: "É mesmo, e poderíamos magnetizar os clipes para aumentar a segurança!" E todo mundo ri.

A Embrace levantou muitas ideias como soluções com a pergunta "Como poderemos?", incluindo uma barraca, bolsas de água quente, lâmpadas térmicas, uma caixa, um saco de dormir, um cobertor aquecido e muitas outras.

Essa pergunta torna a apresentação de ideias rápida, enérgica e divertida; e tem tudo a ver com o salto para o desconhecido – a Área de Aprendizagem – com os colegas.

Exemplos de normas que orientam a apresentação de ideias:

- Opte pela quantidade. Nesta fase, você precisa ter *muitas* ideias, não boas ideias.

- Adie julgamentos. Não importa se uma ideia é sólida ou não; lembre-se, você aqui está procurando quantidade.

- Incentive ideias "malucas". Ideias malucas são preciosas porque podem levar a coisas que você não imaginaria de outro modo e porque trazem energia e diversão à atividade, o que aumenta a criatividade e aproxima a equipe. Vá a extremos. Pense em perguntas como: "Qual seria a maneira mais cara de fazer isso? A mais barata? A mais rápida? A mais lenta? A mais feia? A mais bonita? A mais pesada? A mais leve?" Ir a extremos ajudou a Embrace a criar a base para uma incubadora de 25 dólares.

- Quando alguém apresentar uma ideia, pense "É mesmo, e...". E acrescente alguma coisa a ela. Não rejeite nenhuma sugestão: acolha e a use como combustível.

- Evite falar quando outras pessoas estiverem falando. Vocês precisam ouvir uns aos outros. Isso gera uma experiência e um entendimento compartilhados à medida que todos forem trabalhando juntos durante o projeto.

IDENTIFIQUE POSSÍVEIS SOLUÇÕES

Após a explosão de opções durante a apresentação das ideias, passamos a uma fase de pensamentos convergentes, na qual "ruminamos" as ideias que geramos. Você poderá usar muitas das técnicas anteriores para sintetizar observações, como mover notas adesivas para agrupamentos mais compatíveis com suas ideias.

Indique as ideias que o intrigaram e os pensamentos que elas evocaram. Sinta-se à vontade para adicionar mais ideias enquanto todos pensam juntos.

Nessa fase, você identifica possíveis respostas viáveis para a pergunta "Como poderemos?" para criar um protótipo e testá-lo para aprender mais.

CRIE UM PROTÓTIPO

Para testes, crie um ou mais protótipos simples, de *baixa resolução*, para testar. Ou seja, algo bruto, não muito preciso nem totalmente funcional. O objetivo ainda não é chegar a um produto acabado, mas testar algumas hipóteses, para que você possa aprender e obter insights adicionais. O ideal é criar algo visual ou físico com que o usuário possa interagir, mas um protótipo pode ser tão simples quanto esboços ou um modelo rudimentar feito de papelão dobrado. Tente apresentar a ideia com clareza para os usuários finais, com a intenção de reproduzir como a experiência funcionaria e qual seria a sensação do usuário, para você colher feedbacks.

FAÇA TESTES

O objetivo dos testes não é validar o que descobrimos, mas gerar feedbacks que nos permitam aprender. Os usuários finais interagem com o protótipo e nós observamos como eles reagem. Depois, fazemos um relatório sobre o que observamos, revisamos nossas hipóteses e identificamos os próximos passos.

REPITA (DE NOVO E DE NOVO!)

O design thinking é repetitivo, mas isso não significa que você precise voltar ao estágio inicial de uma pesquisa depois da fase de testes. Talvez o teste sugira que sua ideia central pode ter méritos, mas algum pressuposto fundamental precisa ser revisto. Você poderá, então, retornar e refazer o protótipo. É possível que o teste abra caminhos que você opte por explorar em outro processo de criação. Ou talvez lhe inspire novos insights que o levem a fazer uma pesquisa sobre aceitação com outras partes interessadas e elaborar perguntas diferentes.

PERMANEÇA OTIMISTA

Ao longo do processo, podemos sentir alegria, entusiasmo e otimismo – alicerçados na crença de que as nossas ações podem nos levar ao sucesso. Essas emoções positivas nos ajudam a descobrir novos insights e possibilidades, bem como a gerar soluções criativas, sobretudo quando trabalhamos com outras pessoas.[18]

Se você não está acostumado a produzir emoções positivas em si mesmo, talvez necessite praticar um pouco, mas isso é algo que se pode aprender a fazer de maneira sincera. O design thinking, de modo geral, proporciona soluções valiosas, o que é motivo para você se sentir otimista.

Mesmo que o processo não nos conduza a uma solução, aprenderemos com ele. O que é mais um motivo para permanecermos entusiasmados e otimistas. Essas atividades sempre geram progressos, pois, mesmo que nossos protótipos não funcionem, acabam deixando lições úteis. O processo nos tornará mais inteligentes, aprofundará nossos relacionamentos e nos ajudará em nosso desenvolvimento como equipe de aprendizagem.

AVALIE O PROCESSO

Os integrantes da equipe devem conversar a respeito do processo. O que deu certo? O que não deu? Como a equipe poderá melhorar? Conversando periodicamente, descobriremos o que as pessoas trouxeram para a equipe e em que elas gostariam de trabalhar para se tornar ainda mais úteis. Como poderemos apoiá-las? As conversas alimentam o hábito de discutir como evoluir continuamente como equipe, característico da Área de Aprendizagem.

ESCOLHA COM CUIDADO E ADAPTE

Embora tenha alguns fundamentos, o design thinking não é um processo rígido. As etapas que descrevi neste capítulo têm como objetivo inspirar você, não paralisá-lo.

Para montar uma equipe de aprendizagem, você pode misturar, combinar ou ajustar qualquer um desses princípios e procedimentos com base nas necessidades do grupo e usá-los para complementar outras estruturas e rotinas já estabelecidas. Se você nunca seguiu as etapas descritas neste capítulo, talvez possa procurar um workshop de design thinking para saber mais.

Lembre-se de que o design thinking é apenas um exemplo do poder do uso de princípios, normas e técnicas. Vimos muitos outros nos capítulos anteriores e encontraremos tantos mais, como *transparência radical, lançar e aprender, começar com cuidado*. Você poderá criar sua própria mistura para a cultura de sua empresa.

Se a sua equipe trabalhar em conjunto para aprender e criar – com a mente voltada para testar novas ideias, normas e processos –, você terá o alicerce para construir uma cultura de aprendizagem.

PERGUNTAS PARA REFLEXÃO

- Minha equipe tem normas, estratégias e hábitos eficazes para transitar nas duas áreas?
- Como posso ajudar a levar as nossas práticas para o nível seguinte?
- Estou obtendo feedbacks suficientes para me assegurar de que nossas normas e técnicas estão funcionando para cada membro da equipe?

CONTEMPLANDO O FUTURO

Como posso contribuir para a formação de uma equipe mais coesa?

Capítulo 10: O superpoder da colaboração: como formar equipes potentes

IDEIA PRINCIPAL Para formar uma equipe de aprendizagem, seus membros precisam utilizar realmente a Área de Aprendizagem, não só nas tarefas em curso como também em seus relacionamentos. Ao criar confiança, segurança psicológica e transparência, podemos colaborar de modo mais eficaz na aprendizagem e no desempenho.

CRIADO EM MIAMI, WILLY FOOTE se apaixonou pelas culturas latino-americanas que o cercavam. Logo depois de se formar em Yale, foi para Wall Street, onde se especializou em finanças corporativas na América Latina.[1] Mas a vida de executivo em Wall Street não o satisfazia. Ele queria mais.

Então, Willy se mudou para o México. Lá, começou a entender as dificuldades que os agricultores e as pequenas empresas enfrentam para obter financiamentos. Willy cresceu observando o pai – que foi reitor da Universidade de Miami durante duas décadas – estender sua influência muito além da instituição e se tornar uma força do bem na comunidade. Querendo também se tornar uma força benéfica, Willy enxergou ali a sua oportunidade.

No México, ele testemunhou os apuros dos agricultores. Precisavam de recursos para comprar matérias-primas, como sementes e fertilizantes para o cultivo de abacate, banana ou alface. Mas, muitas vezes, não dispunham do dinheiro necessário no início da safra e os financiadores, tradicionalmente, não tinham interesse em conceder pequenos empréstimos aos minifúndios. Willy achava que deveria haver um modo de reunir as pequenas glebas e transformá-las em propriedades maiores. Assim, todo mundo sairia ganhando.

Com a mentalidade de Wall Street em um bolso e seus princípios familiares no outro, Willy fundou uma ONG chamada Root Capital (Capital de Raiz) – que dava aos pequenos produtores uma chance de obter empréstimos, aconselhamento financeiro, treinamento e acesso aos mercados. Hoje, a Root Capital já concedeu mais de 1,8 bilhão de dólares em empréstimos a cerca de oitocentas empresas agrícolas na África, Ásia e América Latina. Essas empresas, por sua vez, emprestaram quase 5 bilhões de dólares a 2,3 milhões de agricultores. E ainda os ajudou – principalmente as mulheres – a montar pequenos negócios lucrativos.

Por meio da Root Capital, Willy também fundou o Council on Smallholder Agricultural Finance (CSAF), uma aliança de instituições de crédito que tem por objetivo criar um mercado para pequenas e médias empresas agrícolas nos países em desenvolvimento. As 16 instituições que compõem o CSAF são ostensivamente concorrentes, mas se unem quando o assunto é aprendizado ou desenvolvimento de padrões para a indústria. Willy costuma chamar a aliança de "câmara de comércio" para organizações na mesma área de empréstimos. Trata-se de um notável exemplo de equipes de aprendizagem colaborando para um bem maior.

Vivemos em um mundo que venera a competição – o oposto da colaboração. Há uma crença geral de que as organizações só obterão sucesso por meio da competição, mesmo em setores sem fins lucrativos, orientados para missões. O que reforça o paradoxo da performance e nos leva ao desempenho crônico.[2]

Seria de se imaginar que uma ONG que se preocupa com a sua missão deveria colaborar com outras organizações com a mesma missão, reunindo recursos, compartilhando lições e se ajudando mutuamente. No entanto, a luta por recursos aparentemente limitados as leva, muitas vezes, a ocultar informações de terceiros, na tentativa de se promover. Colocam a instituição antes da missão. As mesmas opiniões são ainda mais acentuadas nos setores com fins lucrativos e em nosso inconsciente coletivo.

Para enfrentarmos os maiores desafios e obtermos mais resultados precisamos trabalhar em colaboração. É o que examinaremos neste capítulo. Aliás, foi nossa capacidade de colaborar que nos permitiu sobreviver como espécie, transformando o ambiente e a nós mesmos.

A colaboração gera maior aprendizagem, melhor desempenho e pode ser aplicada a pensamentos sistêmicos, em vez de apenas na resolução isolada de problemas. Mais cérebros pensam de modos diferentes, contribuem com informações diferentes e combinam diferentes áreas de especialização.[3]

Satya Nadella, da Microsoft, percebeu e priorizou isso. Ele e seus colegas identificam a One Microsoft como um de seus cinco atributos culturais – junto ao mindset de crescimento – para encorajar todos a pensarem em si mesmos como parte de um todo maior e a praticarem a colaboração interdepartamental. Ele também orientou as pessoas a procurar formas de construir alianças além da Microsoft, mesmo com rivais tradicionais, como fez Willy Foote.

Um ano depois de se tornar CEO, Nadella deu uma palestra na Dreamforce, a conferência anual da Salesforce, e chocou a todos quando tirou do bolso... um iPhone!

No telão, ele exibiu em close o produto de seu maior rival com todos os aplicativos da Microsoft na tela. As duas empresas jamais haviam se integrado de tal forma.

Em *Aperte o F5*, Nadella escreve: "Hoje, uma das minhas maiores prioridades é garantir que nossos clientes, que totalizam 1 bilhão de usuários, tenham suas necessidades satisfeitas, não importa qual celular ou plataforma optem por usar. Assim continuaremos a crescer. Para atingir esse objetivo, às vezes temos de fazer as pazes com antigos rivais, buscar novas e surpreendentes parcerias e retomar relacionamentos de longa data."[4]

A Microsoft já desenvolveu parcerias significativas com rivais tradicionais, como Adobe, Amazon, Apple, Google, Facebook e Red Hat.

Mas será que vale a pena começar a pensar em alguns de seus "concorrentes" como *aliados em uma missão*?

Quero deixar claro que não estou dizendo que a competição não tem valor, assim como Nadella também não disse isso. O espírito competitivo pode levar todas as partes a darem sempre o seu melhor tanto na Área de Aprendizagem quanto na Área de Desempenho, incentivando-se mutuamente. Mas o foco exclusivo na concorrência faz perder oportunidades valiosas que podem advir da cooperação. Também pode gerar ansiedade, estreitar a nossa visão, deixar que o paradoxo da performance nos prenda em um desempenho crônico e nos levar a perder oportunidades ou estratégias que nossos concorrentes podem não estar seguindo.

Dentro das organizações, a competição é muito mais destrutiva que construtiva. Não há problema em competir contra nossos melhores resultados pessoais do passado, mas competir contra nossos colegas é uma receita para tolhermos uns aos outros. No entanto, muitas vezes, as pessoas entram em competição com seus colegas, decidem trabalhar sem eles ou até mesmo contra eles. Assim sendo, como formaremos equipes de aprendizagem colaborativa com vistas a alcançar melhor desempenho a longo prazo? Como incentivaremos a colaboração apesar da tendência social de recompensar, desde a infância, as realizações individuais?

Para concretizar uma colaboração efetiva, a Root Capital e os outros participantes da aliança precisaram desenvolver confiança mútua e propósitos compartilhados. Quer sejam estimuladas pela sobrevivência, pelo crescimento, pela contribuição ou por qualquer outra coisa, pessoas e equipes colaboram de modo mais eficaz e aprendem mais umas com as outras quando desenvolvem confiança mútua e objetivos compartilhados. Isso acontece quando nos unimos em torno de uma missão, incorporamos boas intenções, estabelecemos expectativas claras, cumprimos nossos compromissos e colaboramos para obter recursos, eficiência e competência de aprendizagem.

Seja em seu próprio âmbito ou dentro das organizações, as equipes de aprendizagem mudam o mundo.

Tendo isso em mente, vamos explorar agora os fundamentos de uma grande equipe de aprendizagem.

FUNDAMENTO Nº 1 DA EQUIPE DE APRENDIZAGEM: ESTABELECER CONFIANÇA, RELACIONAMENTOS E PROPÓSITOS

Se a sua empresa ou equipe ainda não desenvolveu uma aprendizagem colaborativa, não se desespere. Nunca é tarde. A própria equipe da Embrace deu um passo errado, o que inicialmente lhe acarretou problemas.

Dos princípios inspirados no design thinking que descrevi no capítulo anterior, o único que você não encontrará em muitas obras sobre o assunto é *estabelecer confiança*. Mas os facilitadores muitas vezes o acrescentam ao processo. Participei de vários ciclos de design thinking na d.school durante os quais a equipe passou algum tempo se conhecendo e desenvolvendo confiança.

Quando meu amigo Razmig Hovaghimian e seus colegas fizeram o curso Design for Extreme Affordability, não existia ainda um procedimento explícito para que os alunos estabelecessem relacionamentos. Supunha-se que, mesmo sem nunca terem se conhecido, eles construiriam vínculos ao *realizarem* o trabalho colaborativo. Só que não funcionou assim.

"Sinceramente, nós ainda não nos conhecíamos, tivemos só uma aula, o resto foi trabalho, trabalho e trabalho. Não havia de fato um relacionamento interpessoal que nos permitisse conversar sobre nossos motivos para estar ali, sobre o que nos motivava ou mesmo conversas mais leves. Foi meio difícil, pois pensávamos 'Ok, mas quem é essa pessoa com quem estou trabalhando?'", contou-me Razmig, referindo-se ao período logo após o término do curso de seis meses, quando os membros da equipe decidiram fundar a Embrace.[5]

O processo de design thinking – que se concentra apenas na tarefa em pauta – deixou os alunos do curso com uma forte noção de propósito, mas sem qualquer noção de pertencimento nem com normas claras que transcendessem as tarefas.

Surgiram conflitos. Alguns membros da equipe ficavam incomodados com os estilos de comunicação dos demais ou até com a falta de comunicação. Um membro de determinada equipe podia iniciar uma conversa sobre colaboração com alguém de fora do grupo ou apresentar uma ideia sem mostrá-la aos colegas de equipe, o que era como colocar o avanço pessoal antes da equipe e da missão. Mesmo assim, muitos permaneciam calados em vez de conversar sobre suas preocupações. Alguns não haviam concordado com normas como transparência nem identificavam coisas que seriam importantes para eles.

Os fundadores da Embrace perceberam que a necessidade social que haviam descoberto e a solução que tinham criado eram tão importantes que precisavam ir além, mas sabiam que não o fariam caso a dinâmica da equipe continuasse tensa como estava. Portanto, decidiram primeiro solucionar os conflitos e depois formar uma equipe coesa.

Uma vez, eles resolveram subir em uma árvore e só descer quando todos tivessem revelado o que estavam sentindo. Nada mais era que uma atividade da Área de Aprendizagem focada em descobrir pensamentos e sentimentos de colegas de equipe e como cada indivíduo afetava os demais. Houve longos períodos de silêncio e constrangimento, mas também momentos de riso e camaradagem. Um deles foi quando, com o dia já escurecendo, outros alunos passavam pela árvore, ouviam vozes e não viam ninguém.

Em outra ocasião, todos passaram um fim de semana em uma casa alugada, a várias horas de distância do campus, onde os membros da equipe tiveram oportunidade de expressar seus pensamentos e sentimentos. Então, finalmente, começaram a se entender melhor. Superaram os conflitos e decidiram que, no futuro, teriam de ser totalmente transparentes e conceder a todos o benefício da dúvida. Eles também estabeleceram funções e responsabilidades e elegeram Jane Chen como CEO.

Olhando em retrospecto, os fundadores da Embrace hoje percebem que, no início, se tivessem passado algum tempo se conhecendo e estabelecendo normas, teriam evitado algumas armadilhas e superado melhor os erros. Poderiam ter conversado sobre suas origens, interesses, filosofias e objetivos e trabalhado para alinhar os princípios. Assim, teriam evitado que ressentimentos se acumulassem até explodir.

Meu mentor Chip Conley era um experiente executivo hoteleiro quando foi recrutado pelo Airbnb para atuar como mentor do CEO e integrar a equipe de liderança. Conforme descreve em seu livro *S@bedoria no trabalho*, ele logo percebeu que o grupo de liderança tinha grande potencial, mas não estava otimizado como equipe.[6]

"Eles faziam reuniões irregulares e não tinham iniciativas estratégicas com as quais todos concordassem", disse-me ele.

A solução?

Eles começaram a se envolver na Área de Aprendizagem nas reuniões de formação de equipe.

"Iniciamos um processo realmente rigoroso de retiros externos uma vez por mês. Depois de algum tempo, começamos a passar dois ou três dias em algum lugar, uma vez por trimestre", explicou Chip.

O comprometimento foi grande, segundo ele. Para se reunir com a equipe, os executivos tinham de se afastar de suas tarefas regulares por alguns dias a cada trimestre, para não falar de suas famílias e vida particular.

Mas foi um investimento inestimável que os ajudou a criar uma cultura de aprendizagem que superaria o desempenho de outras empresas a longo prazo. Em *S@bedoria no trabalho*, Chip explica que a equipe de liderança precisava chegar a um ponto em que os membros se sentissem à vontade para debater as questões abertamente dentro do grupo, evitando assim que facções concorrentes se formassem fora das reuniões.

"Aprendemos como era valioso debater, decidir, nos comprometer e nos alinhar, principalmente quando nossas diferenças – de idade, origem ou tipo de personalidade – poderiam nos atrasar", escreveu Chip.

Eles também elaboraram em conjunto uma linguagem voltada para orientar e inspirar. Para isso, discutiram palavras ou frases atraentes, que mais tarde se converteram na missão do Airbnb: "Criar um mundo onde as pessoas podem pertencer a qualquer lugar." Isso também lhes despertou uma noção compartilhada de propósito.

Mas e se a sua empresa não dispuser de orçamento para atividades externas regulares ou se alguns de seus colegas de equipe não se sentirem à vontade para subir em árvores? Ou se você estiver simplesmente procurando outras formas de estabelecer camaradagem, criando condições para que todos aprendam e cresçam juntos?

Cindy Eckert, CEO da Sprout Pharmaceuticals, deu início a um ritual em que os funcionários regularmente almoçavam juntos e conversavam sobre o que a Sprout poderia aprender com outras empresas – descreveu ela no podcast *The Tim Ferriss Show*.[7] Eles faziam até viagens para observar outras empresas e captar ideias. Visitaram locais como o Pike Place Market, um grande mercado, e a loja Beecher's Handmade Cheese, de queijos artesanais, ambos em Seattle, para descobrir como essas empresas atraíam as pessoas e o que faziam de excepcional. No processo, descobriram também do que os colegas gostavam e do que não gostavam – e construíram relacionamentos.

A criação de oportunidades para que as pessoas se conectem e aprendam juntas não só aumenta seus conhecimentos e habilidades como também as condiciona a se envolverem regularmente na Área de Aprendizagem e a colaborarem umas com as outras. O que desenvolve a cultura da equipe e, ao mesmo tempo, a competência. Incentivando sua equipe a analisar grandes empresas, Cindy Eckert promovia também uma identidade para sua equipe. Uma identidade inclusiva, pois qualquer pessoa poderia incorporá-la. Atividades em grupo, como o ritual de almoço, aprofundam o senso de pertencimento e a confiança entre os participantes.

Para promover uma sensação de pertencimento e elevar o senso coletivo:

- Passe algum tempo com a equipe de modo que todos se conheçam. Compartilhe o que o atrai no trabalho, o que você espera ganhar com ele, o que espera trazer para o grupo e como você gostaria de trabalhar em conjunto.

- Identifique os objetivos e os valores comuns, que podem ter sido estabelecidos pelos líderes seniores. Se for o caso, explique o que significam e quais comportamentos envolvem. Combine de apontar uns para os outros quando virem esses comportamentos e perceberem oportunidades de melhoria. Pergunte se todos estão de acordo ou se têm alguma objeção.

- Detecte as metas e as estratégias da equipe. Como você distribuirá as responsabilidades, e como vai colaborar dentro e fora da equipe, a fim de atingir seus objetivos?

- Evite símbolos de pertencimento que possam ser excludentes, como fanatismo esportivo, festas até tarde da noite ou viagens luxuosas, coisas que podem levar os futuros colegas a se sentirem excluídos. Cultive o pertencimento com coisas que uma força de trabalho diversificada possa escolher e desfrutar, como propósitos, valores e cerimônias inclusivos.

Quando as pessoas estão se encontrando pela primeira vez, ou mesmo quando já se conhecem há algum tempo, as conversas podem ser superficiais e não parecerem muito significativas. Isso atrapalha o desenvolvimento de relacionamentos mais profundos, a transparência e uma colaboração poderosa entre as Áreas de Aprendizado e de Desempenho. Por esse motivo, criei um jogo chamado *Bonding Stories* (Histórias para criar vínculos), que se pode jogar com colegas de equipe e outras pessoas. Quer você esteja apenas começando a conhecer a pessoa ou mesmo se já a conhece bem, o jogo pode ajudar a gerar confiança e aprofundar relacionamentos. Você poderá encontrá-lo em briceno.com/paradox/resources/ (em inglês).

FUNDAMENTO Nº 2 DA EQUIPE DE APRENDIZAGEM: CAPACITAR AS PESSOAS A INICIAREM MUDANÇAS

O que acontece quando os funcionários têm um monte de ideias a respeito de como sua equipe ou empresa poderá melhorar, mas não existe nenhum procedimento para colocá-las em prática?

Era exatamente o que ocorria em uma equipe da General Mills antes que Jenny Radenberg introduzisse hábitos de aprendizagem colaborativa. Sempre que as pessoas sugeriam maneiras melhores de fazer as coisas, tinham a sensação de que ninguém as escutava, pois suas sugestões não eram colocadas em prática.

Muitos líderes e organizações, inadvertidamente, refreiam o interesse dos funcionários em se envolver na Área de Aprendizagem quando estes propõem novas ideias e não são ouvidos. Isso quando não são repreendidos por não fazerem as coisas como lhes foi ordenado.

Quando Ethan Bernstein, professor de Harvard, analisou a segunda maior fábrica de telefones do mundo, situada na China, descobriu que os gestores eram orientados a seguir os procedimentos estabelecidos e a zelar para que seus funcionários fizessem o mesmo.[8] Em parceria com os executivos da empresa, Bernstein colocou três de seus alunos no chão da fábrica, fazendo-se passar por funcionários comuns, e os instruiu a relatar suas observações. Os alunos descobriram que os funcionários tinham diversas melhorias a sugerir, mas não as expressavam por medo de serem repreendidos ou só as implementavam quando um supervisor não estava olhando.

Bernstein então pensou num experimento: instalou uma grande cortina entre o grupo de controle e o grupo de tratamento para que não houvesse influência de um sobre o outro. Quando a cortina foi levantada, um dos funcionários disse: "Não seria ótimo se pendurassem cortinas em toda a linha de produção, para que nós pudéssemos ficar totalmente à vontade?

Seríamos muito mais produtivos." Bernstein adorou a ideia. Decidiu, então, testar a colocação de mais cortinas em torno do grupo de tratamento para que os gerentes não pudessem ver o que os funcionários estavam fazendo. O resultado? Os funcionários se sentiram seguros para implementar as próprias ideias. Após apenas uma semana, a produção de unidades sem defeitos aumentou entre 10% e 15%, por hora, dependendo do turno. O fato de estarem fora da vista dos gerentes permitiu que os funcionários se envolvessem em "desvios produtivos, experimentação localizada, prevenção de distrações e melhorias contínuas".

Isso não significa que os gestores sejam prejudiciais, mas aqueles que transitam em ambas as áreas agregam valor.

Jenny Radenberg – cuja equipe achava que os líderes da empresa não ouviam nem acompanhavam suas sugestões – instituiu reuniões mensais na General Mills nas quais os membros do time podiam oferecer feedbacks e discutir as melhores práticas.[9] Jenny garante que sempre explicava as decisões depois que as sugestões eram consideradas, fechando o ciclo.

Após Jenny ter instituído as reuniões e o acompanhamento, a equipe apresentou uma mudança drástica em sua forma de operar. Decisões sobre assuntos como a transição de um sabor de produto para outro – chamada de "conversão" –, com o objetivo de economizar dinheiro e aumentar a eficiência da empresa, eram tomadas em colaboração com a equipe.

O que mais eles discutiam nas reuniões?

"Eu adoro dados. Nós levantávamos dados e dizíamos: 'Depois da conversão, estes são nossos dados em relação à meta. Vocês fizeram isso!' Era um motivo de orgulho, mês a mês. Então, toda vez que nós tínhamos de fazer uma conversão, eles diziam: 'Tudo bem, qual é a meta, três horas?' Eu dizia: 'Se vocês conseguirem fazer isso em duas horas, eu faço cupcakes.' E eles diziam: 'Tudo bem, o que vai ser preciso para chegarmos a isso?'", contou-me Jenny.

Quando apresentados à equipe, os dados de desempenho podem motivá-la a alcançar novos patamares. Os membros da equipe não estarão disputando contra outra equipe, mas contra os próprios recordes, o que é divertido e motivador.

"Eles são as pessoas que impulsionam essas métricas. Portanto, se eu não lhes informo as métricas, como posso esperar que eles a alcancem?... E realmente se orgulhavam desses números e da capacidade que tinham para modificá-los. Quando as coisas davam errado, eles assumiam a responsabilidade... E a métrica não era a da liderança. Era a métrica deles, que eles queriam cumprir e da qual se orgulhavam", disse Radenberg.

Precisamos nos esforçar para que as pessoas sintam que o envolvimento na Área de Aprendizagem pode gerar mudanças reais. Os líderes precisam encorajar seus funcionários a serem diligentes, para que o esforço deles em ambas as áreas produza recompensas reais. Os funcionários terão sempre opiniões diferentes sobre muitos assuntos, algumas podem ser conflitantes, mas, quando se sentem ouvidos e entendem como uma decisão foi tomada, é provável que continuem pensando em como poderão contribuir mais.

FUNDAMENTO Nº 3 DA EQUIPE DE APRENDIZAGEM: PROMOVER UMA TRANSPARÊNCIA RADICAL

A Bridgewater Associates, o maior hedge fund do mundo, grava todas as suas reuniões e disponibiliza as gravações para todos na empresa.[10] As gravações servem para as pessoas refletirem sobre o que fizeram bem e sobre o que poderiam melhorar e também para oferecer feedbacks sobre as partes da reunião que foram úteis ou problemáticas.[11] Também servem para aqueles que não estiveram na reunião entrarem na Área de Aprendizagem e aprenderem com as discussões das quais não fizeram parte. A empresa chegou a criar um grupo que destaca as partes mais instrutivas das principais reuniões e as disponibiliza para qualquer funcionário como forma de divulgar as práticas eficazes para que mais pessoas e equipes se beneficiem delas.

Isso reflete um princípio que o fundador da Bridgewater, Ray Dalio, chama de "transparência radical". Como relatou a revista *Business Insider*, os funcionários da Bridgewater passam pelo menos uma hora por semana analisando as gravações das reuniões e refletindo sobre o que observaram. Eles aprendem a questionar seus superiores,[12] admitir suas fraquezas e não fugir das críticas. Essa filosofia está documentada no livro *Princípios*, escrito por Dalio.

De modo geral, Dalio incentiva os funcionários a ser transparentes e oferecer feedbacks radicais, apontando e elogiando os comportamentos à medida que eles ocorrem. Em sua palestra no TED Talks, ele fez exatamente isso, compartilhando um e-mail que recebeu de um funcionário e que começava assim: "Ray, você merece um zero pelo seu desempenho hoje na reunião... Você não se preparou nem um pouco, pois é impossível que tenha sido tão desorganizado." Transparência radical é isso, explicou Dalio.[13]

As pessoas que procuram emprego na Bridgewater sabem que o aprendizado constante é algo entranhado na empresa. Isso é parte do que as atrai, pois suas hélices de crescimento são alinhadas com a cultura da organização.

Todos podemos aprender com a transparência radical praticada pela Bridgewater.

A transparência, elemento da hélice de crescimento, envolve a expressão de nossos objetivos de melhoria, junto a perguntas, preocupações, erros e lições aprendidas.

Ser transparente nem sempre é fácil. Às vezes, as pessoas acreditam que compartilhar informações pode prejudicá-las e, assim sendo, sentem-se vulneráveis. Outras vezes, podem saber racionalmente que compartilhar é uma coisa boa, mas emocionalmente ainda sentem medo. Quando começamos a cultivar culturas de aprendizagem, podemos esperar algum desconforto até que as pessoas se acostumem a opinar abertamente e a ouvir a opinião dos colegas.

No início de minha carreira, eu respondia defensivamente a feedbacks, muitas vezes racionalizando desculpas em vez de ouvir o que os outros diziam. Por causa do trabalho de Carol Dweck, percebi que meu comportamento atrapalhava meus objetivos. De modo gradual, fui desenvolvendo uma compreensão diferente sobre feedbacks, o que modificou minhas respostas emocionais a eles.

Mas, mesmo depois disso, e durante muito tempo, lutei para sair da minha área de conforto e para oferecer feedbacks honestos aos outros. Quanto mais fazia isso, no entanto, mais vivenciava o poder de fazê-lo, o que contribuiu para me tornar muito mais confiante e eficaz na transparência radical. Se você ainda não chegou lá, eu o encorajo a continuar se esforçando e ampliando sua zona de conforto.

Com o tempo, à medida que nos habituamos a opinar de modo transparente e vemos os outros responderem de maneira construtiva – ou resolvemos conflitos quando eles não o fazem –, chegaremos ao ponto de opinar com transparência sem nos sentirmos vulneráveis. Saberemos, então, que criamos um ambiente de segurança psicológica.

Vamos explorar esse conceito com mais profundidade.

FUNDAMENTO Nº 4 DA EQUIPE DE APRENDIZAGEM: CRIAR UMA CULTURA DE SEGURANÇA PSICOLÓGICA

Quando trabalhei na área de capital de risco, sendo o membro mais jovem da minha empresa, o medo me impedia de ser transparente.

Muitas vezes eu não sabia ao certo se uma oportunidade de investimento era atraente, mas guardava minhas dúvidas para mim mesmo.

Tive medo de ser visto como incompetente ou inseguro.

Estava no modo de *fingir para conseguir*. Não compartilhava as incertezas e dúvidas que teriam dado a outros a oportunidade de me ajudar. Meu comportamento distorcia nossas conversas e decisões e promovia uma cultura de fingimento.

Mas eis o que é interessante: não me lembro de ninguém ter me dito que eu *tinha* de ter convicções fortes nas abordagens de vendas. Aprendi isso observando as pessoas ao redor. Mas meus colegas tinham décadas de experiência a mais do que eu. Por que então eu achava que teria de me comportar como eles, fingindo saber o que eles sabiam?

Com base no que os via fazer, construí, mentalmente, uma história a respeito do que eles valorizavam. Mas é bem possível que não esperassem que alguém no início da profissão tivesse convicções muito fortes.

Portanto, meu medo não era de algo externo a mim e criou uma hélice de crescimento fraca. Isso machucou a equipe e me machucou também.

Mas acontece que esse medo é um obstáculo comum – e um obstáculo importante para a eficiência das equipes. Não pelo medo em si, mas porque pessoas com medo não são objetivas nem confiáveis.

No primeiro ano de doutorado, Amy Edmondson, que é hoje uma renomada professora em Harvard, juntou-se a uma equipe de pesquisa para examinar taxas de erros em hospitais.[14] Sua hipótese, logicamente, foi a de que as melhores equipes de atendimento ao paciente erravam menos.[15] Porém, tal como descreve em seu livro *A organização sem medo*, ela ficou surpresa ao descobrir o oposto: as taxas de erros pareciam ser mais elevadas nas equipes com melhor desempenho.

Ela poderia ter publicado suas interessantes descobertas – cedendo às pressões de desempenho –, mas decidiu mergulhar mais fundo em sua Área de Aprendizagem e descobrir o que estava acontecendo.

Para analisar as diferenças nos modos de operar das equipes, ela contratou Andy Molinsky – na época um assistente de pesquisas que nada sabia sobre as descobertas dela. Combinando as observações de Molinsky com os dados que obteve, Edmondson descobriu que as equipes com melhor desempenho não cometiam mais erros, apenas os reportavam com mais frequência. É por isso que seu estudo havia encontrado inicialmente uma relação contraditória entre erros e desempenho.

Os membros das equipes com alto desempenho sentiam-se à vontade para falar sobre erros, que discutiam abertamente para extrair lições e descobrir como preveni-los.

Edmondson passou, então, a estudar o conceito de *segurança psicológica*, que ela definiu como a crença compartilhada pelos membros de uma equipe de que o grupo é seguro para assumir riscos interpessoais.[16] Mais tarde, em vários estudos, ela e outros investigadores encontraram uma forte relação entre culturas de elevada segurança psicológica e alto desempenho. O Google descobriu a mesma coisa quando estudou suas equipes: a segurança psicológica era o fator número um para a eficiência das equipes.

A segurança psicológica impulsiona o desempenho porque a transparência é um ingrediente necessário para uma colaboração eficaz, tanto na Área de Aprendizagem quanto na Área de Desempenho. Se a transparência for considerada perigosa, a equipe sofre.

"Quando a segurança psicológica é elevada, a franqueza já não parece arriscada. Sugerir ideias, compartilhar dúvidas, tirar dúvidas... tudo fica mais fácil", escreveram Edmondson e seu colega Henrik Bresman em um trabalho que publicaram.[17]

Mas o que fazer quando tentamos formar uma equipe com hélices de alto desempenho – que promovam a segurança psicológica – em uma empresa cuja cultura está tomada pelo medo?

Em primeiro lugar, convém saber que isso pode ser feito. As empresas, em sua maioria, estão repletas de equipes cujas culturas variam muito em relação a transparência, a assumir riscos e aceitar fracassos. Se sentirmos que nossa organização é como um oceano cheio de tubarões, podemos nos alinhar com colegas que pensem como nós, criando ilhas de segurança. Isso fortalecerá nossa capacidade de aprender e executar. Foi o que Traca Savadogo fez com sua equipe na Starbucks, mesmo quando funcionários de outros locais se mostravam resistentes a mudanças. Depois, bastou divulgar os benefícios alcançados pelas inovações para influenciar o restante da empresa.

Edmondson e Bresman sugerem que as equipes podem promover a segurança psicológica usando *estruturação* e *investigação*.[18]

A *estruturação* envolve a comunicação das ideias claramente para que as pessoas interpretem uma situação ou comportamento da forma desejada, sobretudo quando a situação exige franqueza e conhecimento. Envolve tornar explícitos nossos pressupostos implícitos para que todos possamos nos alinhar em torno deles.

Durante meu tempo trabalhando com capital de risco, meus colegas nunca me disseram que eu precisava expressar uma forte convicção após cada apresentação de uma startup. Embora não tenham gerado meu medo, também não foram claros e não criaram uma sensação de segurança, apesar de serem pessoas muito legais. Apenas não comunicaram claramente como queriam que as pessoas se comportassem, deixando isso a cargo da interpretação de cada um. Assim, inventei minha própria história.

Será que seus colegas de equipe acham que você quer que eles sempre façam as coisas da melhor maneira possível, minimizando erros e patinando no desempenho crônico? É possível que se preocupem com o fato de que, se expuserem uma incerteza ou tentarem algo que não funciona, você perderá o respeito por eles? Pergunte a si mesmo: quando foi a última vez que um membro de sua equipe admitiu ter cometido um erro? Se você não consegue se lembrar, talvez precise trabalhar na criação de segurança psicológica.

Embora você não esteja fazendo nada para gerar medo, está fazendo o suficiente para gerar *segurança*? Vocês estão incentivando uns aos outros a assumir riscos e a se engajar na Área de Aprendizagem?

Criar segurança psicológica envolve tornar o implícito explícito – declarando deliberadamente nossos princípios e comportamentos. Envolve identificar as normas, discuti-las, anotá-las e consultá-las regularmente. Envolve comemorar quando alguém as reproduz e destacar o fato quando alguém se comporta de modo contrário.

Quando uma pessoa reproduz as normas, podemos dizer:

- "Estou muito orgulhoso de como a equipe lidou com esse projeto. Acho que ela demonstrou um de nossos valores: 'Abraçar a Aventura.' Assumimos um grande desafio, perseveramos quando o sistema foi desligado e tentamos estratégias diferentes até encontrarmos algo que funcionasse. É isso o que significa 'Abraçar a Aventura'!"

- "Mesmo que o projeto não tenha dado certo no final, é isso o que significa 'Abraçar a Aventura.' Se continuarmos a correr riscos inteligentes como esse, encontraremos novas soluções."

Quando alguém se comporta de modo contrário às normas, podemos dizer:

- "Rishi, eu me preocupo com você e com nossa equipe, então, preciso lhe dizer algo. Acho que o modo como você se comportou naquela reunião não revelou humildade, um de nossos valores fundamentais. Anna e Abdul estavam tentando expressar seus pensamentos, mas não conseguiram dizer nem uma palavra. Pelo que vi, você os interrompeu, não os deixou terminar e continuou fazendo afirmações em vez de perguntas para entender o que eles estavam pensando. Foi assim que me pareceu. O que você acha?"

- "Tom, estou preocupado. Parece que você não informou que o projeto não produziu os resultados desejados. Isso vai contra nosso valor fundamental de honestidade. Você concorda com esse valor fundamental? Existe alguma coisa no que eu estou fazendo – ou no que os outros estão fazendo – que está deixando você com medo de ser honesto? Ou é alguma outra coisa?"

A *investigação* consiste em pedir explicitamente aos membros que contribuam com seus pensamentos – de modo transparente –, usando perguntas como as seguintes (sugeridas por Bresman e Edmondson):

- O que você quer alcançar?

- O que você está enfrentando?

- O que está preocupando você?

- O que você trouxe para discutirmos?

O trabalho de Edmondson, os dados do Google e a história de Traca Savadogo demonstram que, independentemente da cultura de sua organização, você pode criar segurança psicológica para sua equipe.

FUNDAMENTO Nº 5 DA EQUIPE DE APRENDIZAGEM: ENCORAJE AS PESSOAS A SOLICITAR FEEDBACK COM FREQUÊNCIA E DE MODO AMPLO

Embora a segurança psicológica seja necessária para a promoção de uma cultura de crescimento, não é suficiente por si só. As pessoas podem sentir-se seguras e ainda assim não verem uma razão para se envolver na aprendizagem – ou podem não saber como fazê-lo. Por exemplo, muitas não sabem como oferecer e receber feedbacks, uma estratégia essencial em trabalhos coletivos na Área de Aprendizagem.

Quando os líderes se propõem a promover feedbacks em suas equipes, muitas vezes começam incentivando os funcionários a oferecer feedbacks. O que não é ruim, mas tende a ser uma batalha difícil. Muitas pessoas ainda não desenvolveram uma compreensão do que é um feedback (uma forma útil de saber o que os outros estão pensando) nem de sua utilidade. Ou podem temer que seus companheiros de equipe não vejam essas opiniões da mesma forma e reajam defensivamente. Um modo eficaz de começar o dia é pedindo a todos que *solicitem* feedbacks, com os próprios líderes servindo de exemplo.

Quando desenvolvemos o hábito de solicitar feedbacks frequentemente a várias pessoas – não apenas a uma ou duas –, tornamos o trabalho muito mais fácil para todos. E também nos sentimos menos vulneráveis, pois nós é que estamos iniciando o processo, reforçando assim nossa confiança e nossas iniciativas.

Muitas pessoas acham que um feedback crítico é um feedback negativo. Mas considerando que o feedback crítico é a mais poderosa fonte de informação para o crescimento, como pode ser negativo? Aqueles que aprendem a apreciar o feedback crítico se desenvolvem em um ritmo muito mais rápido do que outros. Ao usar o termo "feedback negativo", você pode obstruir as torneiras do feedback. É melhor mudar sua linguagem. Pessoas que se destacam veem tanto o feedback *crítico* quanto o *de reforço* como positivos e poderosos.

Quando você *oferece* feedbacks – como David Bradford e Carole Robin, professores da faculdade de administração de Stanford, explicam em seu livro *Como criar relações mais profundas* –, convém evitar suposições sobre pensamentos, sentimentos ou intenções de outros, pois, muitas vezes, você está errado e pode fazer a outra pessoa se sentir incompreendida ou mesmo atacada.[19]

Assim, ao oferecer feedbacks, concentre-se em explicar o que está em sua mente ou em suas emoções (tanto quanto você saiba) e fale sobre comportamentos que qualquer pessoa pode observar e como eles afetam você.

Nas fases iniciais de construção da cultura e do entendimento comum, às vezes precisamos ser gentis ou ajustar nossa abordagem para alcançar as pessoas onde elas estão. Embora alguém possa até entender logicamente a importância de um feedback, ainda assim pode reagir com medo ou raiva. O cérebro leva tempo para se reprogramar.

Portanto, talvez seja necessário lembrar cuidadosamente nossas intenções e usar uma abordagem cuidadosa para quem está recebendo o feedback. Como disse o neuropsicólogo Donald Hebb, os neurônios que entram em ação em conjunto se ligam entre si – ou seja, a repetição constrói e reforça novos padrões de pensamento, permitindo às pessoas mudar gradualmente seus modelos e respostas mentais, como eu e muitos outros fizemos.[20]

O diálogo pode ser mais ou menos assim:

"Sam, fiquei desapontado, pois sinto que este trabalho não atende aos nossos altos padrões. Vou dizer onde vi problemas, mas, primeiro, me deixe explicar por que resolvi falar. Gosto muito quando outras pessoas me dizem que meu trabalho não está bom e como posso melhorá-lo. Isso realmente me ajuda a evoluir. Sei que você pode desenvolver sua habilidade de criar relatórios de alta qualidade, por isso quero lhe dar umas dicas de como chegar lá. Você acha que agora é uma boa hora?" Quando a pessoa estiver pronta, pergunte se ela vê alguns pontos em que pode melhorar.

Lembre-se de que diferentes países e culturas podem ter diferentes normas de comunicação. Um feedback considerado direto demais no Japão ou em algumas regiões do Brasil pode ser considerado indireto demais em Israel ou na Holanda.[21]

Quando sugerimos às pessoas que solicitem feedbacks com frequência, elas se sentirão valorizadas e demonstrarão iniciativa nas conversas que iniciarem.

Para todos nós, solicitar feedbacks frequentemente – com um interesse genuíno em aprender – é o caminho mais rápido para mudar nossa própria programação neural.

QUALQUER UM PODE ORGANIZAR UMA EQUIPE DE APRENDIZAGEM

E se você não for o líder de uma organização ou nem mesmo de uma equipe? Poderá levar para o escritório procedimentos obtidos na Área de Aprendizagem?

Com certeza!

Comece perguntando a si mesmo: tenho um mindset fixo ou um mindset de crescimento com relação à minha habilidade de liderar e influenciar os outros? Caso ainda não me sinta confiante quanto a isso, como posso desenvolver essa habilidade?

E quem poderá me apoiar em minha jornada para liderar uma cultura de aprendizagem onde quer que eu esteja?

Muitas vezes temos mais influência do que pensamos e sempre poderemos aprender como melhorar nosso meio ambiente. A cultura resulta das crenças e hábitos de *todos* em uma comunidade.

Não sabemos, é claro, como os outros reagirão quando assumirmos riscos para liderar enquanto ainda aprendendo. Mas podemos começar aceitando pequenos riscos, como solicitar feedbacks a respeito de algo que em nosso entender fizemos bem, mas poderíamos fazer melhor; ou comunicar a um colega, antes de fazermos alguma apresentação, que estamos um pouco nervosos; ou, ainda, perguntar a alguém o que ele pensa sobre determinado assunto e revelar que estamos buscando ideias com outras pessoas.

Quando assumimos pequenos riscos, as pessoas tendem a retribuir na mesma moeda, sobretudo se tivermos definido nossas intenções. Daí, então, poderemos assumir riscos um pouco maiores, como divulgar o que estamos tentando melhorar ou pedir sugestões para um desafio que temos pela frente. Por outro lado, se os colegas permanecerem cautelosos e indiferentes, podemos voltar a conversar sobre a cultura que desejamos criar, verificar se todos temos as mesmas intenções e esclarecer quais comportamentos isso implica.

À medida que iniciamos nossa jornada rumo à criação de uma equipe de aprendizagem, convém primeiro discutir nossas sugestões privadamente com os indivíduos que ocupam cargos de liderança e lhes pedir feedbacks. Isso criará uma Área de Aprendizagem mais segura tanto para nós quanto para eles – na qual eles não ficarão expostos diante de toda a equipe. E também nos dará oportunidade de explicar minuciosamente nossas intenções, aprender com as perspectivas dos outros, responder a perguntas, obter apoio e nos organizarmos antes de apresentar estratégias de aprendizagem a todo o grupo.

Depois de apresentarmos nossas ideias aos colegas de equipe, alguns as abraçarão com entusiasmo. Em vez de nos preocuparmos em convencer todos desde o primeiro dia, é melhor nos concentrarmos naqueles que se mostram entusiasmados, geralmente a maioria, pois o mindset de crescimento e a Área de Aprendizagem calam fundo quando as pessoas se familiarizam com eles.

Portanto, continue a se envolver com os que gostaram dessas ideias. Aprenda com eles. Explique o que está funcionando e o que não está e identifique juntos os próximos passos. À medida que o círculo de interessados começa a dar resultados, divulgue-os, comemore e convide outras pessoas a participar do grupo.

Se algumas pessoas não se entusiasmam com a aprendizagem, podemos investigar o motivo. Talvez tenham um mindset fixo e não acreditem que as pessoas podem mudar; ou podem não se importar com o propósito comum nem com o desenvolvimento dessa habilidade. Podem também não se sentir apoiadas, ou talvez não saibam como melhorar, ou não tenham os recursos necessários para isso.

Cada um desses motivos exige respostas diferentes. Devemos, então, permanecer curiosos. Podemos explicar a elas o que estamos observando e obter suas perspectivas. Podemos destacar o objetivo comum da equipe – a promoção de uma cultura de aprendizagem – e lhes perguntar se concordam com esse objetivo. Podemos perguntar como veem as coisas, o que está atrapalhando e como poderíamos apoiá-las. Poderíamos, por exemplo, dar e receber feedbacks e, juntos, definir os passos seguintes.

Caso essas pessoas não concordem com as propostas ou, se após algumas interações, ainda não estiverem engajadas nos comportamentos necessários nem fazendo progressos reais, você poderá analisar uma separação. Construir uma equipe e uma organização é, em parte, uma questão de conformidade. Se alguns membros do grupo não estiverem interessados em desenvolver hábitos de aprendizagem enquanto a maioria está, afaste-se dos opositores e capacite a maioria a continuar construindo a organização que deseja.

Por outro lado, se você estiver tentando abordagens diferentes e não conseguir influenciar sua equipe a cultivar uma cultura de aprendizagem, considere mudar de equipe ou de organização. Se esse trabalho em si o motiva, eu o encorajo a procurar cuidadosamente uma organização, uma equipe ou colegas de equipe que valorizem o que você valoriza e que queiram se engajar no crescimento. Muitas pessoas estão despertando para o poder transformador das duas áreas e compartilharão seu entusiasmo.

Você também pode tentar construir comunidades de aprendizagem paralelas à sua equipe imediata, dentro ou fora de sua organização. Seja qual for o caminho que escolher, lembre-se de que há muito que você pode fazer para influenciar e liderar, mesmo que não tenha nenhuma autoridade formal.

No próximo capítulo, começaremos a explorar estratégias adicionais sobre como exatamente fazer isso.

PERGUNTAS PARA REFLEXÃO

- As pessoas ao meu redor me ajudam ou atrapalham em meus esforços para me envolver regularmente em estratégias eficazes na Área de Aprendizagem?
- Quais suposições talvez estejam apenas na minha cabeça?
- Como posso construir relacionamentos e promover uma cultura de aprendizagem na minha equipe?
- Minha equipe tem um forte senso de propósito? Se não, como poderemos chegar lá?

CONTEMPLANDO O FUTURO

Independentemente da minha função, como posso levar minha equipe a se envolver mais em ambas as áreas?

Capítulo 11: Liderando para crescer

IDEIA PRINCIPAL Para aprender e atuar em alto nível, as pessoas precisam de líderes que se preocupem com elas e ofereçam orientações claras a respeito de quando e como se envolver em ambas as áreas.

QUANDO MIKE STEVENSON ERA JOVEM, conheceu alguém que transformaria seu entendimento sobre liderança – e sua vida.[1]

Mike, hoje palestrante na Escócia, seu país natal, foi assistente de pedreiro na década de 1960, deslocando-se de uma obra para outra em Londres. Certo dia, em um desses canteiros, ele foi recebido pelo mestre de obras, um militar veterano, de nariz quebrado, oriundo do País de Gales.

Mike logo percebeu que havia algo diferente nele.

"Normalmente, quando você chega em um canteiro, o mestre de obras lhe diz: 'Este vai ser o comprimento da parede, esta vai ser a altura. Quero que tudo esteja pronto até quinta-feira de manhã, caso contrário a multa pelo atraso vai sair do seu salário.' Mas ele me chamou de lado, colocou o braço ao redor do meu ombro e disse: 'Bem-vindo, Michael. Antes de começar, quero lhe mostrar uma coisa.' Então, apontou para a planta da obra e disse: 'Este é o palácio que você vai construir.'"

Na verdade, era um pub, mas o modo como o mestre de obras o recebeu mudou o mindset de Mike.

"De repente eu pensei: Caramba, que maravilha. Vou criar uma coisa que vai ser um legado, que vai durar muito tempo."

O mestre de obras foi capaz de apresentar uma situação ou um conceito com palavras que levaram Mike a vê-lo de uma nova maneira.

"Senti uma onda de autoconfiança. Ele foi fantástico. Passei a chegar cedo ao trabalho todos os dias e era o último a sair", contou-me Mike.

Certa noite, o mestre de obras deu a Mike a tarefa de trancar tudo. Ou seja, ele seria responsável pela segurança de equipamentos que valiam dezenas de milhares de dólares. Esse sinal de respeito e confiança elevou sua autoestima.

"Naquele momento, quando senti que ele confiou em mim, cresci mais de um metro de altura", disse Mike.

O mestre de obras sabia que a confiança é uma via de mão dupla. Para promovê-la em um relacionamento, precisamos estendê-la aos outros – liderar com confiança é isso.[2]

"E quando ele via que eu poderia ter feito um trabalho melhor, dizia: 'Você pode fazer isso ainda melhor e um pouco mais rápido. Você consegue. Vou lhe ensinar alguns truques.' Ele nunca menosprezava ninguém. Nunca repreendia ninguém por cometer um erro. Ele só mostrava às pessoas uma forma de fazer melhor. Essa foi a primeira experiência de liderança, liderança real, que tive. Eu cresci como pessoa trabalhando naquela obra. Minha autoconfiança disparou. Aquele cara era sempre calmo, sempre consistente e sua linguagem corporal era muito aberta. Ele também fazia contato visual direto e falava respeitosamente com todo mundo... Ele orientava... Sinceramente, aprendi mais com ele do que com qualquer outra pessoa na minha vida", disse Mike.

Aquele canteiro de obras incorporou um desafio que está se tornando cada vez mais relevante na era da economia informal: como promover o sentimento de comunidade em equipes temporárias, mesmo quando compostas por prestadores de serviços independentes?

O mestre de obras citado por Mike percebeu como era importante motivar seus operários a trabalhar de maneira harmoniosa, mesmo que a equipe só estivesse completa por um curto período de tempo. Os integrantes do grupo tinham responsabilidades diferentes, representavam grupos étnicos diferentes e falavam línguas diferentes.

"Havia um monte de gente no canteiro de obras: pedreiros, estucadores, encanadores... Coordenar essas pessoas para que troquem informações e cooperem é uma tarefa enorme, pois muitas vezes esses ambientes são caóticos. Sem esse tipo de liderança, os custos vão à estratosfera. Os estucadores rebocam a parede; daí, o eletricista vai lá e quebra a parede para colocar a fiação. Esse tipo de coisa, como sabemos, aumenta os gastos e os prazos. No nosso caso, terminamos antes do prazo e houve menos refação quando a obra foi concluída. Os custos ficaram abaixo do orçamento. Tudo graças à liderança. Todos os dias eu me sentia animado e muito orgulhoso do que estava fazendo", contou Mike. Quando Mike se encontrava com amigos em um bar, depois do trabalho, e eles perguntavam o que ele estava fazendo, respondia: "Estou construindo um palácio."

A impressionante estrutura ainda existe mais de meio século depois. Sempre que Mike está em Londres, ele passa por lá de carro para admirá-la.

UMA NOVA ERA DE LIDERANÇA

Gestão e liderança existem há milhares de anos, mas a teoria da gestão nasceu durante a Revolução Industrial, quando o principal desafio era a produção em massa: tornar os produtos acessíveis a muitas pessoas e a baixo custo.[3] Na época, as organizações contratavam as poucas pessoas que conheciam o assunto para liderar os trabalhos. O sistema era de comando e controle: os gestores projetavam sistemas e diziam às pessoas o que fazer.

Esse era o conceito de administração vigente. No entanto, até hoje mantemos muitas ideias desgastadas sobre a gestão de pessoas, como se elas fossem engrenagens de uma fábrica. "Este é o comprimento do muro que queremos, esta é a altura, e precisamos que tudo seja feito até quinta-feira."

Hoje, as tarefas repetitivas estão cada vez mais automatizadas, a economia abrange mais setores de serviços e o ritmo da mudança acelerou enormemente. O desafio da gestão passou de produzir um automóvel modelo T preto, tão simples quanto possível, para se concentrar no ser humano: identificar necessidades não satisfeitas, impulsionar a inovação e personalizar o serviço. As máquinas por si só não são boas nessas coisas. Nem as pessoas, quando são tratadas como máquinas.

Muitas vezes, os líderes – e, às vezes, os trabalhadores também – sustentam uma suposição implícita de que os funcionários não estão preparados para pensar de modo independente nem para tomar decisões. Precisam ser vigiados de perto, como os operários da fábrica chinesa de telefones que não tinham permissão para se desviar de seu detalhado roteiro de trabalho. Essa crença, muitas vezes, gera uma profecia que acaba se cumprindo.

Se apenas alguns indivíduos em uma organização pensam – e são justamente os que estão mais afastados dos clientes ou do trabalho que deve ser realizado –, a organização terá significativamente menor poder cognitivo para identificar as necessidades dos clientes, impulsionar a inovação, personalizar o serviço e resolver problemas. As organizações precisam cultivar a inteligência coletiva.

Para construir equipes e empresas que eliminem o paradoxo da performance, entreguem resultados e alcancem novos patamares de sucesso, precisamos mudar nossas crenças – nossos mindsets – sobre pessoas, gestão e liderança. Precisamos passar do comando e controle para uma visão que inspire um propósito e promova o bem-estar, capacitando os funcionários para tomar iniciativas e apoiando seu desenvolvimento – como fazia o mestre de obras que Mike Stevenson conheceu em Londres. Os líderes bem-sucedidos cultivam o ambiente para apoiar tanto a Área de Aprendizagem quanto a Área de Desempenho. E proporcionam um solo fértil para o florescimento da cognição humana, inspirando seus colaboradores a dar suporte uns aos outros, a se manter mutuamente responsáveis e a buscar um objetivo comum e ambicioso.

QUEM PODE FAZER ISSO

Como escreveu Warren Bennis, um estudioso de liderança: "O mito mais perigoso da liderança é achar que os líderes nascem assim... Isso é um absurdo. É o oposto: os líderes se fazem."[4]

Ninguém nasce líder, seja ele um gestor de comando e controle ou não. Aprendemos essas ideias com nossos pais, escolas, mídia e locais de trabalho.

Agora podemos pensar diferente.

Independentemente do título formal, qualquer um pode se tornar um líder inspirador, capaz de desenvolver relacionamentos positivos e cultivar uma cultura de aprendizagem e alto desempenho em ambas as áreas.

UMA MUDANÇA PODEROSA

Quando David Tashjian foi transferido para posições de liderança na Comcast, tinha um histórico de sucesso. Mas havia um grande problema: ele era prisioneiro do paradoxo da performance e visto como prepotente.[5]

Durante as reuniões, sua personalidade poderosa dominava o grupo, deixando pouco espaço para pessoas menos enérgicas.

"Lembro-me de estar em reuniões pensando: 'Por que ainda estamos falando sobre isso? Eu sei a coisa certa a ser feita. Será que não poderíamos apenas passar para o próximo assunto?'", disse ele.

A vontade que sentia de executar – manifestada como uma visão limitada das tarefas em pauta e um desinteresse pelas ideias dos outros – preocupava seus colegas. Se ele continuasse a ser promovido, a empresa pagaria um alto preço pela redução do trabalho em equipe, bem como do envolvimento e da evolução dos funcionários.

Depois de um ano como vice-presidente, ele passou por uma avaliação de desempenho feita por seu chefe, presidente da empresa e um de seus mentores. O que David ouviu o deixou arrasado.

"Ele disse: 'É, não há dúvida de que você é um líder talentoso. Mas seu jeito de fazer as coisas, como um touro em uma loja de porcelanas, pode ser uma falha importante.' Fiquei furioso. Pensei: 'Consigo ótimos resultados. Isso é bobagem. Não é verdade. Eu não sou assim'", contou-me David.

Em retrospecto, David percebe que seu estilo de liderança era impulsionado pela própria insegurança. Ele tinha medo de revelar suas vulnerabilidades. Assim, falhava em mostrar transparência com os que estavam sob seu comando.

Ele era o que muitos chamam de "chefe ruim".

Chefes são um dos principais motivos pelos quais as pessoas deixam seus empregos. Existem outros também: problemas familiares, aspiração a um salário e a sensação de se sentir questionado, subestimado, esgotado ou sem inspiração. Mas muitas dessas razões podem ter uma significativa influência dos chefes.

Quem nunca sofreu com um líder ineficaz, do tipo que envenena uma equipe? Ou um supervisor que oferece feedbacks de um modo que deixa os membros da equipe desmoralizados e sem voz? Ou um líder que fala sobre a importância de assumir riscos apenas para penalizar os membros da equipe quando esses riscos não geram os resultados pretendidos?

Durante mais de vinte anos, a Gallup, empresa americana de pesquisa de opinião, conduziu extensos estudos para mensurar, de modo geral, o engajamento de funcionários. Essas pesquisas revelaram que os gestores são responsáveis por pelo menos 70% da variação nas pontuações desse engajamento e que somente 33% dos trabalhadores nos Estados Unidos estão efetivamente engajados em seus empregos. Um em cada dois funcionários, em algum momento de suas carreiras, declarou já ter saído de um emprego para se afastar de um mau gestor. O pedido de demissão ficou mais fácil na era do trabalho remoto. Não é novidade que isso tenha um efeito impressionante no desempenho da empresa.[6]

O abalo provocado por um mau gestor também afeta as pessoas fora do local de trabalho, já que os funcionários levam sua perturbação para casa. Isso aumenta seus níveis de estresse, prejudicando seu bem-estar e seus relacionamentos.

Nos últimos anos, muitos funcionários vêm se desiludindo cada vez mais com os efeitos do trabalho em suas vidas. Isso gerou grandes mudanças no que diz respeito a onde e como as pessoas trabalham, ou até mesmo se pretendem trabalhar.[7]

Líderes em todos os níveis precisam criar relações, ambientes, estruturas e sistemas de apoio que permitam aos funcionários se entusiasmar com o que fazem e se envolver com os outros, tanto no aprendizado quanto no desempenho. Em muitos casos, isso exigirá que os gestores utilizem a Área de Aprendizagem para encontrar melhores estratégias de liderança e fortalecer o envolvimento dos funcionários. Quando as pessoas prosperam, a organização prospera.

Ao se dispor a aprender e crescer em seu estilo de liderança, David Tashjian saiu do desempenho crônico, entrou na Área de Aprendizagem, aprendeu com seus erros e obteve resultados impressionantes. Enquanto trabalhava para mudar seus hábitos, ele se aproximou das pessoas que havia magoado, pediu desculpas e solicitou feedbacks. Ele também decidiu ir além do seu círculo restrito de confidentes para tentar transformar seus críticos em parceiros, comunicando-se abertamente com eles e encontrando pontos em comum. Sentindo-se forte o bastante para ser vulnerável, tornou-se mais transparente. A satisfação dos funcionários, seguida por sua colaboração efetiva, não demorou a aparecer.

Qualquer um de nós pode entrar na Área de Aprendizagem para expandir e fortalecer o conjunto de ferramentas que usaremos para antever o futuro que buscamos. O mesmo vale para desenvolver uma cultura forte para organizar, inspirar e apoiar as pessoas a alcançar a mudança que queremos ver no mundo. Neste e no próximo capítulo, conheceremos líderes exemplares. Lembre-se de que o objetivo não é copiar tudo o que eles fazem, mas desenvolver uma visão de como você deseja liderar e identificar alguns pontos a ser trabalhados.

Como já foi dito, todas as práticas estão enraizadas em dois princípios fundamentais: sempre apresentar habilidades e qualidades como maleáveis e estabelecer mecanismos para as duas áreas. De maneira mais holística, o objetivo é promover *os pilares da mudança* apresentados no capítulo 4, junto ao contexto social que os reforça. Temos de promover também a crença de que as pessoas são capazes de aprender. Para isso, precisam saber como fazê-lo, ter um propósito compartilhado que gere direcionamento e energia, e certificar-se de que estão inseridas em uma comunidade de aprendizagem.

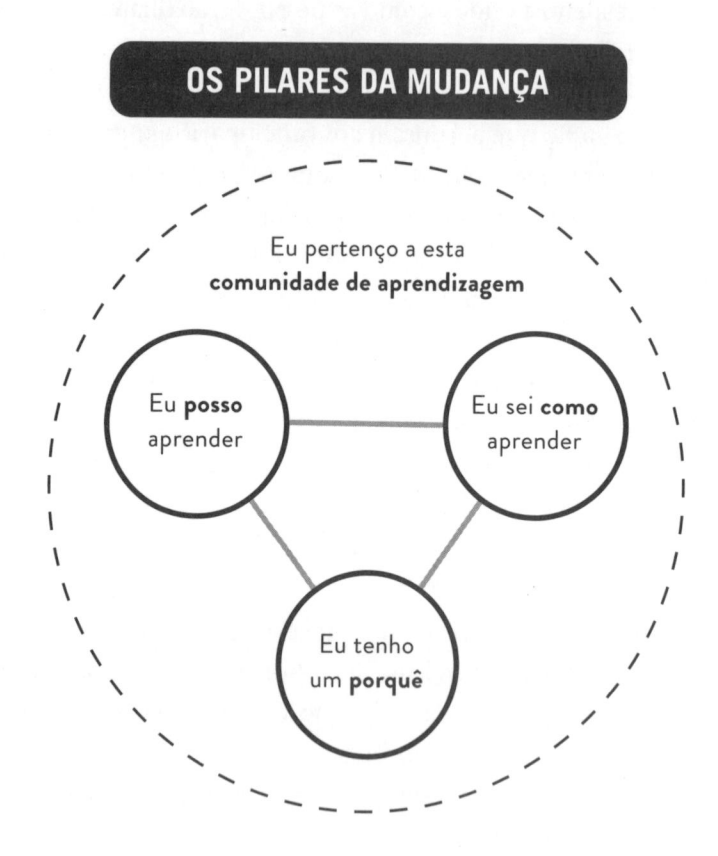

OS PILARES DA MUDANÇA

Eu pertenço a esta **comunidade de aprendizagem**

Eu **posso** aprender

Eu sei **como** aprender

Eu tenho um **porquê**

Então, como podemos liderar para o crescimento?

COMECE COM CUIDADO E ESTABELEÇA CONFIANÇA

Francesca Lenci trabalha na Siemens há 16 anos. Começou como analista financeira júnior em Lima, no Peru, onde nasceu e foi criada. Depois se transferiu para outros países, onde enfrentou desafios significativos em operações que muitas vezes passavam por crises. Ao longo da jornada, ela foi conquistando muitas promoções.[8]

Francesca estava trabalhando na Alemanha quando teve oportunidade de se tornar diretora financeira da Siemens Mobility, a divisão de mobilidade da gigante multinacional na Itália. Ela aceitou o desafio, mas, quando chegou lá, sentiu que sua equipe não acreditava que o projeto pudesse alcançar grandes resultados.

Profissional ambiciosa e líder, Francesca se propôs a transformar a equipe mostrando aos colegas que eles poderiam ser reconhecidos como exemplos. Mas não se mostrou autoritária.

Todos os anos, a Siemens concede um prêmio à melhor gestão de caixa, numa disputa que envolve os departamentos financeiros de suas filiais. O prêmio é concedido aos países que apresentam as métricas mais elevadas de gestão de caixa, com base em fatores como a rapidez de pagamento por parte dos clientes e o modo como os contratos e as faturas dos fornecedores são administrados. A Itália ficou em último lugar, mas Francesca viu isso como uma oportunidade para inspirar os membros de sua equipe a imaginar o que poderiam alcançar juntos. Pediu, então, que eles concorressem de novo ao prêmio. Mesmo que não o ganhassem no primeiro ano, ela achava que poderiam vencer no futuro.

Mas Francesca não começou se concentrando no desempenho e nas métricas. Começou com cuidado, estabelecendo confiança.

Uma vez instalada na filial italiana, ela reservou algum tempo para se reunir com cada um de seus subordinados a fim de conhecê-los, não só profissionalmente como também pessoalmente, um trabalho significativo na Área de Aprendizagem. Ela fez questão de memorizar detalhes do que era importante para cada pessoa, como o nome de um animal de estimação querido ou de um membro da família que morava longe ou estivesse enfrentando um problema de saúde. Quando conversava com os funcionários, perguntava como essas pessoas ou os animais estavam.

Ela também enfatizava seu desejo de apoiar a carreira dos membros da equipe, ajudava-os a definir metas de crescimento e os encorajava a dedicar de trinta minutos a uma hora, todos os meses, a seus projetos de desenvolvimento pessoal.

Quando a pandemia da covid-19 começou, Francesca notou que as pessoas estavam em dificuldades. Não fazia parte da cultura italiana discutir saúde mental abertamente, mas ela criou uma reunião semanal de trinta minutos na qual qualquer pessoa podia falar sobre qualquer coisa – exceto trabalho. Isso aprofundou os relacionamentos e abriu a comunicação para que os colegas apoiassem uns aos outros.

Regiões diferentes têm normas diferentes quanto à quantidade de informação que as pessoas tendem a partilhar sobre suas vidas pessoais. Francesca observou que, na Itália, pessoas em grupos tendem a falar mais sobre os acontecimentos de suas vidas e menos sobre seus sentimentos pessoais e problemas mais profundos. Quando ela se reunia com os colaboradores individualmente, no entanto, eles se abriam muito mais.

Um ano depois de Francesca ter chegado à Itália, criado laços sociais e fomentado hábitos na equipe tanto na Área de Aprendizado quanto na de Desempenho, seu time foi reconhecido como um dos três finalistas do prêmio pela gestão de caixa. O mesmo aconteceu no segundo ano. No terceiro ano, seus funcionários foram finalistas e formalmente reconhecidos como "vencedores do coração" graças a seu "desempenho sustentável e promissor".[9]

Estava claro que a equipe havia se transformado. Chegou entre os finalistas porque havia formulado estratégias na Área de Aprendizagem para gerir melhor os sistemas e processos financeiros da empresa e aplicado na Área de Desempenho. Mas tudo começou com a liderança atenta e observadora de Francesca e seu genuíno interesse por seus colaboradores.

O pertencimento pode ser fomentado em qualquer equipe e em qualquer lugar, mesmo à distância. É o resultado de cuidados atentos, comunicação explícita, apoio, experiências compartilhadas e laços emocionais.[10]

Promover uma noção de pertencimento nem sempre é um processo demorado. Por vezes, o simples fato de alguém saber que sua contribuição é valorizada pode ser profundamente positivo. Em seu livro *Belonging*, Geoffrey L. Cohen, professor de psicologia em Stanford, narra uma história marcante contada a ele por uma executiva do Vale do Silício.[11] Prestes a fazer uma apresentação aos acionistas, ela se sentia apreensiva. Ainda estava no início da carreira e, naquela época, mulheres em cargos executivos eram uma raridade. Portanto, ela tinha plena consciência de sua condição de minoria. Pouco antes de sua apresentação, o CEO da empresa aproximou-se dela, olhou-a nos olhos e disse: "Você vai mudar esta organização." Essas cinco palavras, segundo ela disse a Cohen, despertaram nela uma poderosa sensação de pertencimento. E ela arrasou na apresentação.

Embora atenção e confiança sejam fundamentais, não são suficientes para impulsionar o crescimento, como Francesca Lenci sabe.

Houve uma ocasião em que prestei consultoria para um produtor de artigos de luxo. A empresa me contratou porque, apesar de ter feito investimentos significativos no desenvolvimento de sua cultura, inclusive com consultores e sistemas externos, ela ainda não havia alcançado um bom desempenho.

Quando analisei os dados de engajamento dos funcionários e os dados adicionais de uma pesquisa que realizei, ficou claro para mim que a empresa tinha desenvolvido uma cultura de atenção, confiança e segurança. Os funcionários se davam bem, sentiam-se seguros, gostavam do trabalho e admiravam seus líderes. A empresa tinha muitos pontos fortes a ser aproveitados, mas faltavam outros ingredientes fundamentais para promover uma cultura de aprendizagem e alto desempenho. Entre esses ingredientes estavam uma estruturação clara e uma orientação bem definida.

ESTRUTURE A APRENDIZAGEM E O DESEMPENHO PARA OFERECER UMA ORIENTAÇÃO CLARA

Quando Ian MacGregor, cofundador e CEO da Skratch Labs, empresa de hidratação e nutrição esportiva, estava almoçando com seu novo diretor de operações, ficou surpreso ao ouvi-lo dizer que entrar para a Skratch Labs fora a coisa mais arriscada que fizera na vida.[12]

Ian não pôde deixar de rir.

Ele não estava menosprezando o sentimento de seu novo diretor, mas achou a afirmação engraçada. Naquele momento de sua vida, criar a Skratch Labs fora a coisa *mais segura* que já tinha feito.

Quando jovem, Ian havia sido ciclista profissional. Com menos de 23 anos, e por duas vezes, foi campeão nacional dos Estados Unidos, mas sofreu uma lesão na perna que o forçou a se aposentar aos 26 anos. Antes de se tornar ciclista, disputava esqui alpino, descendo montanhas a velocidades incríveis.

Ian ficou tão impressionado com a gritante diferença de perspectivas que mais tarde descreveu a conversa como um dos momentos de aprendizagem mais memoráveis de sua época como dono e CEO da empresa. Aquela conversa o ajudou a compreender como a percepção do risco varia entre as pessoas.

Então, percebeu que se quisesse que os funcionários da Skratch Labs assumissem riscos, precisaria encorajá-los e orientá-los explicitamente, além de tomar medidas para que se sentissem seguros. Eles precisariam saber que, caso se arriscassem e alguma coisa não desse certo, não haveria problema nenhum. Na verdade, eles seriam recompensados por terem corrido os riscos necessários.

Depois de refletir, Ian reconheceu que o fato de ter assumido riscos como ciclista profissional e praticante de esqui alpino foi possível graças à segurança que seus pais lhe deram. Ele sabia que, caso se machucasse e não pudesse dar seguimento à carreira como atleta, poderia voltar a morar com os pais enquanto pensava no que fazer. Tinha certeza de que poderia aprender outra coisa e seguir um caminho diferente.

A equipe da Skratch Labs precisava entender que o caminho para o sucesso envolve riscos, não por imprudência mas para inovar e melhorar. Eles precisavam saber que as coisas nem sempre sairiam de acordo com o planejado – e isso é risco, por definição –, mas que arriscar era o caminho para a melhoria das competências e para a expansão do que fosse possível.

Ian desenvolveu formas de estruturar a tomada de riscos para sua equipe e para a diretoria, a fim de gerar alinhamento e coesão.

Quando conversa com os envolvidos sobre a abordagem da Skratch Labs em relação à inovação, Ian desenha uma linha horizontal. Uma das extremidades ele rotula como *semear e cultivar*; a outra, como *lançar e aprender*.

Semear e cultivar se referem a uma forma metódica e cautelosa de inovar. Envolve a apresentação de ideias, a realização de pesquisas significativas para dominar essas ideias e o teste de protótipos com pequenos grupos, para reduzir os riscos e melhorar os produtos antes de lançá-los. O que envolve mais a Área de Aprendizagem.

A outra extremidade da linha, lançar e aprender, envolve muito menos tempo dedicado a pesquisas ou a experiências em laboratório. Trata-se de implementar ideias rapidamente e aprender com o que acontece depois. O que gera mais ideias – embora menos aperfeiçoadas – para serem lançadas rapidamente no mercado. Apesar de muitas fracassarem, mais apostas significam mais chances de que um produto se torne um grande sucesso. É o aprender enquanto faz.

Ian mostra, então, em que ponto do espectro a Skratch Labs deseja estar: muito mais perto de lançar e aprender do que de semear e nutrir. Ele prefere que a equipe tenha um perfil para a ação e assuma riscos. Embora isso não signifique eliminar a pesquisa ou pequenos experimentos, significa lançar rapidamente ideias promissoras e aprender com isso.

"Não se trata de lançar e rezar. Há um processo em vigor no qual existe um funil. Analisamos o risco e a recompensa. Analisamos a adequação à marca e a monitoramos. Há um elemento de pesquisa. Mas nos inclinamos muito mais para o lado do lançamento e do aprendizado, e não para uma pesquisa profunda do consumidor", disse Ian.

A Skratch Labs reúne atletas de elite em seus centros de treinamento em Boulder, Colorado, para interagir com eles, apresentar-lhes ideias e obter feedbacks. Em seguida, a empresa age rapidamente para lançar produtos inovadores em todo o mundo.

A estratégia de lançar e aprender não funcionaria bem em todos os contextos, mas funciona para a Skratch Labs. Muitas de suas vendas são diretas ao consumidor, por seu próprio site e pela Amazon, e não por varejistas físicos, que levam meses para analisar e decidir quais produtos devem ser exibidos em um espaço limitado nas prateleiras. Essa estratégia permite que a Skratch Labs coloque rapidamente os produtos na prateleira virtual, retire-os ou adicione outras variedades quando novos conceitos forem bem-sucedidos. A Skratch Labs vem se firmando como uma marca inovadora. E como o cliente-alvo está sempre muito envolvido com a marca, a empresa percebe rapidamente o que funciona e o que não funciona.

Para reduzir o risco de que o lançamento de um produto possa causar danos significativos, Ian faz uma analogia: a Skratch Labs é como um navio e a equipe como sua tripulação.

Um incêndio iniciado no convés do navio pode gerar uma crise, mas será fácil de resolver, explica Ian. Alguém no convés vê o fogo, pega um extintor e o apaga. O fogo pode causar algum dano, mas não afetará a capacidade do navio de se manter flutuando ou navegando.

Por outro lado, se um incêndio começar abaixo da linha d'água – por exemplo, na sala de máquinas –, pode ser devastador. Se a madeira estrutural for danificada e a água começar a entrar, o navio pode emborcar.

Ian diz aos membros de sua equipe que, quando estiverem operando acima da linha d'água, eles devem ir em frente. Lancem e aprendam por conta própria. Assumam os riscos. Façam experiências. Mas, quando estiverem operando abaixo da linha d'água, devem chamar os colegas, discutir a situação e pensar juntos. Ver se há um modo de reduzir os riscos, como obter mais feedback ou realizar um pequeno protótipo.

Oferecer uma imagem clara de como se comportar é um exemplo de *estruturação*. Operando dentro dessa estrutura, a equipe da Skratch Labs pode se envolver com muito mais confiança e eficiência nas Áreas de Aprendizagem e de Desempenho, sabendo que está fazendo o que deve fazer.

A estruturação orienta as pessoas e fornece parâmetros para atividades que podem parecer incoerentes e opressivas. E também contribui para a compreensão de fatores de crescimento, como competência, transparência, iniciativa, desafios, feedback, erros e comunidade. O que fortalece suas hélices de crescimento.

A estruturação pode ser feita de modo proativo – a exemplo de Ian MacGregor –, mas também em resposta a eventos.

Quando desenvolveu seu primeiro produto, o CraneView, a empresa de tecnologia de construção Versatile identificou uma oportunidade preciosa de lançá-lo em um projeto grande e de visibilidade – o Chase Center, em San Francisco, sede do time de basquete Golden State Warriors –, que estava sendo construído a um custo de 1,4 bilhão de dólares.[13]

A construtora envolvida se interessou pelo CraneView. A Versatile passou meses construindo um relacionamento e instruindo a empresa sobre o produto, mas, por motivos internos, a construtora acabou decidindo não usá-lo. Foi um revés importante para a Versatile.

O que a CEO Meirav Oren disse à sua equipe? "Tudo bem, vamos pensar nisso como um curso. O que nós aprendemos?"

Chamamos isso de *estruturação*. Ao aplicá-la, Meirav modificou a maneira como seus funcionários viam os erros. Sim, erros podem ser caros, mas cursos também o são. Em vez de varrer os erros para baixo do tapete, devemos pensar sobre o que podemos aprender com eles, para, assim, nos tornarmos mais sábios e trabalharmos melhor no futuro.

Os feedbacks também devem ser estruturados. Muitas pessoas temem receber um feedback, pois pensam nele como um sinal de desrespeito – real ou percebido. Para evitar reações defensivas, defina o que entende por feedback: informações que podem beneficiar qualquer pessoa e que nós também desejamos receber. E explique *por que* você está fazendo isso.

Lembre-se da *tendência ao falso consenso*, que nos leva a achar que todos pensam como nós e entendem com perfeição o que estamos dizendo, quando, na verdade, estão interpretando tudo de modo muito diferente.

Ao tornar explícito, por meio de palavras, o que está implícito em nossas mentes – como nossas opiniões sobre feedbacks ou erros –, ajudamos o outro a montar sua hélice de crescimento e criamos condições para que nossa comunicação, colaboração, aprendizagem e nosso desempenho sejam eficazes. Ao tornarmos nossos objetivos, pensamentos e comportamentos explícitos para os outros – de maneira repetida e consistente –, asseguramos alinhamento a respeito de crenças coletivas, hábitos e sentimentos de comunidade.

A estruturação é particularmente importante quando nos comunicamos com grupos – como os líderes costumam fazer –, pois muitas pessoas podem não ter oportunidade de elaborar perguntas esclarecedoras ou não se sentir à vontade para se manifestar. Chegam, então, a conclusões incorretas a respeito do que foi dito e se aventuram ainda mais no caminho errado.

ESTRUTURAÇÃO PARA UMA CULTURA DE APRENDIZADO

Em 2017, Carol Dweck publicou uma teoria unificada de motivação, personalidade e desenvolvimento, com base em tudo o que sabia sobre psicologia. Nela, identificou o que considera necessidades humanas universais:

aceitação, previsibilidade, competência, confiança, controle, autoestima, status e coerência.[14]

Nós, como líderes, precisamos criar meios para que as pessoas possam atender a essas necessidades em nossas organizações, mas nosso modo de agir pode fazer toda a diferença.

Pense nas mensagens que você usa relacionadas a cada uma dessas necessidades e em como essas mensagens podem criar uma cultura de sabichões ou uma cultura de aprendizagem. No quadro a seguir, mudei o nome de algumas das necessidades para melhor alinhá-las com a linguagem mais usada nas organizações.

COMO ESTRUTURAR UMA CULTURA DE APRENDIZAGEM		
	Mensagens que promovem a cultura dos sabichões	Mensagens que promovem uma cultura de aprendizagem
Pertencimento	Seu lugar é aqui porque você é um gênio, talentoso e superdotado.	Seu lugar é aqui se você se importa com nossa missão, tem a competência necessária para começar, pretende trabalhar duro, colaborar com o nosso desenvolvimento e fazer uma grande diferença.
Previsibilidade	Nosso trabalho é prever o futuro com certeza para podermos atuar com assertividade.	Podemos descobrir tendências, desenvolver hipóteses sobre o que é provável que aconteça e participar do planejamento de cenários, mas não é possível prever o futuro com certeza. Só podemos antecipar nosso comportamento em relação aos outros, seguindo nossos valores e acordos.
Competência	Devemos saber fazer nosso trabalho sem cometer erros.	Somos competentes em nosso ofício e em nossa capacidade de aprender e melhorar sempre mais.

Confiança	Confiamos uns nos outros para termos sempre as respostas certas, nunca cometermos erros, sermos os melhores, nos protegermos mutuamente e vencermos as outras equipes.	Confiamos uns nos outros para fazer o que dizemos que vamos fazer, para nos comportarmos da maneira combinada e para nos desafiarmos e nos apoiarmos mutuamente em nossa jornada. Se tivermos conflitos, usaremos processos justos e construtivos para resolvê-los e aprender com eles.
Iniciativa	Temos total controle sobre nosso futuro e sobre os rumos que nosso negócio está tomando.	O que mais controlamos é nosso próprio comportamento. Com um trabalho em equipe eficaz nas Áreas de Aprendizagem e de Desempenho, podemos influenciar o mundo.
Status	Aqui, as pessoas que têm sucesso e são promovidas são as mais inteligentes e mais seguras de si.	Aqui, as pessoas que ganham destaque são as que vivenciam nossos valores e, ao fazê-lo, fortalecem nossa equipe e nossa organização. Elas exemplificam comportamentos de aprendizado e, consequentemente, são extremamente competentes e tornam-se mais competentes a cada dia.
Propósito	Nós nos esforçamos para mostrar que somos os melhores.	Nosso objetivo é melhorar a vida de nossos clientes, de nossas comunidades e da própria sociedade. Também nos esforçamos para criar um ambiente de trabalho que enriqueça a vida de nossos funcionários e lhes ofereça oportunidades de crescimento e de desenvolvimento constantes.

Lógica abrangente	Todas as nossas mensagens e lentes mentais estão alinhadas com a ideia de que as habilidades são fixas e de que temos de nos esforçar para sermos perfeitos.	Todas as mensagens e perspectivas mentais estão alinhadas com a ideia de que as habilidades podem ser desenvolvidas na Área de Aprendizagem e aplicadas à Área de Desempenho.

DESTAQUE REGULARMENTE OS COMPORTAMENTOS DESEJADOS

Procure maneiras de reforçar os comportamentos desejados, compartilhando histórias que os exemplifiquem. Isso ajudará a equipe a entender melhor como os princípios funcionam na prática. E também oferecerá relatos marcantes que ajudam os funcionários a se conectar emocionalmente e a se comunicar de maneira eficaz.

Como vimos no capítulo 4, a Sonatype incentivou sua equipe a indicar colegas que exemplificassem seus valores fundamentais. Qualquer pessoa poderia enviar um vídeo explicando sua indicação e narrando uma história daquela pessoa. Carlos Moreno Serrano indicou Richard Panman. A Sonatype apresentou os vencedores e suas histórias em um evento da empresa.

Outras empresas costumam enviar e-mails regulares para toda a equipe, elogiando e destacando comportamentos exemplares.

O oposto de recompensar os comportamentos desejados é puni-los. Já vi líderes incentivarem o ato de assumir riscos. No entanto, quando as experiências não funcionaram como se esperava, os líderes ficaram desapontados e os envolvidos receberam uma avaliação ruim, bônus menor ou foram preteridos em uma promoção. O que não oferece segurança nem incentivo real para alguém assumir riscos – muito pelo contrário, leva as pessoas a serem cautelosas e a só fazerem o que sabem que funciona. Se quisermos incentivá-las a buscar desafios e se arriscar, temos de recompensar seus esforços, mesmo se não forem bem-sucedidas. Temos de aprender com os resultados e valorizar as lições. Quando as pessoas percebem que a equipe ou a organização aprende com o fracasso e aplica os novos insights, sentem-se mais motivadas para continuar assumindo riscos.

Seja objetivo, focado e claro em suas mensagens e lembre-se de que mesmo mensagens breves podem ter grande impacto. Quando era CEO do Boston Consulting Group, Rich Lesser publicava vídeos que chamava de "Two Minutes on Tuesday" (Dois minutos na terça-feira), nos quais discutia uma variedade de tópicos, entre eles a importância do mindset de crescimento. Em um dos vídeos, ele disse que "saber o que você não sabe é mais valioso do que saber o que você sabe",[15] e explicou o motivo, o que não é muito comum em se tratando de consultores de alta gestão. Ele também orientou as pessoas a "procurarem oportunidades para aumentar seus conhecimentos... buscando quem tenha habilidades diferentes das suas". Nessas mensagens, ele definiu o modo como os funcionários do BCG aprendem e atuam. E ajudou essas pessoas a verem o trabalho como uma forma de promover crescimento. Isso permitiu que todos comparecessem às reuniões sintonizados no mesmo canal, compreendendo que o reconhecimento do que não sabiam fazer era algo valorizado e desejando aprender uns com os outros.

Isso é liderar com cuidado, confiança e clareza. Como líderes, também precisamos servir de modelo e estabelecer sistemas e rotinas para as Áreas de Aprendizagem e de Desempenho. Esse é o assunto do capítulo a seguir.

PERGUNTAS PARA REFLEXÃO

- Como eu quero que seja a cultura da minha equipe?
- Meus funcionários sentem que me preocupo com eles? Eles confiam em mim? Eu confio neles?
- Tenho ideias sobre comando e controle que podem estar atrapalhando meus objetivos?
- Estou elogiando e reforçando os comportamentos desejados?

CONTEMPLANDO O FUTURO

Quais sistemas e rotinas podem ajudar nossa equipe a se envolver nas Áreas de Aprendizagem e de Desempenho, e como posso mostrar o caminho?

Capítulo 12: Grandes líderes são grandes aprendizes

IDEIA PRINCIPAL Grandes líderes criam estruturas para apoiar as áreas de Aprendizagem e de Desempenho e, claramente, indicam o caminho como aprendizes.

Quando lançou o Skratch Crispy, um saudável bolinho de arroz para atletas – e prático, pois não derretia no bolso –, a Skratch Labs decidiu trocar de fornecedor para o papel-filme usado na embalagem.[1]

As imagens elaboradas que a empresa desejava estavam além da capacidade do fornecedor. A embalagem, então, parecia borrada.

O produto não foi bem-sucedido no lançamento.

Após uma reunião, a equipe da Skratch Labs decidiu continuar distribuindo o bolinho enquanto procurava um fabricante de papel-filme tecnicamente melhor. Tão logo o encontrou, doou o estoque remanescente do produto anterior.

O que a Skratch Labs faz quando as coisas não correm bem?

O mesmo que faz quando lança grandes sucessos.

A cada trimestre, a empresa inteira se reúne para uma avaliação sobre o "estado da companhia", que normalmente dura uma hora e meia. Escolhem alguns fracassos significativos e alguns grandes sucessos e os discutem abertamente, algo muito útil na Área de Aprendizagem.

Todas as análises seguem o mesmo processo, no qual são discutidos quatro aspectos:

1. *Os custos conhecidos.* No caso do Skratch Crispy, isso incluiu o estoque doado.

2. *Os custos desconhecidos.* A empresa decidiu lançar um produto com

embalagem borrada, o que pode ter afetado negativamente as impressões dos clientes e jornalistas sobre a marca. Danos colaterais desconhecidos também podem ter ocorrido. Os gestores admitem explicitamente: há coisas que eles não sabem.

3. *O ponto de decisão.* A empresa leva a equipe de volta ao momento em que uma decisão foi tomada, identificando quais informações estavam disponíveis na época. O CEO Ian MacGregor tenta destacar algo que a equipe fez bem e que reflete os valores fundamentais da empresa. Em seguida, há uma discussão sobre o que a equipe poderia ter feito de maneira diferente.

4. *Mudanças no processo.* Por fim, o Skratch Labs decide quais mudanças serão feitas no futuro, caso haja necessidade, considerando as lições aprendidas com a experiência. No lançamento do Skratch Crispy, a equipe decidiu que não eram necessárias alterações no processo. O fornecedor havia garantido que poderia imprimir o papel-filme adequadamente. Em conformidade com sua filosofia de lançar e aprender – com uma tendência à ação –, a equipe assumiu um risco aceitável, dentro da margem de segurança.

A Skratch Labs segue esse procedimento, independentemente de os projetos significativos serem bem-sucedidos ou não. Há lições a serem aprendidas em ambos os casos.

Graças a um novo fornecedor de papel-filme, o Skratch Crispy é agora um sucesso comercial. E mais importante: a equipe do Skratch Labs continua a lançar e a aprender, acreditando que é isso que todos na empresa desejam.

ESTABELEÇA SISTEMAS E ROTINAS PARA AMBAS AS ÁREAS

As reuniões trimestrais da Skratch Labs são um exemplo de um sistema criado para apoiar as duas áreas – nesse caso, para examinar e aprender regularmente com fracassos e sucessos. A empresa também organiza reuniões diárias, em todos os departamentos, que duram entre 1 e 12 minutos – um fórum de aprendizado no qual os funcionários compartilham informações importantes e se alinham em uma estratégia, para poderem, depois, dividir e conquistar.

Outras empresas e equipes realizam *análises pós-ação*, uma prática emprestada das forças armadas cujo objetivo é refletir, aprender e identificar o que fazer de diferente em ciclos futuros.[2]

Ashley Good, CEO da empresa de consultoria Fail Forward, ajuda pessoas e organizações a usar os fracassos como oportunidades para aprender e crescer.[3] Ela ressalta que aprendemos mais ao fazer reuniões curtas e regularmente programadas para avaliar um projeto enquanto ele está em andamento – uma *revisão intermediária* – do que realizando uma autópsia quando o projeto estiver concluído.

"A revisão pós-ação é útil, mas digo isso com hesitação, pois algumas organizações a fazem com sucesso. No entanto, para a maioria é tarde demais para mudar alguma coisa e as revisões pós-ação são dolorosas. As pessoas as evitam porque elas parecem um tratamento de canal. Portanto, é melhor ter conversas constantes e programadas, para que não sejam apenas resposta a alguma coisa que está dando errado", disse-me Ashley.

Todos os exemplos anteriores descrevem estruturas de aprendizado que ensejam um melhor desempenho.

Alterar a pauta é um modo fácil de mudar as conversas durante as reuniões. Foi o que Tomer Cohen, diretor de produtos do LinkedIn, instituiu na reunião semanal da empresa com seus principais líderes, cerca de uma centena.[4] Tomer reservou parte da reunião para que os participantes falassem sobre lições aprendidas com outros líderes da empresa.

"Meu objetivo, tanto do ponto de vista administrativo quanto do linguístico, foi colocar o aprendizado em primeiro plano, de modo que a expectativa seja, como norma, o compartilhamento de lições", explicou ele.

No início, implementado o novo sistema de reuniões, as pessoas compartilhavam dados ou resultados a respeito do que deu certo ou do que deu errado, mas sem identificar uma lição concreta ou uma conclusão. Para ajudá-las a aprimorar o raciocínio e identificar um aprendizado que todos pudessem aplicar no futuro, Tomer fazia perguntas de acompanhamento até que a pessoa que estava falando identificasse o "E daí?" no centro da questão. Com a prática, todos se acostumaram a essa nova maneira de pensar. Tomer também incentivava os líderes que participavam da reunião a refletir sobre o que poderiam aprender e aplicar em seu trabalho. Isso não só reformulou a reunião, tornando-a mais centrada no aprendizado, mas também levou os líderes a se envolverem mais no aprender enquanto fazem.

Com o tempo, outros colaboradores, além dos principais líderes, manifestaram interesse em participar da reunião semanal – mesmo como ouvintes. Isso começou a acontecer quando alguns dos presentes passaram a dizer que, no seu entendimento, a reunião os tornava mais inteligentes e eficazes em seus trabalhos.

Mas não basta dar comandos: líderes eficazes são também professores eficazes. Eles orientam a equipe ao longo do caminho, não como alguém que detém todo o conhecimento, mas como líderes que sabem como trabalhar e estão sempre abertos a levar em consideração a perspectiva dos outros.

As pessoas também podem identificar formas de trabalhar com mais eficiência programando momentos regulares de reflexão e buscando feedbacks periódicos com supervisores, colegas, mentores e clientes. Essas são rotinas válidas para as duas áreas.

O trabalho colaborativo pode ser usado ainda como oportunidade para instruir outras pessoas. Por exemplo: um colega novato redige um relatório e pede que você o revise, melhore e devolva. Se você fizer somente isso, estará perdendo uma ótima oportunidade. Quando possível, pergunte ao colega se ele gostaria de acompanhá-lo enquanto você faz a revisão. Durante essa interação, explique seu modo de pensar para ajudá-lo a desenvolver seus próprios modelos mentais, ou oriente-o enquanto ele mesmo faz as revisões. Essas abordagens podem demorar um pouco mais no início, mas trarão grandes resultados, pois os futuros relatórios exigirão menos revisões e, consequentemente, menos tempo.

Em suas conversas regulares com subordinados diretos ou com colegas de equipe, diga a eles em que gostaria de trabalhar e, depois, pergunte em que desejam trabalhar. Faça disso um hábito que, com o tempo, poderá instaurar um sistema de apoio mútuo. Para colaborar no desenvolvimento de determinada habilidade, você poderá escolher tarefas específicas ou permitir que um novato assista a algumas conversas com clientes ou com líderes seniores. Poderá pedir também a um desses líderes que acompanhe por um dia um funcionário da linha de frente. Pense também que você e sua equipe poderiam se beneficiar muito de uma colaboração mais estreita com pessoas de outra função ou linha de produtos. E se tiver alguma ideia de como seus líderes poderiam apoiar melhor sua evolução, fale com eles ou pergunte se podem sugerir outras maneiras de acelerar seu crescimento.

Qual é a principal conclusão? Identificar os sistemas que você deseja que sua equipe utilize, não só na execução como também no aprendizado. Isso pode incluir o que você fala em diferentes reuniões com colegas, superiores e subordinados diretos, como discutimos aqui, ou sistemas de experimentação, exercícios de simulações ou feedbacks de clientes.

Eis algumas rotinas adicionais a considerar:

- Escolha uma meta mensurável, acompanhe, analise e discuta regularmente os dados para gerar ideias, realizar experiências e avaliar resultados.

- Convide regularmente outros departamentos a participar da reunião de sua equipe para conhecer o que fazem, solicitar feedbacks e explorar melhores formas de colaboração mútua.

- Agende uma reunião mensal ou trimestral recorrente para a equipe discutir ideias com o objetivo de melhorar a colaboração.

- Estabeleça anualmente um amplo processo de feedback, para que todos obtenham informações sobre o que os outros consideram útil e identifiquem possíveis áreas de melhoria.

NUNCA DEIXE AS MUDANÇAS IREM PARA O LIXO

Novas iniciativas ou mudanças em seu setor, empresa ou equipe são uma oportunidade de mudar mindsets e hábitos. Isso também se aplica a qualquer desafio que sua equipe esteja assumindo ou erro do qual esteja se recuperando. Pense em como você pode aproveitar cada situação para fortalecer ainda mais as hélices de crescimento.

Lembra-se de Douglas Franco, o CEO da iEduca que conhecemos na primeira parte deste livro? Ele enfrentou um grande desafio quando entrou para a empresa de ensino superior e precisou acelerar seu crescimento de maneira significativa.[5]

"No início foi difícil, pois, quando comecei como CEO, quase todos na empresa, principalmente a equipe executiva, estavam tentando parecer bons. Foi terrível, pois tudo girava em torno de justificativas. E eu dizia: 'Não me importa onde estivemos, só quero saber para onde estamos indo agora'", disse ele.

Esse é outro exemplo de estruturação.

Ele queria que os colaboradores percebessem que, se não fossem capazes de identificar o que poderia ser melhorado, não conseguiriam mudar a trajetória.

"Se encontrarmos problemas e os corrigirmos, cresceremos. Se não encontrarmos nada, estamos f*didos. Desculpem minha linguagem, mas estamos em maus lençóis, porque, se não conseguirmos resolver os problemas, como vamos melhorar a partir de onde estamos agora? Então, isso levou tempo. E tive de fazer algumas mudanças na equipe também, porque havia certos indivíduos que não queriam mudar", disse ele.

Douglas também descobriu que estava cometendo erros como líder. Tinha uma presença intimidadora, acentuada por atitudes como não deixar as pessoas terminarem suas frases. Ele as interrompia quando achava que sabia o que iriam dizer ou fazia perguntas difíceis para as quais sabia que não teriam respostas.

Embora não tivesse intenção de criar medo, a pressão que sentia para ter um bom desempenho o levava a empurrar sua equipe para um desempenho crônico.

"Eles se sentiam pressionados. Percebi, então, que a dinâmica que eu estava promovendo nas reuniões não era boa e não estava disseminando a cultura certa. Portanto, tive de ajustar meu estilo, ser mais paciente, ouvir com atenção e ensinar pelo exemplo. E dizer coisas como: 'Tudo bem, deixe eu explicar por que acho que essa hipótese não vai funcionar. E vamos dar uma olhada no que os números dizem.' Tentei ser um instrutor, controlar minha língua, começar a fazer perguntas e ajustar meu estilo de liderança para que as coisas funcionassem. E funcionaram", disse Douglas.

Apesar de precisar reduzir sua força de trabalho em 17% durante a pandemia da covid-19, a empresa conseguiu superar a crise e sair fortalecida. Em menos de dois anos, realizou mais de setenta testes de novos produtos, obteve dados demográficos dos clientes, promoveu campanhas e disseminou mensagens. Vinte desses testes fracassaram, mas, no total, as experiências levaram à duplicação dos resultados financeiros – tanto da receita quanto do faturamento. Depois de dois anos, a organização voltou a ter o mesmo número de funcionários de antes da pandemia, mas com resultados financeiros recordes.

Ao aprovar o orçamento anual e o plano de metas da iEduca, a diretoria recebe um plano básico e o plano Everest. Os projetos são avaliados de acordo com o plano básico, mas, em todas as reuniões da diretoria, discute-se o progresso para ambos os planos. Todos na empresa falam sobre suas metas Everest – gigantescas e audaciosas, vinculadas às metas estratégicas da empresa –, que tentam alcançar por meio de experiências.

Quando a iEduca decidiu atualizar seus valores essenciais e sua linguagem de orientação, pediu a opinião dos funcionários, que escolheram nomes como "Acampamento Base" e "8.850 metros" (altura do Monte Everest) para a sede e os escritórios da empresa. Esses nomes servem como lembretes diários para que todos sejam ousados.

É neste momento que sabemos que uma transformação cultural está ocorrendo em uma empresa: quando todos os seus funcionários – e não apenas os líderes – começam a vivenciar e a se apropriar da cultura. Afinal de contas, o objetivo final é mudar a forma como todos na organização pensam e se comportam, e mudar a cultura que cada funcionário vivencia.

MOSTRE O CAMINHO

Às vezes, como líderes, nós nos consideramos aprendizes e nos envolvemos na Área de Aprendizagem regularmente, mas fazemos isso em particular, quando os outros não podem nos ver. A estruturação é importante, porém nossas ações falam mais alto do que nossas palavras. As pessoas imitam os comportamentos que veem, especialmente em líderes e exemplos. Se agirmos como se os líderes devessem ter todas as respostas, os colaboradores aprenderão que é isso que a organização valoriza e que leva a promoções.

"Você, como líder, precisa compartilhar suas avaliações 360 graus com suas equipes, em especial as críticas realmente sinceras sobre todas as coisas que fez mal. Isso mostrará a todos que dar e receber feedback claro e capaz de gerar uma ação específica não é tão assustador", escreveu o cofundador e ex-CEO da Netflix, Reed Hastings, em seu livro *A regra é não ter regras: A Netflix e a cultura da reinvenção*.[6]

Um dos quadros mais populares e de maior duração do programa de Jimmy Kimmel é o "Mean Tweets" (tuítes malvados), no qual celebridades são convidadas a ler em voz alta as coisas mais ofensivas publicadas sobre elas no X (o antigo Twitter). Há alguns anos, um grupo de alunos de MBA da Wharton School, onde o psicólogo organizacional Adam Grant leciona, usou o formato desse quadro para criar um vídeo cômico no qual membros do corpo docente liam comentários críticos sobre si mesmos feitos pelos alunos nas avaliações de final do semestre. Em seu livro *Pense de novo: O poder de saber o que você não sabe*, Grant escreve que a dinâmica entre professores e alunos foi tão notável, como resultado do vídeo, que ele começou a exibi-lo em sala de aula no início de cada semestre de outono.[7]

Grant observa que, depois de assistir ao vídeo, os alunos se tornaram muito mais dispostos a fazer críticas construtivas aos professores. No vídeo, uma professora lê uma avaliação que diz: "Esta professora é uma víbora. Mas é uma víbora boa." O próprio Grant lê alegremente uma das avaliações sobre si mesmo: "Você parece um muppet."

O vídeo, relata Grant, permitiu que os alunos vissem que "embora eu leve meu trabalho a sério, não me levo muito a sério". O sucesso foi tão grande que, anos depois, ele se perguntou se algo semelhante funcionaria para criar o tipo de segurança psicológica que a Fundação Gates buscava em suas equipes. Quando ele enviou o vídeo para Melinda Gates, ela concordou plenamente. E até se ofereceu para ser a primeira avaliada.

"Sua equipe, então, compilou críticas feitas por funcionários e as imprimiu em cartões, para que Melinda as lesse em voz alta diante de uma câmera. Uma das críticas dizia que Melinda se parecia com *a p*rra* da Mary Poppins (foi a primeira vez que alguém ouviu Melinda pronunciar um palavrão). Ela, depois, explicou que estava se esforçando para tornar suas imperfeições mais visíveis", escreve Grant.

Grant e seus colegas queriam avaliar até que ponto a ideia tinha funcionado. Para avaliá-la, dividiram os funcionários em três grupos: o primeiro assistiu ao vídeo no estilo tuítes malvados; o segundo assistiu a um vídeo de Melinda conversando sobre a cultura que desejava promover na organização; e o terceiro, o grupo de controle, não assistiu a nenhum dos dois. Grant descobriu que os integrantes do primeiro grupo foram aqueles que captaram "uma orientação de aprendizado mais marcante, sentindo-se motivados a reconhecer suas limitações e a trabalhar para superá-las". Ele também observou que esses funcionários estavam mais propensos a conversar com Melinda sobre suas preocupações, mas também fazendo elogios. Alguns dos efeitos inibidores do poder e da hierarquia haviam se dissolvido.

Grant destaca também a seguinte observação de um funcionário: "Naquele vídeo, Melinda fez algo que eu ainda não tinha visto acontecer na fundação, ela rompeu o verniz. Para mim, isso aconteceu quando ela disse: 'Eu entro em muitas reuniões sobre coisas que não sei.' Tive de escrever isso porque fiquei espantado e grato por sua honestidade. Mais tarde, quando ela riu, realmente riu, e, depois, respondeu aos comentários duros, o verniz se soltou novamente e vi que ela não era menos Melinda Gates, ao contrário, era muito mais Melinda Gates."

Para liderar culturas de aprendizado, é preciso que ações e palavras estejam alinhadas. Quando há mensagens contraditórias, ações falam mais alto que palavras, mas, sem palavras, nossas ações podem ser facilmente mal-interpretadas.

Julia Barbaro é coach de vida e de casamento e coapresentadora do podcast *Multi-Family Zone*, juntamente com seu marido, Gino (o ex-dono de uma pizzaria que se tornou um dos proprietários de uma próspera empresa de investimentos imobiliários). Anos antes, Julia conheceu, em seu bairro, um grupo de mulheres casadas que parecia ter tudo. Durante uma década, ela se sentiu "menos" que elas, pois enfrentava dificuldades em sua vida e achava que elas não.[8]

"Eu as olhava e pensava: 'Essas mães são perfeitas. Elas têm tudo. Seus filhos ganham todos os concursos de ortografia. Eu jamais conseguirei estar à altura delas.' Me senti assim durante anos. Eu realmente achava que elas tinham tudo – casamento, família, educação... tudo", disse Julia.

Até que um dia, quando estava sentada em um café, ouviu algumas daquelas mulheres em uma mesa próxima conversando sobre problemas que, imaginava ela, nunca tinham tido.

"Pensei: 'Puxa vida, eu não sabia disso!' Também nunca perguntei. Nunca me aproximei porque achava que não estava nem perto de ser tão boa quanto elas. Então, pensei: 'Deus me livre criar esse sentimento em outras pessoas!'", disse ela.

Agora, quando as pessoas veem Gino e Julia levando uma "vida perfeita" com uma casa grande e bonita, seis filhos e independência financeira, Julia faz questão de mencionar todas as lutas que enfrentou e o que aprendeu ao longo do caminho. Ela não quer que as pessoas criem histórias em suas cabeças e se comparem a ela, como ela mesma fez no passado.

"Quando alguém me diz: 'Ah, vocês têm um casamento perfeito', eu respondo: 'Não, não, não, não temos, nós também lutamos.' Quero que as pessoas saibam disso. Que a vida é difícil. Criar filhos é difícil. Passamos por muitos perrengues e tivemos de nos esforçar. Tivemos de nos aplicar. Tivemos de aprender com nossos erros."

Fazer suposições sobre os outros é um modo comum de criar mindsets fixos. Se virmos um atleta de alto rendimento em ação, é fácil presumir que ele tem um dom, pois não vimos seus esforços fora do campo ou da quadra. Se virmos um executivo de uma empresa se apresentar em um palco de maneira cativante ou conduzir uma reunião com maestria, podemos pensar que é um talento natural e que ele não precisou se esforçar nem se preparar para essa sessão. Enxergamos somente a Área de Desempenho.

Como líderes, podemos lembrar aos outros o processo pelo qual passamos e continuamos a passar na Área de Aprendizagem: nossa trajetória no passado, no presente e no futuro. E, quando virmos pessoas que parecem perfeitas e talentosas, devemos nos lembrar de que é apenas um instante no tempo e que todos melhoram com o envolvimento regular na Área de Aprendizagem.

Às vezes, trabalho com equipes de executivos que se consideram grandes aprendizes. Quando conversamos e interagimos, acho que estão certos quanto a isso. No entanto, quando faço uma análise com eles e com outras pessoas em vários níveis, a tendência dos líderes seniores é achar que estão promovendo a aprendizagem muito mais do que os colaboradores que se reportam a eles conseguem perceber.

Também pergunto às pessoas com quem trabalho como elas se apresentam a seus colegas. Embora listem coisas muito positivas, raramente escrevem que querem ser vistas como alguém que continua se esforçando para evoluir.

Se quisermos criar uma cultura de crescimento, precisamos desenvolver a intenção de sermos vistos como aprendizes e nossos comportamentos de aprendizagem, tornando explícito nosso objetivo implícito para que os outros entendam o que estamos fazendo e por quê.

Em algum momento, quando nossos colegas de equipe já nos conhecerem bem, não precisaremos ser totalmente explícitos sempre que exemplificarmos um comportamento. Mas, para chegarmos a esse ponto, precisamos tornar transparentes nossos pensamentos, nossa lógica e nossas suposições. Assim, as outras pessoas entenderão de onde viemos e poderão desenvolver seus próprios modelos mentais – suas próprias hélices de crescimento – até estarem em harmonia com os nossos modelos.

Lembre-se de que os funcionários têm uma probabilidade nove vezes maior de ver seus líderes como pouco comunicativos do que como excessivamente comunicativos. E os líderes percebidos como pouco comunicativos também tendem a ser vistos como indiferentes e pouco claros, enquanto os que são percebidos como excessivamente comunicativos tendem a ser vistos como atenciosos, claros e esforçados.[9]

Quando a organização estiver enfrentando um desafio significativo, nós, como líderes, podemos ser francos a respeito de nossas incertezas e dificuldades, mas devemos também compartilhar nossa crença de que, juntos, superaremos os obstáculos e atingiremos nossos objetivos. Podemos reconhecer os problemas e, ao mesmo tempo, afirmar que nossa equipe tem o que é preciso para obter sucesso na próxima etapa. Talvez ainda não tenhamos todas as respostas, mas temos as habilidades fundamentais necessárias, bem como disposição para aprender e melhorar com as adversidades.

DURANTE MUITO TEMPO, assim como muitos outros, tenho descrito o exemplo como um comportamento visível que desejamos que os outros pratiquem. Não é bem assim, sobretudo no início, quando um líder está formando uma cultura.

Na verdade, os líderes precisam se envolver no que chamo de *modelagem assimétrica*.

Se quisermos que as pessoas falem e lancem perguntas, precisamos, como líderes, encorajá-las a fazer isso, prometer que lhes daremos espaço para falar – e cumprirmos fielmente a promessa. Se quisermos que as pessoas expressem suas ideias e discordâncias, não devemos começar expressando nossas próprias ideias e discordâncias. Começamos ouvindo e fazendo perguntas. Essa é a parte assimétrica. Nossa posição de poder, às vezes, faz nosso comportamento ser interpretado de modo diferente. Se falarmos grosso e propusermos desafios, isso poderá levar as pessoas a permanecer caladas, aguardando nossas decisões.

Como líderes, podemos treinar os outros, ouvi-los, fazer perguntas e convidá-los a praticar os comportamentos desejados. Em seguida, podemos recompensá-los quando adotarem esses comportamentos.

Se quisermos que as pessoas façam perguntas, podemos questionar: "Quais perguntas vocês têm?"

Se quisermos que elas manifestem suas discordâncias, podemos começar perguntando: "Alguém pensa diferente a esse respeito?"

E, quando obtivermos novas perspectivas, podemos indicar que estamos aprendendo com elas e mudando de opinião. É fundamental evitar ser visto como alguém que sabe tudo.

Por fim, quando se trata de dar o exemplo, há uma ressalva: o exemplo visível do aprendizado funciona melhor quando os outros acreditam que somos competentes. Se acharem que somos incompetentes, o exemplo do aprendizado pode ser um fracasso, pois pode ser interpretado como inépcia ou insegurança.[10]

Esse é um dos motivos pelos quais é importante ingressar regularmente na Área de Aprendizagem ao longo de nossa carreira. Queremos desenvolver continuamente nossa competência. Quanto mais o fizermos, mais confiantes e eficientes poderemos ser, tanto na realização de tarefas quanto na criação de uma cultura de crescimento.

Chamo isso de *volante de inércia da competência*. Os volantes de inércia são pesados e exigem muita energia para começar a girar. Mas, exercendo uma força constante, podemos levá-los a rodar cada vez mais rápido. E, quando ganham impulso e começam a girar rapidamente, é difícil pará-los.

A competência funciona de modo semelhante. Quanto mais a desenvolvemos – por meio da Área de Aprendizagem –, mais conseguimos propagá-la e usá-la para liderar a cultura. Quando todos se tornam mais versados em aprendizagem e desempenho, a eficiência dispara e ganhamos mais tempo para ambas as áreas. Trata-se de um ciclo que se reforça automaticamente. E, assim, nos tornamos irrefreáveis.

É por isso que, no início da pandemia da covid-19, Lizzie Dipp Metzger se sentiu totalmente à vontade para conversar com três colegas e propor uma reunião virtual semanal de apoio mútuo e proposição de estratégias. Como todos sabiam que ela era excelente no que fazia, sua proposta de aprendizado conjunto foi vista como um sinal de força e de capacidade – de saber o que fazer em tempos de crise. Os colegas de Lizzie também confiavam em seu senso de humor – lembra-se da estratégia da Área de Aprendizagem mostrada no capítulo 4 deste livro? Eles sabiam que ela tinha uma intuição aguçada e confiavam nela para tomar decisões que beneficiariam outras pessoas. A covid-19 não a deteve e ela continuou alcançando o melhor desempenho. Lizzie permaneceu resiliente durante toda a sua carreira porque sabia o que fazer em momentos de desafio e incerteza: saltar para a Área de Aprendizagem.

Se você estiver em uma situação complicada, sentindo-se inseguro quanto à sua competência, mas desejando criar uma cultura de aprendizagem, envolver-se na Área de Aprendizagem para desenvolver suas habilidades é um passo positivo. Além disso, explique *por que* você está assumindo comportamentos de aprendizagem. Exponha o implícito. Crie diretrizes a respeito de como todos devem se comportar e, quando estiver servindo como exemplo, consulte essas diretrizes. Dessa forma, é menos provável que seu comportamento seja visto como inépcia ou insegurança. Você está ajudando os outros a interpretar seu comportamento como um sinal de liderança, o que de fato é.

À medida que você avança em sua carreira, a complexidade e o nível de experiência necessários aumentam. Porém, quando se sentir competente no que faz, o volante de inércia estará girando e será mais fácil acelerar se mantiver o envolvimento nas duas áreas. O caminho mais suave é investir consistentemente em si mesmo na Área de Aprendizagem.

INCENTIVE E RECOMPENSE

Na sua equipe, você elogia, comemora e recompensa apenas o sucesso e os acertos? Quando as pessoas assumem riscos, você elogia e comemora apenas os casos em que esses riscos obtêm os resultados desejados? Se isso é tudo o que você está fazendo, pode estar promovendo a cultura do sabichão e um desempenho crônico.

Quando uso os termos *incentivar* e *recompensar*, não me refiro apenas à remuneração. O elogio e a gratidão autênticos tendem a ser formas mais poderosas de reforçar o comportamento das pessoas.

Mahan Tavakoli, consultor e apresentador de um dos meus podcasts favoritos, *Partnering Leadership*, descreve como seu ex-chefe, Peter Handal, CEO da Dale Carnegie & Associates, fazia isso de maneira extraordinária.[11]

"Ele nunca era o primeiro a falar, quase sempre era o último. Buscava um debate constante e discordância de suas opiniões. Após uma reunião na qual eu discordava veementemente dele, ele me chamava de lado – como tenho certeza de que fazia com outros – e dizia: 'Adorei isso. Quero ver mais disso em você.' Eu ficava muito entusiasmado, principalmente depois das primeiras reuniões. Aquilo não fazia sentido, o CEO simplesmente havia me chamado de lado e me dito para discordar dele na frente dos outros membros da equipe! Mas discordar dele é algo que ele adora e quer sempre mais", disse-me Mahan.

Handal estava orientando, incentivando, recompensando e se envolvendo em modelagem assimétrica.

O reconhecimento por parte dos colegas de equipe, principalmente dos líderes, assim como apontar como nosso comportamento beneficia nosso trabalho e melhora nossos resultados, nos afeta mais positivamente do que a remuneração. Como líderes e colegas de equipe, podemos usar isso a nosso favor para promover a cultura que desejamos criar.

RECRUTE E CONTRATE TENDO EM MENTE O CRESCIMENTO

À medida que sua organização cresce, você precisará contratar novos funcionários. É uma boa oportunidade para recrutar pessoas que tenham desenvolvido as crenças e os hábitos que você valoriza. No entanto, uma contratação muito rápida pode corroer a cultura existente se não for feita com cuidado. Para avaliar as qualificações e o interesse em aprender dos candidatos a emprego, um bom ponto de partida é uma entrevista com perguntas como as que se seguem:

- O que você gostaria que houvesse em um ambiente e em uma cultura de trabalho? (O candidato descreve apenas procedimentos da Área de Desempenho ou também da Área de Aprendizagem?)

- Em quais atividades você gostaria de trabalhar na nova função? E quais gostaria de mudar? (O candidato descreve cuidadosamente o que deseja melhorar em si mesmo e como pretende fazer isso?)

- Se você puder escolher entre liderar um projeto ambicioso, com procedimentos que ainda não domina, ou um projeto menos ambicioso, em que você tem grandes chances de sucesso, quais são as considerações que faria antes de tomar sua decisão? (O que as respostas revelam sobre suas metas e suas opiniões em relação a colaboração, tomada de riscos e cumprimento da missão?)

- Nos últimos meses, você tem trabalhado para melhorar alguma coisa em si mesmo? De que maneira?

- Quando você tem dificuldades, faz o quê? Poderia me dar alguns exemplos?

- Quais foram seus maiores erros ou fracassos? Qual foi o resultado? (Assumiu a responsabilidade? Aprendeu alguma coisa? O mau resultado afetou uma decisão posterior?)

- Qual foi a última vez que você recebeu feedbacks e o que aconteceu depois?

- Qual é sua abordagem ao oferecer feedbacks? (O candidato tem uma estrutura bem planejada?)

- Como você recebe feedbacks? (O candidato se sente preparado para ouvir? Menciona a importância de solicitar feedbacks com frequência?)

- Quem são os indivíduos ou colegas com quem você aprendeu alguma coisa e o que aprendeu?

- Em que você pretende melhorar? Como planeja fazer isso?

Ao avaliar as respostas, analise até que ponto o candidato:

- se considera um profissional em desenvolvimento em vez de naturalmente talentoso;

- está aberto a feedbacks e oportunidades de crescimento; e

- leva em conta as estratégias da Área de Aprendizagem e o que foi aprendendo ao longo do caminho.

Avalie também as referências do candidato para saber o que outras pessoas pensam sobre seus padrões de comportamento.

Você pode também confiar ao candidato alguma tarefa que exija aprendizado e verificar como ele se sai. Ou pode fazer *perguntas baseadas em cenários* que levem o candidato a revelar o que faria em determinada situação, de modo que não lhe permita deduzir com facilidade o que você está procurando e seja obrigado a pensar holisticamente.

Eis um exemplo: imagine que um subordinado direto venha até você reclamando que um colega o exclui constantemente de reuniões em que são tomadas decisões que afetam o trabalho dele. O que você faria? (O candidato toma uma decisão com base nessas informações ou descreve as perguntas que faria, como avaliaria a situação e quais considerações lhe permitiriam decidir o caminho a seguir?)

Meirav Oren, CEO e cofundadora da empresa de tecnologia de construção Versatile, que conhecemos em capítulos anteriores, inverte a situação e pede aos candidatos a emprego que façam perguntas a *ela*. Como os candidatos sempre são avaliados antes por colegas em quem ela confia, Meirav pode aproveitar a oportunidade para avaliar suas atitudes.[12]

"Quero saber quais perguntas eles fazem, com o que realmente se importam e o que os motiva. Peço aos candidatos que priorizem as perguntas e me enviem com antecedência. Quando iniciamos a conversa, eu digo: 'Fale por onde quer começar, porque, provavelmente, não vou conseguir responder a todas as suas perguntas.' As perguntas que eles escolhem me dizem muito sobre eles e a fome de conhecimento que têm, certo?", disse Meirav.

Ela descobriu que seu sistema é extremamente eficaz.

"Eu deveria patentear isso!", disse ela, rindo. "Contratei líderes com credibilidade, o que permitiu que eu me afastasse de funções que não deveria mais exercer, com a confiança de ter recrutado a pessoa certa e de lhe dar liberdade para crescer."

Como CEO da Moovweb, Ajay Kapur teve grande sucesso ao contratar mais de seiscentos alunos entusiasmados e de alto desempenho usando o mesmo princípio. Ele procura candidatos que estejam "constantemente fazendo perguntas sobre as coisas difíceis, o produto, o mercado, a essência do trabalho".[13]

Mas, se não tivermos o recurso de contratar pessoas cujas hélices de crescimento já estão mais desenvolvidas, sempre poderemos contribuir para o fortalecimento – e até para a transformação – tanto das hélices de crescimento de nossa equipe atual quanto das nossas próprias hélices.

COMECE COM VOCÊ MESMO

Francesca Lenci, diretora financeira da Siemens Mobility, na Itália, faz muito para apoiar o crescimento de cada integrante de sua equipe. Como vimos anteriormente, ela é uma líder cuidadosa, que se importa com o crescimento das pessoas.

Mas Francesca não negligencia seu próprio crescimento. Ela não teria chegado onde está sem trabalhar conscientemente, ao longo de sua carreira, na Área de Aprendizagem.

Certo dia, Francesca notou um padrão em si mesma: achar que todos estavam contra ela.[14] Não concordava com certas decisões tomadas pela maioria em algumas reuniões. Mesmo sentindo que estava sozinha, ela continuava a defender suas posições.

Francesca perguntou a si mesma se algumas de suas suposições estariam incorretas e decidiu conferir. Procurou seu chefe e solicitou um coach de liderança. Ela sabia que alguns colegas estavam trabalhando com coaches e decidiu fazer algumas sessões na esperança de que um guia externo e imparcial pudesse ajudá-la a entender as coisas.

"Eu queria confirmar se o que eu estava pensando estava correto ou se talvez houvesse outro ponto de vista que eu não estivesse levando em consideração", contou ela.

As sessões de coaching foram transformadoras. Francesca percebeu que seu chefe estava lhe dizendo coisas em que ela não acreditava, mas que, de fato, eram verdadeiras. Ela estava assumindo uma postura competitiva e defendendo seu departamento contra o dos colegas, sem enxergar que todos faziam parte da mesma organização. Reconheceu, então, que, às vezes, precisaria sacrificar seus pontos de vista em benefício do todo, além de encontrar meios de negociar e fazer concessões.

"As sessões de coaching mudaram minha vida. Depois delas, eu me senti um pouco mais forte nas discussões, mais empoderada para me reconciliar com outros pontos de vista e não só lutar para vencer. Agora, estou tentando compartilhar com minha equipe as lições que aprendi", disse ela.

Para se tornar uma líder eficiente, Francesca teve de se trabalhar. Todos os líderes fazem isso. É um processo que nunca termina, pois o mundo muda, os desafios mudam e, à medida que adquirimos novas responsabilidades, diferentes habilidades se fazem necessárias.

Até hoje, Francesca dedica meia hora por mês para revisar e atualizar seu plano de desenvolvimento pessoal. Faz reuniões regulares com sua mentora e troca mensagens com ela sempre que deseja uma opinião a respeito de alguma situação ou decisão complexa. Ela também é meticulosa ao procurar pessoas com quem possa contribuir, aprender e desenvolver relações ou parcerias valiosas. Antes dos eventos de networking, analisa quem estará presente e identifica as pessoas com quem pretende conversar, bem como os tópicos que abordará. Embora muitas vezes acabe conhecendo outras pessoas e faça grandes descobertas, ela expande de modo proativo sua rede com profissionais que possam, estrategicamente, fortalecer sua comunidade, tanto na aprendizagem quanto no desempenho.

Quando começamos a nos interessar em promover o mindset de crescimento e a Área de Aprendizagem em nossas equipes e organizações, tendemos a olhar para os outros primeiro: por que nossos funcionários estão presos a um mindset fixo? Por que nossos gestores estão criando, sem querer, uma cultura de desempenho crônico?

Não podemos efetuar mudanças nos outros sem antes efetuarmos mudanças em nós mesmos. Antes de olharmos ao redor, precisamos olhar para dentro.

Não poderemos nos concentrar em mudar os outros se nós mesmos não estivermos conscientes, todos os dias, do que estamos trabalhando para melhorar, ou se não solicitarmos feedbacks algumas vezes por semana de uma variedade de pessoas, ou se deixarmos de lado os erros em vez de examiná-los e discuti-los para aprender com eles.

É pouco provável conseguir que os outros façam coisas que eles não nos veem fazendo. Mas, à medida que nos tornarmos mais conscientes de nossas oportunidades de melhoria e começarmos a progredir, estaremos mais bem equipados para nos transformarmos em agentes de mudança e influenciarmos outras pessoas.

RUMO A UMA CULTURA DE CRESCIMENTO

Para desenvolver uma forte cultura de crescimento, comece com cuidado e confiança, estrutura e orientação, estabeleça sistemas para ambas as áreas, comunique, incentive, recompense e seja exemplo. Nesse processo, você e sua equipe criarão vínculos pessoais entre si e com as Áreas de Aprendizagem e de Desempenho.

As ferramentas descritas neste capítulo e no anterior são apenas algumas das formas pelas quais qualquer um de nós pode contribuir para moldar e fortalecer as hélices de crescimento das pessoas que lideramos, tanto formal quanto informalmente. Por meio do envolvimento contínuo na Área de Aprendizagem – tanto isoladamente quanto em conjunto com a Área de Desempenho, aprendendo enquanto fazemos –, podemos continuar a expandir e fortalecer nosso conjunto de ferramentas de liderança para promover culturas de crescimento e de impacto.

PERGUNTAS PARA REFLEXÃO

- Com que frequência estou exemplificando explicitamente comportamentos de aprendizagem?
- Até que ponto as estruturas e rotinas de nossa equipe facilitam o uso de ambas as áreas?
- Compartilhar as ideias deste livro com outras pessoas da minha equipe e iniciar uma conversa estratégica sobre as duas áreas me traria benefícios?

CONTEMPLANDO O FUTURO

Quando estivermos equipados com sólidos hábitos da Área de Aprendizagem, de que modo poderemos promover o melhor desempenho?

PARTE TRÊS

Da transformação individual ao impacto global

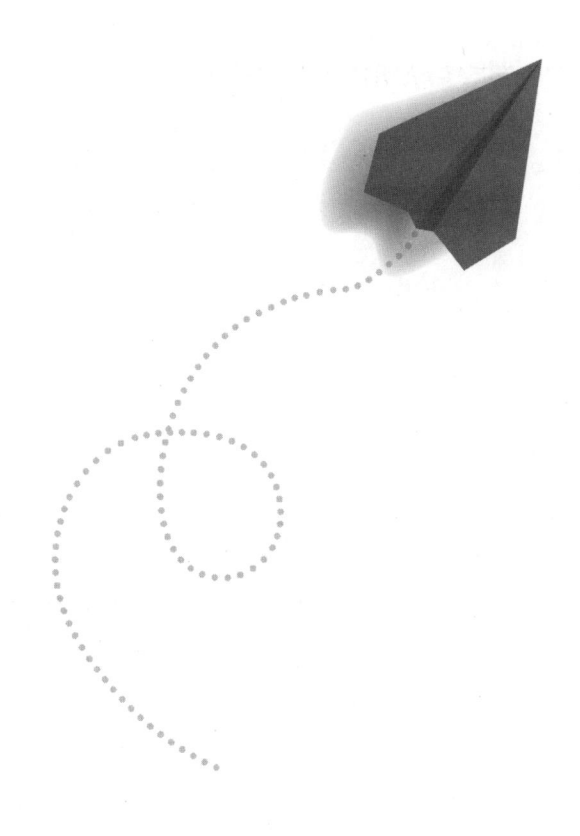

Capítulo 13: O volante de inércia da competência – em movimento e irrefreável

> **IDEIA PRINCIPAL** A Área de Desempenho permite tanto que você contribua quanto que faça coisas. Para ter o melhor desempenho possível, certifique-se de que está trabalhando em busca de suas metas de mais alto nível e colocando as rotinas já testadas no piloto automático, para poder se concentrar no que poderá levá-lo adiante.

Está na hora do show! As luzes do palco estão acesas – e brilham para você!

É hora de executar. Hora de se apresentar. Qual a melhor forma de aplicar o conhecimento e as habilidades que você desenvolveu?

Com o tempo, seu envolvimento regular na Área de Aprendizagem o equipará para responder a essa pergunta. Embora as circunstâncias de cada pessoa sejam únicas, posso indicar algumas estratégias importantes que você deve considerar ao se preparar para a apresentação.

Antes de nos aprofundarmos, vamos voltar a Anjali, a consultora que conhecemos no início do livro. Quando a vimos pela última vez, no capítulo 6, ela e sua gerente, Salma, estavam em desacordo porque tinham ideias diferentes sobre a finalidade dos feedbacks. O feedback bem-intencionado de Salma não funcionava porque, sem querer, ela estava enviando a mensagem de que as habilidades de Anjali se deviam a talentos inatos. Anjali, por sua vez, se irritava com a insinuação de que era incapaz de aprender alguns aspectos de seu trabalho. Ela estava trabalhando o máximo que podia, mas presa a um desempenho crônico, e o feedback de Salma fazia com que se sentisse sobrecarregada e na defensiva. Elas estavam em um impasse. O que aconteceu em seguida?

Felizmente, ambas trabalhavam em uma organização cuja liderança estava comprometida com a integração entre a Área de Aprendizagem e a Área de Desempenho e com a implantação de uma cultura de mindset de crescimento, com a finalidade de promover o desenvolvimento da empresa e a produtividade de todos.[1]

Embora Anjali tenha interpretado o feedback de Salma como uma declaração de inépcia, Salma estava, na verdade, tentando explicar que Anjali não precisava resolver todos os problemas sozinha e que podia pedir ajuda quando necessário. Tendo trabalhado de modo independente durante anos antes de entrar na empresa, Anjali nunca pedia ajuda porque, bem, a quem pediria? Depois que Salma aprendeu a estruturar seu feedback de modo que sua subordinada não se sentisse atacada, Anjali conseguiu entender que o objetivo do feedback era apoiar seu desempenho e seu crescimento. Naquele novo emprego, pedir ajuda não era algo visto como sinal de incompetência, mas como uma forma de obter colaboração. A interdependência era valorizada.

"Durante uma década como consultora independente, eu me acostumei tanto a resolver os problemas sozinha que, quando a ficha caiu, eu pensei: 'Ah, claro, agora faço parte de uma equipe, não preciso fazer tudo sozinha!'", contou-me Anjali.

Quando se tratava de sua carreira, Anjali tinha dificuldades em equilibrar seus esforços; sempre achava que estava se concentrando em uma área em detrimento de outra, ou que precisava escolher entre o que sabia e o que tinha interesse em saber. Trabalhar com um coach a ajudou a estabelecer metas e a entrar em contato com o que mais a estimulava em seu trabalho. A colaboração com os colegas lhe permitiu encontrar modos de dedicar mais tempo ao que amava e desejava desenvolver ainda mais. Ela percebeu que estava paralisada por causa de sua obsessão por produtividade e controle. Então começou a assumir novos e grandes desafios, que, a princípio, pareciam esmagadores. Aprendeu a dividi-los em etapas práticas.

O desempenho de Anjali melhorou tanto que ela foi promovida a um cargo de gerência menos de um ano depois de entrar na empresa. Salma a ajudou a descobrir quais aspectos de seu trabalho ela queria manter na nova função e quais desejava transferir para outras pessoas. Por fim, a solução foi uma função "customizada", em que Anjali ainda fazia parte do trabalho prático com clientes, que ela adorava, mas também desempenhava um papel maior na logística, nas contratações, no suporte à equipe e no planejamento estratégico a longo prazo da empresa.

Ela me disse: "O mais especial foi que eles realmente ouviram quando eu falei sobre as áreas do trabalho em que eu precisava de apoio. Salma e eu trabalhamos juntas na lista de atribuições do cargo e já trouxemos outro funcionário para dar mais orientação e apoio à nossa equipe. É realmente uma situação de 'me belisca para eu acordar'!" Trabalhar em uma organização que promovia uma cultura de aprendizado e aprimoramento contínuos mudou a ideia de Anjali sobre o que o trabalho poderia ser; ela estava na roda de hamster do desempenho crônico havia anos. Agora, ir para o escritório virou um prazer. A colaboração e o trabalho em equipe nos quais ela estava envolvida despertaram sua criatividade e lhe deram um senso de pertencimento.

Hoje, Anjali não só é uma superstar em sua consultoria, como também assumiu a liderança no lançamento de novas tecnologias experimentais de gestão de projetos. Ela também está orientando colegas mais jovens em estratégias para a Área de Aprendizagem que a ajudaram a sair do paradoxo da performance, que a tolheu por tanto tempo. Seu volante de inércia da competência está em movimento e é irrefreável.

Anjali é apenas uma das muitas pessoas com excelente desempenho que conhecemos neste livro. Sabemos que todas se envolvem regularmente na Área de Aprendizagem, mas quais serão seus hábitos na Área de Desempenho? Esse é o assunto deste capítulo. Continue a leitura para saber mais sobre as estratégias e ferramentas que esses profissionais usam para dar o melhor de si.

COMECE COM CLAREZA

Sempre comece pelo fim – ou seja, pelo seu objetivo final. Antes de partir para a execução, certifique-se de que você e sua equipe entenderam com clareza o que estão buscando realizar. Não se deixe levar pelo paradoxo da performance! Cheque se está trabalhando na coisa certa.

Em vez de começar discutindo as tarefas a serem realizadas, identifique as metas mais importantes, garanta que todos da equipe tenham clareza e estejam alinhados com elas e discuta as estratégias para alcançá-las. Dessa forma, todos saberão o que é mais importante e poderão se beneficiar do conhecimento e das perspectivas dos colegas sobre como alcançar o objetivo.

Isso se aplica não só aos líderes como também aos colaboradores individuais. Se sentir que você e seu gestor não estão alinhados em relação aos objetivos e aos cronogramas, explique como os vê e pergunte se fazem sentido. A entrega consistente do que você promete criará confiança entre você e seu líder e poderá lhe propiciar mais autonomia sobre seu trabalho. Mas tudo começa com clareza e alinhamento em relação à meta.

JUNTE ESFORÇOS!

"Deixar de se preparar é se preparar para falhar", escreveu o lendário treinador de basquete John Wooden em seu livro *Wooden: A Lifetime of Observations and Reflections On and Off the Court*.[2]

A preparação implica o envolvimento regular na Área de Aprendizagem para desenvolver proativamente habilidades e hábitos saudáveis, como comer bem e dormir o suficiente para que seu corpo e sua mente tenham o necessário para funcionar da melhor forma possível. O que também significa traçar estratégias para obter um desempenho específico. Isso pode ser tão simples quanto reservar alguns minutos antes de cada reunião on-line para pensar com quem você vai falar, como pretende se apresentar e o que deseja abordar durante a chamada. Muitos atletas visualizam o jogo que vão disputar, o que os ajuda a se preparar mentalmente e a atingir níveis mais altos de desempenho. Os vendedores fazem simulações mentais do que os interessados ou clientes podem dizer ou fazer e como devem responder a eles, e podem pesquisar informações sobre a pessoa e sua empresa.

A preparação é a rampa de acesso para a Área de Desempenho. Ela nos proporciona tempo e recursos cognitivos para formular um plano em vez de tentar resolver tudo na hora. E também nos permite identificar em que habilidade trabalharemos ao aprendermos enquanto fazemos ou o que testaremos – como os especialistas em treinamento da ClearChoice Dental, que identificam antecipadamente em que parte da consulta tentarão algo diferente.

Winston Churchill tinha o hábito de se preparar para seus discursos praticando em frente a um espelho.[3] Mas se as câmeras portáteis estivessem disponíveis em sua época, pode apostar que ele as teria usado. Grave-se em vídeo e observe como você se apresenta. Isso reproduzirá as condições que você enfrentará na hora do show melhor que um espelho. Quando estava me preparando para minha primeira palestra pública – para o TEDx Talk –, eu sabia que tinha tendência a ficar nervoso quando as pessoas me observavam e queria evitar ficar sem ação com tantos olhares sobre mim. Assim, imprimi fotos de uma multidão e pratiquei com elas à minha frente. Usar fotos de pessoas não reproduziu perfeitamente as condições que eu enfrentaria, mas era melhor do que não ter ninguém me encarando. Gravei em vídeo cada tentativa e enviei a gravação a amigos e colegas para receber feedbacks. Depois, fiz ajustes e repeti o processo.

Ensaiar pode nos ajudar a identificar, em um ambiente de baixo risco, o que precisamos melhorar. Às vezes, podemos optar por praticar deliberadamente por algum tempo antes de voltar a ensaiar.

Ao se preparar para uma conversa difícil, você pode esclarecer os pontos principais que deseja abordar, imaginar como o diálogo poderia se complicar e planejar sua reação. Ou pode pedir a um amigo ou colega que faça uma encenação com você, oferecendo cenários, ideias e feedbacks.

Quando se familiarizar melhor com falar em público (ou enfrentar conversas difíceis), você vai precisar de menos preparação, mas cuidado para não ficar enredado no paradoxo da performance. Para alcançar novos patamares, você precisará se envolver constantemente na Área de Aprendizagem e aprender enquanto faz, sempre ajustando suas abordagens para conseguir o que busca.

A preparação não diz respeito a fazer algo difícil antes de um evento, e sim a criar hábitos que permitam ótima execução sem muito esforço.

DEIXE O DESEMPENHO E AS ROTINAS NO PILOTO AUTOMÁTICO

Como a maioria de nossos comportamentos é impulsionada por nossos hábitos e pelo ambiente, e não por decisões racionais, precisamos projetar cuidadosamente nossas rotinas e sistemas operacionais para dar melhor suporte às Áreas de Aprendizagem e de Desempenho. Assim, quando estivermos executando algo, poderemos nos concentrar totalmente na essência do trabalho, sabendo que estabelecemos formas eficazes de trabalhar.

Quando Lizzie Dipp Metzger decidiu vender seguros de vida, ela criou o hábito diário de fazer 21 ligações telefônicas para clientes em potencial. Estabelecer esse hábito economizou o tempo que ela gastaria todos os dias para pensar em um novo plano de ação.

Anjali também desenvolveu novos hábitos em sua nova função. Ela aprendeu que precisa organizar seu tempo conscientemente, pois o novo trabalho de gestão pode ser cansativo. Assim, ela começa cada dia com uma breve conversa com a equipe para discutir tópicos importantes, avaliar os progressos feitos e alinhar as perspectivas sobre projetos e iniciativas, hábito que considera gratificante e energizante.

Muitos profissionais de alto desempenho também têm rituais para entrar no estado mental e emocional desejado. Alguns atletas ouvem suas músicas favoritas, conversam com eles mesmos ou meditam. Antes das apresentações, muitos palestrantes e executivos respiram profundamente, mantêm a postura ereta e tentam aumentar seu nível de energia. Antes de ligações ou reuniões de vendas, muitos profissionais de alto desempenho analisam um documento ou registro padrão com informações importantes sobre o cliente ou cliente em potencial.

Existem também sistemas operacionais e estruturas de equipe que apoiam uma execução habilidosa. Todas as segundas-feiras, Gino Barbaro, Jake Stenziano e seus funcionários seguem a estrutura das Reuniões de Nível 10 – que faz parte do conjunto de ferramentas do software de gerenciamento empresarial SOE (Sistema Operacional Empreendedor, EOS, na sigla em inglês) – para analisar os progressos feitos, planejar a semana e manter a colaboração. Outras empresas usam as metodologias Agile, 4DX (4 Disciplinas de Execução), OKR (Objetivos e Resultados Importantes, na sigla em inglês), Scaling Up (Ampliação – antes conhecido como Hábitos de Rockefeller) ou a metodologia MIND (Números e Drivers Mais Importantes). Você pode criar seus próprios sistemas pessoais ou de equipe para planejar, executar e acompanhar os progressos. Depois, pode usar a Área de Aprendizagem para melhorar a partir daí.

Aproprie-se de estratégias e sistemas que favoreçam um bom desempenho e coloque-os no piloto automático, de modo a liberar seus recursos mentais para se concentrar na criatividade, na personalização, na solução de problemas e na improvisação. Foi o que Traca Savadogo fez na Starbucks: a eliminação do esforço mental necessário para se lembrar dos pedidos dos clientes lhe permitiu se concentrar na conversa com eles.

A automatização deliberada é o que as indústrias da aviação e da saúde têm feito mediante listas de verificação utilizadas nas cabines de comando dos aviões e nas salas de cirurgia antes, durante e depois de procedimentos de alto risco. Como Atul Gawande descreve em seu livro *Checklist: Como fazer as coisas bem-feitas*, as listas de verificação permitem que médicos e pilotos fiquem totalmente concentrados no que estão fazendo, sabendo que seus sistemas operacionais cumprirão as tarefas básicas.[4]

Tome nota quando surgir algum erro e pense em como os sistemas em piloto automático podem ser modificados para evitar erros semelhantes no futuro. Agende também reuniões ou reflexões periódicas para analisar se precisam de melhorias.

Assim como as maiores realizações são geralmente obtidas por equipes, não por indivíduos, os melhores profissionais atuam em parceria com o ambiente que ajudaram a criar e não isolados do mundo que os cerca. Eles não confiam apenas em seu cérebro para garantir que tudo será bem-feito. Criam sistemas para se concentrar no que pode levá-los ao patamar seguinte.

CONCENTRE-SE, CONCENTRE-SE, CONCENTRE-SE

O cérebro humano é capaz de fazer muitas coisas notáveis, mas é péssimo quando se trata de fazer conscientemente duas coisas ao mesmo tempo, seja na Área de Aprendizagem ou na Área de Desempenho. Você talvez acredite que está realizando duas coisas simultaneamente, pois considera seu esforço, mas, na verdade, sua concentração despenca e você fica exausto só de tentar entender o que está acontecendo – é incapaz de pensar de modo crítico sobre o motivo.[5]

Não acredita em mim? Experimente ler algo – pode até ser um livro infantil – enquanto ouve um podcast. Ou tente escrever um e-mail enquanto acompanha um filme. Você notará que perdeu completamente o rumo de uma das duas atividades. Fazer muitas coisas ao mesmo tempo não funciona! Entretanto, a maioria de nós não consegue resistir a verificar o e-mail, as redes sociais ou as notícias enquanto participa de uma reunião ou assiste a um vídeo – e, quando voltamos à realidade, notamos que perdemos a maior parte do que foi dito.

Em seu livro *Trabalho focado*, Cal Newport recomenda criar rotinas que permitam que nos concentremos apenas em uma coisa enquanto trabalhamos em outra mais complexa que exija reflexões profundas. Bloqueie sua agenda, silencie notificações de dispositivos, feche as janelas não relacionadas à tarefa em foco e informe aos colegas e familiares que está realizando um trabalho difícil e não deve ser interrompido, a menos que seja algo urgente.[6]

Mais de uma vez mediei conversas com CEOs que perceberam algo importante: alguns funcionários não se aprofundavam em seu trabalho por pensar que precisavam monitorar constantemente os e-mails e as mensagens enviadas por superiores hierárquicos e respondê-las de imediato. Esses CEOs reconhecem a necessidade de ser mais claros a respeito de procedimentos e de só enviar mensagens quando algo for de fato urgente. Pergunte aos seus funcionários se eles têm tudo de que necessitam para trabalhar com concentração.

Ao motivar as pessoas, foque no valor e no propósito do trabalho em vez de se concentrar em incentivos e punições. Estudos revelaram que não é boa ideia usar pressão financeira ou social para motivar e promover a concentração,[7] sobretudo em trabalhos que envolvam pensamento crítico, pois isso perturba os recursos cognitivos.[8] Em vez disso, compense e trate as pessoas de modo justo e equitativo para que dinheiro e pertencimento não sejam uma preocupação. Como Neel Doshi e Lindsay McGregor recomendam em seu livro *Primed to Perform*, chame atenção para a atividade ou o trabalho em si – como ele pode ser agradável, interessante ou importante, quais problemas precisarão ser resolvidos em seguida e quais estratégias levarão você ao próximo patamar.[9] Às vezes, os líderes precisam filtrar a pressão financeira e emocional que *eles mesmos* sentem e proteger seus liderados para que possam ter o melhor desempenho possível.

Se quiser dar o melhor de si, faça como Shannon Polson quando sua vida estava em jogo no helicóptero Apache sobre a Bósnia: diminua o volume de outros estímulos para poder se concentrar no que é mais importante.

Desenvolver a capacidade de se concentrar profundamente permitirá que você entre na Área de Desempenho quando quiser.

ESTIMULE UM MINDSET DE CRESCIMENTO E REDUZA A ANSIEDADE DO DESEMPENHO

A maioria das pessoas tende a ficar um pouco ansiosa ao fazer alguma coisa importante – o que é normal. Mas o excesso de ansiedade pode afetar negativamente o desempenho, pois reduz os recursos cognitivos disponíveis para o trabalho em questão.[10] E também dificulta a expressão de ideias e emoções positivas, tão úteis para um trabalho eficaz em equipe.

Uma estratégia para regular a ansiedade do desempenho é estimular um mindset de crescimento.

Lembre-se de que, como qualquer pessoa – até medalhistas olímpicos –, você pode aprimorar qualquer desempenho. Isso o acalmará e liberará seus recursos cognitivos para que você se concentre totalmente e tenha o melhor desempenho possível. Assim, qualquer contratempo durante a execução da tarefa terá menos probabilidade de afetá-lo e tirá-lo do jogo.

Usando as técnicas discutidas nos capítulos anteriores, reflita se a cultura da empresa e os hábitos da equipe sugerem que todos podem melhorar. Lembre-se de que os grandes profissionais agem em parceria com seu ambiente.

Na Área de Desempenho, não trabalhamos para melhorar, e sim para executar. No entanto, o fato de saber que *poderemos* melhorar mais tarde – na Área de Aprendizagem – nos ajuda a permanecer nos estados mentais e emocionais que nos levam ao melhor desempenho.

LIDE COM ERROS COMO UM PROFISSIONAL

Todos cometemos erros, mesmo quando tentamos não cometê-los, pois somos humanos, o mundo é complexo e qualquer um pode sempre melhorar. Aprender a reagir aos erros na Área de Desempenho é fundamental para aperfeiçoar nossa performance.

Os profissionais de maior desempenho usam as dificuldades, os erros ou os fracassos como dicas para entrar na Área de Aprendizagem, mas não necessariamente de imediato. Se você estiver em meio a uma tarefa cujas exigências são grandes e o tempo é curto, talvez seja mais inteligente tomar nota do erro – mentalmente ou por escrito – e retomar o trabalho da melhor forma possível. Mais tarde, quando as luzes do palco se apagarem, você poderá refletir sobre o erro e descobrir o que pode fazer diferente no futuro. Talvez seja bom passar algum tempo na Área de Aprendizagem antes da próxima atividade complicada.

Pense em como deseja fazer sua autoanálise. Se errar em uma tomada de decisão, não deixe que isso seja motivo de ansiedade e desânimo; concentre-se em como poderá reagir. Diga a si mesmo algo como: "Vou trabalhar nisso mais tarde" e volte a fazer o melhor que puder no momento.

Dependendo das circunstâncias e de suas metas, talvez você possa usar os erros como oportunidades para ser um aprendiz. Se estiver com uma equipe alinhada com você na promoção de uma cultura de aprendizagem, você pode reconhecer seu erro e verbalizar o que pretende fazer diferente da próxima vez – ou dizer que trabalhará no assunto mais tarde. Isso ajuda a criar um ambiente de segurança psicológica e uma cultura de aprendizado, além de abrir um canal de comunicação por meio do qual você poderá posteriormente solicitar feedbacks.

Se for um momento de alto risco com um cliente ou parceiro externo e você quiser se concentrar apenas em projetar um grande domínio de competência em vez de promover uma cultura de aprendizado, talvez queira ocultar o erro ou se recuperar o mais rápido possível, como um ginasta que se reequilibra rapidamente após um salto desajeitado. Mas minha esperança é que, à medida que todos colaborarmos para cultivar um mundo de aprendizes e promover a transparência, sentiremos menos pressão para camuflar nossos deslizes.

ESTABELEÇA RESPONSABILIZAÇÃO PELA APRENDIZAGEM E PELO DESEMPENHO

Se quisermos ter um excelente desempenho, precisamos estabelecer sistemas de responsabilização para nós mesmos e para nossas equipes. A responsabilização tem a ver com o alinhamento de metas e de cronogramas – tanto de desempenho quanto de aprendizado – e com o estabelecimento de processos para monitorar tudo e solucionar problemas quando necessário. Definimos claramente as funções, as responsabilidades e as expectativas, explicamos como medir progressos e sucessos e definimos análises periódicas para examinar como as coisas estão caminhando. Coordenamos os trabalhos, resolvemos problemas, se necessário, e registramos as lições aprendidas, para promover um desenvolvimento contínuo. Com clareza, compromissos sociais e sistemas que garantam o acompanhamento, nos sentiremos mais motivados a dar o melhor de nós e a perseverar, e estaremos mais bem posicionados para alcançar novos patamares.

Sempre que possível, vale a pena compartilhar essas metas e cronogramas, tornando nossos progressos transparentes para os outros, como Lizzie Dipp Metzger, Gino Barbaro e tantos outros fazem com suas equipes. Os sistemas e as ferramentas mencionados anteriormente – em *Deixe as rotinas e o desempenho em piloto automático* – promovem a responsabilidade social, geralmente por meio de avaliações periódicas da equipe. Procure criar uma estrutura consistente para essas reuniões, que inclua a revisão dos progressos feitos, a comemoração das vitórias, os desafios seguintes, o alinhamento de quem deve trabalhar em conjunto para solucionar problemas e a transparência necessária para as próximas etapas. As avaliações permitem a qualquer pessoa solicitar apoio quando necessário e divulgar as lições aprendidas para que outros as aproveitem.

Embora as equipes se beneficiem da estrutura, qualquer pessoa pode fazer isso, individualmente ou com um parceiro, em um ambiente menos formal. Basta elaborar uma pauta para uma reunião regular com os principais itens a serem discutidos. Isso também pode ser feito de maneira assíncrona, implementando, por exemplo, ferramentas de OKR que tornam as metas e os progressos transparentes para toda a organização.

Ao estabelecer sistemas de responsabilização, certifique-se de que haja ciclos de feedback. Ou seja, a Área de Desempenho deve estar sempre gerando informações sobre o que deu ou não deu certo e o que é possível melhorar. Você poderá usar essas informações para identificar o que deve ser trabalhado na Área de Aprendizagem e no *aprender enquanto faz*, para melhorar o desempenho.

FAÇA AJUSTES EM TEMPO REAL A EXEMPLO DOS VIRTUOSES

Em 1975, enquanto se preparava para realizar um concerto ao vivo em Colônia, na Alemanha, o pianista Keith Jarrett imaginou que tocaria em um dos melhores pianos do mundo. Em vez disso, teve de contar com um instrumento muito diferente: sua criatividade.[11]

Segundo a estação de rádio alemã WDR 3, o teatro em que o pianista ia se apresentar concordara em disponibilizar para ele um piano de cauda para concertos da marca Bösendorfer Imperial – conforme ele havia solicitado. No entanto, como os funcionários do teatro não conseguiram encontrar o piano, trouxeram outro muito diferente do modelo que ele havia solicitado. "As teclas estavam grudando, os pedais não funcionavam e o feltro da cabeça dos martelos estava todo desgastado, o que deixava o som áspero e metálico. Além disso, como não era um piano de cauda, seu som não era alto o suficiente. Era como um piano pela metade", contou o economista e escritor Tim Harford à rádio americana NPR.[12]

Exausto da viagem e diante de um instrumento que simplesmente não funcionava, Jarrett se recusou a tocar e saiu do teatro.

Mas, ao entrar em seu carro, percebeu que alguém o havia seguido até o lado de fora.

Era Vera Brandes, uma jovem promotora de eventos, cujo amor pelo jazz a havia inspirado a contratar Jarrett. Ela tinha 18 anos de idade.[13]

Em pé, sob a chuva, ela implorou a ele para que retornasse e fizesse a apresentação. Era o evento mais importante que Vera já tinha organizado e os ingressos estavam esgotados.

"Acho que, naquele momento, ele percebeu que ela era apenas uma garota e sentiu pena. Mil e quatrocentas pessoas estavam ali e não haveria show. Então, Jarrett disse: 'Nunca se esqueça. Só por você.' E concordou em tocar", contou Harford.

Enfrentando desafios e restrições maiores do que jamais havia encontrado em sua carreira, Jarrett não teve escolha a não ser improvisar. Quando ele começou a tocar, a casa ficou completamente silenciosa enquanto as pessoas o ouviam com admiração.

A gravação dessa apresentação ao vivo se tornou o álbum solo de jazz mais vendido de todos os tempos.

Virtuoses de qualquer arte podem fazer sua performance e, ao mesmo tempo, usar a criatividade, promover ajustes e improvisar, tal como Keith Jarrett: um instrumento abaixo da média o inspirou a atingir novos patamares em sua habilidade. Como o produtor de discos Manfred Eicher disse ao *The Wall Street Journal* ao descrever aquela noite: "Porque Jarrett não gostou do som do piano, mas sentiu-se na obrigação de tocar, ele encontrou novas formas de tirar o máximo proveito do instrumento."[14]

O que permite a profissionais de alto rendimento improvisar durante uma performance? E o que podemos aprender com isso? Os grandes talentos têm a seu favor o domínio que desenvolveram ao longo do tempo na Área de Aprendizagem. Graças a isso, dispõem de um conjunto diversificado e diferenciado de habilidades para aplicar em várias situações. Sua maestria libera sua cognição para improvisar. Esses talentos também podem se ajustar graças à sua disposição de mudar o que não está funcionando e tentar algo diferente, seja em uma palestra ou em um jogo, por exemplo.

Mesmo que você não esteja enfrentando uma equipe adversária ou uma plateia ansiosa, talvez tenha que fazer ajustes, em tempo real, para melhorar sua eficiência.

Nas artes, nos esportes ou nos negócios, o caminho para o brilhantismo precisa da Área de Aprendizado, da Área de Desempenho e do aprender enquanto faz. Também requer disposição para ir além do conhecido, adequar-se ao que o momento exige e improvisação. Quanto mais experiência desenvolvermos, mais bem preparados estaremos para avaliar quando é o momento certo para um salto no escuro e nos envolvermos em *aprender enquanto fazemos*, mesmo que já estejamos realizando um trabalho magistral.

Ao expandir sua experiência, não se esqueça de curtir o processo. Divirta-se e dê asas à criatividade. Estimule sua capacidade de se superar com a confiança de quem cultivou intuições cada vez mais aguçadas sobre o que pode funcionar. E inclua um pouco de improvisação para gerar admiração e prazer.

LEMBRE-SE DE APRENDER ENQUANTO ESTIVER FAZENDO E REVEJA O QUE FOR MAIS IMPORTANTE

Ao se concentrar na execução, não ceda ao paradoxo da performance!

Lembre-se de que, a menos que sua Área de Desempenho envolva riscos muito altos – como a de um acrobata do Cirque du Soleil –, a maior parte do tempo nessa área deve ser gasto *aprendendo enquanto faz*. Tente uma forma diferente de realizar sua tarefa, observe como funciona, solicite feedbacks e identifique o que precisa ser ajustado. Faça da integração e da alternância entre as duas áreas o seu modo de viver e o ar que você respira.

Por fim, tome cuidado para não se concentrar tanto no que está fazendo a ponto de perder de vista o motivo pelo qual está fazendo – o que seria falta de visão. Periodicamente, reflita sobre suas metas de alto nível e analise se deve mudar de estratégia para se manter na vanguarda do aprendizado e alcançar o que é de fato importante.[15]

PERGUNTAS PARA REFLEXÃO

- Como a melhora do meu desempenho pode beneficiar a mim e aos outros?
- Quais estratégias da Zona de Desempenho podem ser mais úteis e como vou trabalhar com elas?
- Posso implementar um sistema que ajude a mim e a minha equipe a atingir um novo patamar?

CONTEMPLANDO O FUTURO

Como a superação do paradoxo da performance pode mudar minha vida e a vida de outras pessoas?

Capítulo 14: Supere o paradoxo, mude vidas

> **IDEIA PRINCIPAL** Quando superamos o paradoxo da performance e rompemos com o desempenho crônico, mudamos tanto nossa trajetória quanto nosso destino. Ao abraçarmos as duas áreas, mudamos vidas, a começar pela nossa.

Quando Mariana Costa Checa e seus sócios decidiram abrir uma empresa de desenvolvimento web em Lima, no Peru, eles depararam com a tarefa de recrutar uma equipe de desenvolvedores de software. Encontrar talentos da tecnologia já era um desafio por si só, mas Mariana queria uma equipe com um número significativo de mulheres. Logo descobriu que encontrar desenvolvedoras de software no Peru era quase impossível.[1]

Muitos empresários teriam jogado a toalha, cedido ao paradoxo da performance e simplesmente contratado homens – como era de praxe. Mas Mariana e seus sócios ficaram curiosos.

A maioria dos desenvolvedores que eles encontraram não tinha formação em ciência da computação no ensino superior tradicional. Ou estudavam outra coisa em alguma faculdade ou eram autodidatas. Mariana logo entendeu que, no design e desenvolvimento de softwares, o talento é mais importante que o diploma, até porque as estruturas tecnológicas mudam com muita frequência.

"O ativo mais valioso é uma mentalidade de aprendizado contínuo – a capacidade de conduzir seu próprio aprendizado", afirmou ela.

Por décadas, o setor de tecnologia lutou para encontrar desenvolvedores de software em número suficiente, mas permaneceu preso a um desempenho crônico, sem sair do lugar, contratando da maneira que sempre contratou, ou seja, a partir dos candidatos disponíveis.

Mariana e seus sócios viram uma oportunidade e sentiram um chamado. Descartaram a ideia da empresa e fundaram uma ONG para qualificar mulheres em carreiras profissionais na área de tecnologia – sobretudo aquelas em situação de vulnerabilidade social e sem acesso ao ensino superior. Sua ideia geraria empregos bem remunerados para essas mulheres e expandiria o conjunto de talentos disponíveis para o setor de tecnologia.

Eles decidiram chamar a ONG de Laboratoria. Então, usando o design thinking, a equipe criou um sistema de recrutamento para mulheres que tivessem vontade, disposição, prontidão e comprometimento para encarar um processo de aprendizado imersivo de seis meses destinado a torná-las desenvolvedoras *front-end* ou designers de experiência do usuário.

Usando novamente o design thinking, a Laboratoria estudou como deveria ser o treinamento. Seria possível preparar aquelas mulheres de modo rápido e econômico?

Para isso, desenvolveu uma aprendizagem baseada em projetos. Ou seja, desde o primeiro dia, enquanto são orientadas por instrutores, as alunas recebem problemas tecnológicos baseados no mundo real. E têm cerca de um mês para projetar softwares capazes de resolvê-los.

Elas sempre trabalham em grupos – mesmo que o projeto seja individual –, a fim de receber feedback e apoio das colegas. A Laboratoria considera importante que o campo de treinamento se assemelhe a um local de trabalho real para que as participantes sintam como é uma equipe de verdade. O feedback de usuários, colegas e instrutores espelha o de um local de trabalho. Como resultado, as mulheres precisam estar sempre, e simultaneamente, na Área de Aprendizagem e na Área de Desempenho. *Aprendem enquanto fazem.*

"Projeto após projeto, o curso exige muito, pois é bastante diferente de um ambiente educacional tradicional em que os alunos esperam assistir a uma aula. Aqui é mais como um desafio. Você tem a internet, seus colegas e seus treinadores, mas queremos ver se você está realmente tentando tirar o melhor proveito", diz Mariana.

O curso treina os alunos a serem seus próprios professores e a aprenderem por meio de pesquisas, experimentação e colaboração – habilidades que os ajudarão a se tornar aprendizes pelo restante de suas carreiras.

O padrão para a equipe da Laboratoria é a melhoria contínua. Para seguir aprimorando o processo, seus integrantes aprendem as lições que cada grupo traz, fazendo ajustes nos processos de recrutamento, integração e treinamento, além de buscarem novas formas de alcançar mulheres nas áreas rurais. Eles desenvolvem insights sobre os tipos de projetos que mais funcionam em diferentes estágios da experiência de seis meses e sobre como melhor conectar as alunas atuais com as ex-alunas.

Depois que foi forçada a transferir as aulas para o modo on-line, durante a pandemia, a Laboratoria descobriu que treinamentos virtuais permitiam que a organização recrutasse mais mulheres de vilarejos remotos, que não dispusessem de recursos para se deslocar até a cidade. Assim, a ONG decidiu continuar a operar o programa virtualmente mesmo após o fim da pandemia.

Os resultados têm sido impressionantes. As mulheres participantes aumentam drasticamente sua renda. Embora a maioria estivesse desempregada antes de iniciar o programa, mesmo as que têm emprego quase triplicam seus salários.

"Se você conversar com qualquer uma de nossas ex-alunas, verá que elas ficaram muito felizes por terem um emprego que mudou suas vidas, mas, na verdade, acho que o mais importante foi a mudança no modo como veem a si mesmas, o aprendizado e a vida. Há um grande sentimento de autonomia, tipo: 'Eu posso construir o futuro que quero para mim. Se eu não tiver as habilidades necessárias, vou correr atrás para atingir meus objetivos' – e isso é muito poderoso", disse Mariana.

Muitas empresas que contratam as mulheres formadas pela ONG ficam tão impressionadas com essas profissionais – sobretudo com a colaboração mútua e a experimentação – e com o método de ensino da organização que pediram à Laboratoria para ajudá-las a infundir em suas empresas uma cultura de aprendizagem. A Laboratoria também auxilia as empresas a encontrar talentos e promove workshops para os funcionários.

Além de transformar a vida das mulheres que participam, o programa melhora drasticamente a trajetória de suas famílias e comunidades, e fortalece as empresas às quais elas se juntam. Uma avaliação do impacto da Laboratoria preparada por sua própria equipe mostra que o fato de suas ex-alunas serem exemplos em suas comunidades abre os olhos de muitas outras mulheres para a possibilidade de construir uma carreira profissional.[2]

Presente em países como Brasil, Chile, Colômbia, México e Peru, a Laboratoria treinou milhares de mulheres e alocou 85% delas em empregos de tecnologia na América Latina e em outros lugares.

Tudo isso foi possível porque seus fundadores ficaram curiosos, romperam com o paradoxo da performance e combinaram as áreas de Aprendizagem e Desempenho.

MUDANDO VIDAS E COMUNIDADES

O fato de que as empresas do setor de tecnologia, embora dedicadas à inovação, tenham se prendido a um desempenho crônico quando confrontadas com um desafio significativo pode parecer irônico. Enquanto sofriam para encontrar um número suficiente de desenvolvedores de software, em vez de investir nos próprios funcionários, elas continuaram a usar repetidamente a mesma abordagem. Na verdade, o paradoxo da performance enganou toda a nossa sociedade e a levou ao desempenho crônico. Esse é o padrão que permeia nossos lares, nossas equipes, organizações e comunidades.

A boa notícia é que podemos sair dessa situação.

Nos capítulos anteriores, conhecemos pessoas que usaram tanto a Área de Aprendizagem quanto a de Desempenho para transformar suas vidas. Como resultado, também impactaram suas comunidades e além.

Quando Gino Barbaro e Jake Stenziano se juntaram para criar uma empresa de investimentos imobiliários, ambos se engajaram na Área de Aprendizagem e se tornaram muito bem-sucedidos. Mas eles não pararam por aí. Criaram uma empresa, chamada Jake & Gino, que se dedica exclusivamente a oferecer oportunidades de aprendizagem a indivíduos que queiram investir em imóveis multifamiliares.

Linda Rabbitt usou a Área de Aprendizagem para se transformar. Primeiramente, de professora em dona de casa e mãe. Depois, quando foi forçada a entrar no mercado de trabalho como mãe solteira, tornou-se assistente administrativa e, por fim, fundadora de uma das mais bem-sucedidas construtoras pertencentes a mulheres nos Estados Unidos. Mas ela queria fazer mais. Portanto, há 25 anos, vem se reunindo regularmente com mulheres de seu setor que se apoiam mutuamente, ampliam sua influência e se tornam poderosas forças do bem.

Alex Stephany decidiu fazer algo a respeito do problema de falta de moradia em Londres após perceber que oferecer comida de vez em quando a seu novo amigo não estava adiantando muito. O trabalho de Alex na Área de Aprendizagem o levou a fundar a Beam, plataforma de *crowdsourcing* que proporcionou empregos a mais de 1.400 pessoas, posicionando-as no caminho para a estabilidade.

Angelou Ezeilo usou a Área de Aprendizagem para deixar seu emprego como advogada e criar uma ONG que muda a maneira como jovens negros interagem com o meio ambiente. Ao longo do caminho, criou um canal para direcionar centenas de jovens para carreiras ambientais, trazendo ao setor uma diversidade desesperadamente necessária e gerando uma nova fonte de trabalhadores.

Enquanto entregavam ao público um aplicativo que ajuda pessoas a pagar contas rapidamente, Patrick Kann e seus sócios foram além do conhecido para encontrar formas de aumentar o percentual de grupos sub-representados em sua empresa, a Papaya. Após iniciar suas atividades com meia dúzia de homens brancos, a empresa tem hoje uma força de trabalho 60% oriunda de minorias. O sucesso da empresa exemplifica – para outras empresas – o valor da diversidade.

A Área de Aprendizagem, por si só, não ensejou todas essas mudanças; sem a Área de Desempenho, não haveria resultados. O que gera mudanças e resultados é o uso intencional de ambas as áreas.

Isso valeu para a Embrace e para as centenas de milhares de bebês que a empresa protegeu. Valeu para a d.light, que tanto melhorou a qualidade de vida de mais de 100 milhões de pessoas. Que funciona para a Willy Foote e a Root Capital. E que funciona para Lizzie Dipp Metzger, para a Microsoft, para a Skratch Labs, para a Versatile, para o setor aéreo e para muitas outras pessoas e empresas.

E que pode funcionar para qualquer um de nós. Aproveitar o poder das duas áreas permitiu que eu deixasse de me sentir cronicamente estressado e insatisfeito para me sentir profundamente vivo e ser um bom administrador da minha vida. Minha crise de saúde desencadeou uma jornada de aprendizagem que me fez perceber que eu via meu trabalho apenas como uma forma de receber um salário. Mas eu tinha muito mais a ganhar com ele. Ao explorar outras rotas, acabei desenvolvendo um caminho no qual posso continuar a crescer e contribuir para o crescimento de outras pessoas. As duas áreas também me permitiram saber o que estava acontecendo com meu corpo e mudar drasticamente meu estilo de vida para melhorar minha saúde e meu bem-estar.

Mas, sem a Área de Desempenho, eu não teria feito nenhuma diferença e ainda estaria insatisfeito. A combinação de ambas as áreas enriqueceu minha vida e permitiu que eu contribuísse para o enriquecimento das vidas de outras pessoas. É assim que essas áreas podem mudar nossas vidas, independentemente de onde estivermos começando.

Tal como Gino Barbaro, descobri a necessidade de estar na Área de Aprendizagem e na de Desempenho em decorrência de uma crise, mas não precisamos esperar até que as coisas desandem. Quando nos envolvemos proativamente em ambas as áreas, nos preparamos para crescer e alcançar grandes resultados. E, quando embarcarmos nessa jornada bastante nova, começamos a ver benefícios imediatos.

A JORNADA AO LONGO DO CAMINHO

Romper com o desempenho crônico multiplica nossa competência,[3] melhora nossos empregos, aumenta nossa influência e nos torna mais felizes. Além disso, como revelam as pesquisas, o envolvimento com o aprendizado traz seus próprios benefícios. Vivenciamos uma sensação de admiração e de assombro com nossas explorações e descobertas; uma diminuição da ansiedade, por sabermos que podemos superar desafios;[4] uma satisfação pessoal com o crescimento de nossas qualificações e contribuições; e um maior bem-estar e felicidade[5] à medida que aprendemos a superar os contratempos e a aprofundar os relacionamentos.[6]

Não se trata apenas do destino, mas também da jornada.

Mesmo quando não é para um propósito prático e imediato, o processo de exploração e descoberta pode ser uma parte enriquecedora da vida. No conforto de nossas casas, podemos esquadrinhar as profundezas dos oceanos, o planeta Marte, a Florença renascentista, as civilizações antigas, representações fictícias de realidades possíveis, nossas próprias entranhas, o modo como nosso cérebro funciona, a grandiosidade da natureza ou qualquer outra coisa que nos desperte curiosidade. Nesse processo, sentimos mais curiosidade, mais admiração, maior compreensão.

Espanto e admiração não são os únicos benefícios. No processo de descoberta, melhoramos nossa saúde e nosso bem-estar.

Estudos descobriram que, quando adotamos uma orientação de aprendizado, temos níveis mais baixos de estresse, ansiedade e depressão, pois enxergamos nossas dificuldades atuais como temporárias.[7] Equipados com a Área de Aprendizagem, sentimos mais controle sobre nossas vidas porque ela nos permite perguntar: "O que posso fazer para consertar ou melhorar isso?"

Muitos estudos mostram que a adoção de uma orientação de aprendizado leva as pessoas a ser mais persistentes e resilientes. Isso ocorre porque elas entendem que, por meio da Área de Aprendizagem, poderão se adaptar, superar obstáculos e atingir seus objetivos.[8]

A Área de Aprendizagem também nos leva a uma resolução de conflitos mais construtiva.[9] Céline Darnon e seus colegas descobriram que as pessoas mais interessadas em aprender do que em superar os outros tendem a resolver conflitos procurando formas de integrar dois pontos de vista, em vez de apenas provar que o seu próprio ponto de vista está certo.[10]

Estudos realizados por David Yeager apontaram que pessoas que sofrem exclusão, bullying ou outras formas de agressão acreditam que ofensores podem mudar. E isso as ajuda a reagir menos por meio de retaliação e mais por meio do compartilhamento de feedbacks construtivos, obtendo, assim, melhores relacionamentos e mais satisfação com a vida.[11]

Um estudo feito por Karina Schumann, Jamil Zaki e Carol Dweck revelou que no momento em que as pessoas veem a empatia como uma qualidade que pode ser desenvolvida, e não como uma característica inata, tendem a se comportar de modo mais empático em situações desafiadoras.[12] Ou seja, quando os outros pensam ou se comportam de modo diferente do nosso, conseguimos nos colocar no lugar deles se acreditarmos que a empatia pode ser cultivada.

A Área de Aprendizagem nos permite atingir nossas metas com sucesso, alcançar um desempenho superior, obter boa saúde e melhores relacionamentos, e também nos leva a feitos antes inimagináveis.

Vivemos em um paraíso para quem aprende e em um pântano para quem não aprende. Sem a aprendizagem – a habilidade essencial do século XXI –, você ficará para trás. Abrace o aprendizado e o mundo será seu playground, um terreno fértil para prosperar e contribuir.

ENFRENTANDO OS MAIORES DESAFIOS DO MUNDO

Esther Duflo e seu marido, Abhijit Banerjee, cresceram em mundos diferentes – Duflo em Paris, na França, e Banerjee em Calcutá, na Índia –, mas ambos desenvolveram o mesmo interesse: combater a pobreza.

Segundo a *Vogue India*, os pais de Banerjee eram professores de economia.[13] Quando ele era criança e jogava futebol com crianças das favelas de Calcutá, sua mãe costumava fazer comentários sobre a dinâmica que levava àquela pobreza. Isso despertou sua curiosidade.

O pai de Duflo era professor de matemática, mas foi sua mãe, uma pediatra, que despertou nela o interesse em ajudar os outros: após viajar para países como El Salvador, Haiti e Ruanda, ela retornava a Paris com histórias do que vira. Percebendo a sorte que tinha, Duflo começou a se interessar em fazer algo pelos mais pobres.

Algumas décadas depois, Banerjee e Duflo se tornaram acadêmicos interessados em economia do desenvolvimento, mas frustrados com uma área ainda muito teórica. Desejavam fazer mudanças reais.

"Não queríamos apenas fazer nossas próprias coisas e descobrir alguma verdade particular. Queríamos instituir mudanças no modo como a economia do desenvolvimento é estudada. Essa era a nossa ambição", disse Banerjee à *Vogue India*.

Antes, eles tinham de descobrir como.

Duflo contou em sua palestra no TED Talk 2010 que a dupla percebeu que ensaios controlados randomizados – uma poderosa ferramenta na ciência e na medicina – não estavam sendo usados na economia do desenvolvimento.[14] Mas e se a inovação social pudesse passar pelo mesmo processo de teste que os cientistas usam para avaliar a eficiência?

"Dessa forma, é possível eliminar as suposições da formulação de políticas", diz Duflo.

Eles começaram, então, a realizar testes controlados e randomizados – não em laboratórios, mas nos ambientes cotidianos das pessoas – para entender quais políticas causariam impactos substanciais nas comunidades de baixa renda.

Em seu trabalho inicial, com seu colega Michael Kremer, Duflo e Banerjee investigaram quais intervenções melhorariam os resultados educacionais com o menor custo.[15] Mais livros didáticos (que muitas vezes não existiam)? Refeições escolares gratuitas (já que muitas crianças tinham fome)? Professores auxiliares (já que muitas crianças estavam muito atrasadas)? Com o intuito de detectar falhas, eles fizeram parcerias com organizações locais no Quênia e na Índia e realizaram experiências de campo.

Para começar, a equipe dividiu aleatoriamente as escolas que receberam diversos tipos de apoio suplementar em momentos distintos.

Eles fizeram, basicamente, a mesma coisa que Simon Tisminezky – que conhecemos no capítulo 3 deste livro – fez para desenvolver a Ipsy: experimentar, testar e repetir. Só que Duflo, Banerjee e Kremer usaram o método para descobrir o que reduziria a pobreza e melhoraria a qualidade de vida de populações inteiras.

Os estudos revelaram que livros didáticos e refeições escolares gratuitas não tiveram impacto sobre os resultados da aprendizagem (exceto, possivelmente, alguns ganhos para os alunos com melhor desempenho quando as crianças receberam os livros didáticos). Por outro lado, professores auxiliares para crianças mais atrasadas fizeram uma grande diferença.

Em seguida, eles expandiram seus experimentos para outros países e outros assuntos, como nutrição, acesso a crédito, escolhas do consumidor, taxas de fertilidade e utilidade de novas tecnologias.

Mais importante ainda, ajudaram o campo da economia do desenvolvimento a sair de um padrão de desempenho crônico nas pesquisas. Hoje, estudos controlados e randomizados se consolidaram como método adicional para avaliar políticas, o que gerou um impacto real.

Desde 1995, em parte por causa da repercussão que o trabalho deles teve na economia do desenvolvimento, o PIB per capita dos países mais pobres do mundo dobrou.[16] A mortalidade infantil caiu pela metade e a proporção de crianças que frequentam a escola aumentou de 56% para 80%.

Por seu trabalho, Esther Duflo, Abhijit Banerjee e Michael Kremer receberam o Prêmio Nobel de Ciências Econômicas de 2019. Duflo foi a segunda e mais jovem mulher a receber o prêmio. Ela e Banerjee foram o sexto casal a ganhar um Prêmio Nobel e, assim, entrar para o clube dos "Parceiros na Vida e na Ciência", cujos primeiros membros foram Pierre e Marie Curie.

Apesar do impacto positivo desse trabalho em muitas populações, ainda existem grandes desafios, e novos desafios continuam a surgir. Para superá-los, precisamos acabar com o paradoxo da performance e permanecer na vanguarda do aprendizado.

Se simplesmente fizermos o que funciona melhor na nossa opinião, sem submetê-la a novos pensamentos, testes e experimentos, permaneceremos estagnados. Seja na educação, no governo em seu sentido mais amplo ou nas políticas e estruturas que usamos em nossas organizações, é tentador formar opiniões fortes sobre o que é mais indicado para cada caso e simplesmente seguir em frente sem uma análise mais aprofundada.

Quando há diferenças de opinião sobre o que funcionará melhor, muitas vezes deixamos a escolha a cargo do poder.

Como sociedade, estamos, em grande parte, presos a um desempenho crônico.

Ao longo deste livro, exploramos diversas formas pelas quais indivíduos, equipes e organizações usaram a Área de Aprendizagem para promover mudanças e crescimento. Como Tomoe Musa, quando reuniu neurocirurgiões e ortopedistas a fim de aprimorar os cuidados com a medula espinhal e obter excelentes resultados para a saúde dos pacientes.

Traca Savadogo percebeu que os pedidos não estavam sendo atendidos de modo correto e eficiente na Starbucks e teve a ideia de escrever os pedidos nas laterais dos copos, o que levou as lojas da cafeteria a se tornar lugares mais tranquilos e focados nas interações com os clientes.

Quando Keith Jarrett entrou na Área de Aprendizagem e descobriu como usar um piano de qualidade inferior para tocar no teatro Ópera de Colônia, ele brindou seus 1.400 espectadores – e muitos outros que desde aquele momento têm ouvido a gravação – com um prazer inesquecível.

Willy Foote e a Root Capital encontraram formas de oferecer aos agricultores – sobretudo às mulheres – de todo o mundo um caminho para a prosperidade, oferecendo-lhes o capital, o treinamento e o acesso aos mercados de que precisavam para criar meios de subsistência lucrativos.

Qualquer um de nós pode realizar mudanças a partir de onde estivermos se conseguirmos entender o paradoxo da performance e soubermos como superá-lo.

CRUZANDO DIVISAS PRÓXIMAS E DISTANTES

Consideremos mais profundamente o problema da crescente polarização da sociedade. Será que tentamos entender melhor as pessoas que pensam de modo diferente de nós? Estamos lendo ou ouvindo intelectuais respeitados, que representam outras ideologias, para entender seus fundamentos? Interagimos com pessoas de outros partidos políticos – fazendo perguntas e participando de conversas voltadas para a aprendizagem – no sentido de entender o que elas pensam e quais experiências de vida as levaram a pensar como pensam?

Não estou pedindo que você faça nada que o deixe desconfortável, mas todos podemos nos tornar mais curiosos e expandir nossa compreensão. Isso pode ser tão simples quanto ouvir entrevistas em podcasts de pessoas com pontos de vista diferentes.

Podemos fazer isso onde quer que estejamos.

Como muitos de nós ao votar, Tiy Goddard, uma colega minha de MBA que trabalha no ensino superior em Illinois, sabia muito pouco sobre os candidatos e os referendos que estava prestes a sancionar. À medida que se aproximava da urna, ela enviava frenéticas mensagens de texto a seus amigos para saber a opinião deles sobre o pleito.[17] Certo dia, Tiy e alguns amigos perceberam que podiam mudar esse cenário. Começaram, então, a se reunir alguns dias ou semanas antes para conversar sobre as posições dos candidatos, procurar informações, descobrir quais dúvidas ainda tinham e enviar perguntas a pessoas que pudessem compartilhar perspectivas úteis. Isso transformou, para cada um deles, a experiência de votar. Em vez de aceitar o que o partido de sua preferência ou os membros de sua família estavam lhes dizendo para fazer, eles se outorgaram o poder de decidir por si mesmos. Esse é um pequeno exemplo de como o envolvimento na Área de Aprendizagem pode nos ajudar a fazer nossa parte para fortalecer nossas democracias.

Para lidar com a polarização, os professores de Stanford James Fishkin e Larry Diamond desenvolveram um método de democracia deliberativa chamado America in One Room (Estados Unidos em uma sala), que se concentra na Área de Aprendizagem.[18] O método consiste em reunir grupos aleatórios de diversas origens raciais, étnicas e políticas e fazê-los deliberar sobre as principais questões que atualmente dividem o país: economia, impostos, imigração, saúde, política externa, mudanças climáticas e outras. Cada participante recebe documentos informativos sem orientação política, apresentando os prós e os contras de cada questão. Em seguida, o grupo se reúne para deliberar, pessoalmente ou on-line, sempre obedecendo a uma regra: os membros devem respeitar uns aos outros e deixar que cada um fale.

"Descobrimos que, tanto nas deliberações presenciais quanto nas remotas, as pessoas realmente gostam disso... E não só reduzem suas diferenças nas questões políticas como também transcendem parte da aversão emocional que sentem por apoiadores do outro partido. É algo que reduz a militância partidária e revela pontos em comum nas questões", disse Diamond.[19]

Fishkin e Diamond criaram o Deliberative Democracy Lab (Laboratório de Democracia Deliberativa) com o objetivo de continuar suas pesquisas e encontrar modos de ampliar o método, para que milhões de pessoas possam participar dos grupos e contribuir para a redução das polarizações.

Quando aprendemos a amar o aprendizado e o crescimento proativos, e a internalizá-los como parte de quem somos, começamos a fazer mais perguntas, a ouvir com mais atenção, a ter mais empatia e a entender de onde vêm as pessoas que pensam de modo diferente. Quando fazemos isso, descobrimos que temos muito em comum, mas buscamos esses pontos com base em crenças, hábitos e comunidades diferentes.

Quase todas as pessoas, por exemplo, desejam ter influência, pertencimento, credibilidade e assistência, mas buscam esses objetivos de maneiras diferentes. Muitos indivíduos da esquerda política acham que a assistência deve ser desenvolvida por meio do desenvolvimento de amplas estruturas sociais, que proporcionem uma rede de segurança para todos. E muitas pessoas da direita política, por sua vez, perseguem o mesmo objetivo formando relacionamentos sólidos – baseados na compreensão, confiança e apoio mútuo – com as pessoas fisicamente mais próximas. Preferem que as comunidades se tornem menos dependentes de pessoas e centros políticos distantes, ou mesmo de outros países, que talvez não as compreendam ou não as atendam. Se você estiver dirigindo durante uma tempestade de neve na zona rural do Alasca e seu carro enguiçar, é melhor você ter lenha no veículo e torcer para que alguém passe por ali, pois talvez não consiga ligar para a polícia rodoviária.

Ambas as partes têm uma teoria de como as redes de assistência e segurança devem ser estabelecidas: uma delas defende a autoconfiança e/ou relacionamentos próximos, a outra prefere estruturas orientadas pelo governo.

Como Jonathan Haidt descreve em seu livro *A mente moralista*, a maioria das pessoas de ambos os lados do espectro político é movida pelos mesmos fundamentos morais da emoção e do comportamento humanos – assistência, justiça, lealdade, autoridade, integridade e liberdade –, mas prioriza e busca esses fundamentos de modos diferentes.[20]

Neste momento, caso você esteja sentindo vontade de discutir ou de tomar partido, eu o convido a fazer uma pausa. Como você aplicaria alguns princípios do design thinking e da Área de Aprendizagem? Como assumiria a mente de um iniciante, adiaria julgamentos e se concentraria em observar, fazer perguntas gerais e tentar obter insights para ter empatia com os outros? Você se tornará mais consciente – algo que todos nós podemos fazer.

Quando entendemos mais profundamente nossa humanidade compartilhada, nós nos conectamos, nos comunicamos e colaboramos de maneira mais eficaz. A Área de Aprendizagem também nos ajuda a entender melhor os sistemas dos quais fazemos parte – nossas equipes, organizações, comunidades ou o mundo em geral –, nos proporcionando mais sabedoria para buscar um propósito digno e maneiras eficazes de buscá-lo.

CAMINHOS PARA O PROPÓSITO

Pensar sobre os desafios do mundo pode parecer esmagador, em parte porque a humanidade foi enganada pelo paradoxo da performance e está, no geral, presa ao desempenho crônico. Mas, quando aprendemos a nos libertar, nos sentimos otimistas, criativos e capazes de contribuir com mudanças.

Se nos permitirmos pensar que somos um entre bilhões de indivíduos – uma gota no oceano –, podemos nos sentir desamparados e desprovidos do poder de ação. Em vez disso, devemos nos concentrar nas coisas que podemos influenciar e no progresso que podemos fazer. Todos temos livre--arbítrio sobre nós mesmos, nossas ações, nossas escolhas e sobre a forma como vivemos. Qualquer um de nós pode nadar paralelamente à costa para encontrar e desenvolver correntes que nos levem a novos destinos.

Todos nós contribuímos para os desafios do mundo, portanto, todos podemos fazer parte das soluções. E todos podemos exercer influência sobre nossos entes queridos, nossos colegas e outras pessoas com quem interagimos, ao mesmo tempo que aprendemos simultaneamente com eles.

Se ainda não encontramos modos eficazes de fazer isso, podemos nos engajar na Área de Aprendizagem para melhorar. Quanto mais fortalecermos nossas hélices de crescimento, mais eficazes seremos para melhorar a nós mesmos e ajudar outras pessoas a crescer. Qualquer um de nós pode aprender a influenciar nossas organizações e comunidades, pois, no final das contas, quem faz isso são pessoas como nós.

Quando envelhecemos e nos aproximamos do fim de nossas vidas, queremos olhar para trás e sentir orgulho do que criamos, da pessoa que nos tornamos e das contribuições que fizemos. Para garantir que isso aconteça, vale a pena fazer uma pausa e refletir sobre nossa identidade e propósito. Quem sou eu? Quem eu quero me tornar? O que mais me preocupa? Que propósito desejo buscar?

E como posso aumentar minha eficiência para sentir que estou gastando bem meu precioso tempo na Terra?

PERGUNTAS PARA REFLEXÃO

- Como o abandono do desempenho crônico pode melhorar minha vida e a vida dos outros?
- Estou buscando regularmente perspectivas e conhecimentos para expandir minha sabedoria e minha compreensão dos outros?
- Quando sou exposto a uma perspectiva diferente, fico imaginando que verdade pode haver nela?
- As pessoas da minha equipe ou organização podem se beneficiar da leitura deste livro para melhorar nosso entendimento e nossas práticas compartilhadas? E minha família e amigos?

CONTEMPLANDO O FUTURO

Quais insights eu tive?
O que farei, e quando?
Quem vou me tornar?

Palavra final: Nunca termina

Como Walter Isaacson descreve na biografia que publicou, Leonardo da Vinci foi uma das pessoas mais curiosas que já existiu. Ele adorava aprender, e foi assim que se tornou um polímata autodidata.[1]

Como não recebeu quase nenhuma educação, nunca se prendeu a um desempenho crônico.

Ele também era conhecido por não terminar o que começava, para grande frustração de seus clientes, pois adorava explorar, refletir e modificar.

Por pelo menos 14 anos ele trabalhou na *Mona Lisa*, que ainda estava em seu estúdio quando ele morreu. Para Da Vinci, sua obra-prima ainda está incompleta. Na verdade, todas as suas obras estão.

Ele acreditava que "uma obra de arte nunca está acabada, apenas abandonada".[2]

Eu concordo. E acho que isso se aplica a pinturas, poemas, peças de teatro e muitas outras obras, inclusive livros.

Eu poderia ter continuado a trabalhar neste livro pelo resto da minha vida. Isso me agradaria. Porém, em algum momento, escritores precisam publicar. Desenvolvedores de softwares precisam enviar os códigos. Designers precisam implementar seus projetos.

A Área de Desempenho é como dimensionamos o impacto. E também pode ser uma preciosa fonte de feedbacks para continuarmos a aprender e a crescer – quando os solicitamos.

Portanto, gostaria muito de aprender com você. Se tiver algum feedback sobre este livro ou a respeito de como eu poderia contribuir ainda mais para a aprendizagem e o alto desempenho, envie um e-mail para feedback@briceno.com.

Agradecimentos

Dizem que publicar um livro é como dar à luz. Eu não sei, mas posso dizer que este livro envolveu muitas pessoas. Ele nem mesmo existiria sem Carol Dweck, Chip Conley, Doug Abrams e Jennifer Hershey.

A pesquisa inovadora de Carol Dweck é a pedra fundamental de todo este conjunto de conhecimentos. Além de sua bolsa de estudos, sem seu compromisso em fazer a diferença, sua crença no próximo, sua orientação e seu apoio, eu não estaria fazendo este trabalho, nem muitos outros. Sou eternamente grato.

Eu não estava planejando escrever um livro. Entrei em contato com Chip Conley – que eu não conhecia na época – com uma pergunta sobre outro assunto, e ele generosamente sugeriu que conversássemos. Durante a ligação, ele se sentiu motivado a me conectar com Doug Abrams, da Idea Architects, que se tornou meu agente literário e obteve um contrato para um livro com Jennifer Hershey, da Ballantine. Sem a iniciativa não solicitada de Chip, o engajamento de Doug ou a chance que Jennifer me deu, este livro não existiria. Sou muito grato aos três. Desde então, Chip se tornou um mentor precioso e uma luz orientadora. O que nada mais é do que um exemplo de como entrar na Área de Aprendizagem. Fazer uma pergunta pode proporcionar aventuras, relacionamentos e crescimento não previstos.

Tive o privilégio de trabalhar com especialistas que colaboraram no que foi um grande esforço de equipe. Muitas pessoas contribuíram para a beleza da redação deste livro, a começar pelo meu colaborador de redação, Nick Chiles, com quem foi um prazer trabalhar e cuja habilidade, curiosidade, resiliência e trabalho em conjunto deram vida às ideias de modo convincente e envolvente. Vários editores ajudaram a moldar o texto – principalmente Sarah Rainone, cujas edições foram mágicas. Tai Moses, Doug Abrams, Rachel Neumann, Lara Love Hardin, Emily Hartley, Drummond Moir, Davi Sherman, Toni Sciarra Poynter, Renata Dolz e Alyssa Knickerbocker também contribuíram, em vários estágios, com revisões habilidosas e feedbacks construtivos. Um monte de gente trabalhou durante dois anos e meio para cocriar este manuscrito, o que reforça para mim um provérbio africano: "Se você quiser ir rápido, vá sozinho; se quiser ir longe, vá acompanhado."

Embora escrever este livro tenha sido um esforço de equipe, ninguém contribuiu mais para sua qualidade do que Mary Reynics, minha editora na Ballantine. Seu cuidado, experiência, dedicação, colaboração, paciência e perseverança foram inigualáveis. Ela tem sido uma parceira maravilhosa. Sem ela, este livro não seria o que é. Serei eternamente grato. Muitos amigos, colegas, clientes e parceiros leram rascunhos e forneceram feedbacks valiosos, incluindo Katie Robertson, Sue Bevinton, Kelly Woltornist, Gary Shoesmith, Kirsten Wenz, Tomer Cohen, Alicia Ginsburgh, John Chiodo, Jeff Schwartzman, Susan Potter, Erik Allebest, Chip Conley, Liz Cohen, Ron Berger, Javier Osa, Manuel Calero, Mawi Asgedom, Ali Parnian, Peter Winick, Bill Sherman, Jessica Duffield, Ree Soesbee, Todd Cherches, Mahan Tavakoli, Arthur Woods, Jezza Ong e Doug Bromley. Houve outros, pois também obtive feedbacks usando uma ferramenta que permite contribuições anônimas. Agradeço a todos vocês.

Entrevistei mais de cem alunos e artistas exemplares que generosamente disponibilizaram tempo para falar comigo. Essas entrevistas criaram uma Área de Aprendizagem divertida e proveitosa e enriqueceram muito as ideias e as histórias do livro. As pessoas mencionadas também se dispuseram a revisar o texto para garantir que fosse preciso e útil. Muitos colegas autores e consultores conversaram comigo e ofereceram conselhos. Sou grato a todos e aos intermediários que nos colocaram em contato.

Muitos outros me apoiaram de forma significativa ao longo de minha carreira e vida. Ron Berger, Lisa Blackwell, Angela Duckworth e o falecido Anders Ericsson, homem gentil e humilde cujo trabalho tenho a honra de desenvolver, foram particularmente impactantes para os conhecimentos que compartilho neste livro. Além dos já mencionados, muitos outros pesquisadores, divulgadores e profissionais contribuíram para este trabalho, incluindo Peter Senge, Warren Bennis, Amy Edmondson, Adam Grant, John Kotter, Robert Kegan, Lisa Laskow Lahey, Greg Walton, David Yeager, Mary Murphy, Heidi Grant, Dave Paunesku, Camille Farrington, David Rock, Steve Blank, Eric Ries, Marshall Goldsmith, Patrick Lencioni e Dan Pink.

Foi um prazer trabalhar com as equipes de desenvolvimento de autores, design, produção, marketing, publicidade, entre outras, da Ballantine e da Penguin Random House, que foram fundamentais para a criação de um livro de alta qualidade e acessível a qualquer pessoa. Também agradeço o apoio do restante da equipe de minha agência literária, a Idea Architects, incluindo Ty Love, Janelle Julian, Bella Roberts, Staci Bruce e Mariah Sanford.

As ilustradoras Manuela Gutierrez Montoya e Anastasiia Matviienko cocriaram imagens claras e atraentes, pelas quais sou muito grato.

Sou profundamente grato aos meus pais, Alberto e Beatriz Briceño, que deram à minha irmã, Isabel, e a mim todas as oportunidades que puderam imaginar e que fizeram de nós sua maior prioridade. Os três sempre me ofereceram apoio, estabilidade, amor e incentivo.

Tenho grande apreço por meus amigos, que me nutrem e me inspiram com modelos que eu gostaria que o mundo seguisse.

Acima de tudo, sou grato a minha maior guia, professora de leitura, crítica construtiva, meu amor e parceira de vida, Allison Briceño. Nossas conversas em caminhadas pela natureza no Novo México foram um berço memorável para muitas ideias veiculadas neste livro. Durante todo o projeto, Allison me orientou e me ajudou a solucionar problemas quando surgiram desafios. Ela leu muitas versões do manuscrito e me deu feedbacks. O mais importante é que eu não teria escrito este livro se não fosse pelos 25 anos que passamos juntos, pois eu seria uma pessoa diferente. Sou um homem de sorte.

Embora este livro já esteja escrito, nossas histórias ainda não estão finalizadas. Estou ansioso para explorar novas aventuras com colaboradores atuais e futuros.

E sou grato a todos os leitores que, ao mesmo tempo que apreciam o presente, continuam a aprender, de modo a enriquecer suas vidas e as vidas dos outros.

Sobre o autor

EDUARDO BRICEÑO é um palestrante, facilitador e provedor de programas que apoiam organizações no desenvolvimento de culturas de aprendizagem e alto desempenho em todo o mundo. No início de sua carreira, foi cofundador e CEO da Mindset Works, a primeira empresa a oferecer serviços de desenvolvimento de mindset de crescimento. Antes disso, foi investidor de capital de risco no Sprout Group. Seu TED Talk *How to Get Better at the Things You Care About* (Como melhorar nas coisas que realmente importam para você) e seu TEDx Talk anterior, *The Power of Belief* (O poder da crença), foram vistos mais de 9 milhões de vezes. Ele é membro do conselho e da Rede Global de Líderes do Instituto Aspen e membro do Happiness Hall of Fame.

briceno.com/newsletter
linkedin.com/in/Eduardo-Briceno
𝕏 @ebriceno8

Notas

CAPÍTULO 1: O PARADOXO DA PERFORMANCE

1. Entrevista com "Anjali", em 2 de fevereiro de 2022. Os nomes verdadeiros de Anjali e Salma foram modificados para proteger seu anonimato.
2. Entrevista com Gino Barbaro, em 18 de janeiro de 2021; e com Gino Barbaro e Jake Stenziano, em 22 de novembro de 2021 e em 13 de dezembro de 2021.
3. Entrevista com Douglas Franco, em 2 de novembro de 2022.
4. Ver B. Chris Brewster, Richard E. Gould e Robert W. Brander. "Estimations of rip current rescues and drowning in the United States." *Natural Hazards and Earth System Sciences* 19, n. 2 (2019): 389-397.
5. Ver Carol S. Dweck. *Mindset: a nova psicologia do sucesso* (Rio de Janeiro: Objetiva, 2017).
6. Ver Camille A. Farrington, Melissa Roderick, Elaine Allensworth, Jenny Nagaoka, Tasha Seneca Keyes, David W. Johnson e Nicole O. Beechum: *Teaching Adolescents to Become Learners: The Role of Noncognitive Factors in Shaping School Performance – A Critical Literature Review*. Consortium on Chicago School Research, 2012.
7. Ver Maria Cutumisu. "The association between feedback-seeking and performance is moderated by growth mindset in a digital assessment game." *Computers in Human Behavior* 93 (2019): 267-278.

    Ver também: Maria Cutumisu e Nigel Mantou Lou: "The moderating effect of mindset on the relationship between university students' critical feedback-seeking and learning". *Computers in Human Behavior* 112 (2020): 106445.

CAPÍTULO 2: O TORNEIO E O TREINAMENTO

1. Ver Nina Keith e K. Anders Ericsson. "A deliberate practice account of typing proficiency in everyday typists." *Journal of Experimental Psychology: Applied* 13, n. 3 (2007): 135-145.

2   Ver Niteesh K. Choudhry, Robert H. Fletcher e Stephen B. Soumerai. "Systematic review: The relationship between clinical experience and quality of health care." *Annals of Internal Medicine* 142, n. 4 (2005): 260-273.

3   Ver Neil Charness, Michael Tuffiash, Ralf Krampe, Eyal Reingold e Ekaterina Vasyukova. "The role of deliberate practice in chess expertise." *Applied Cognitive Psychology* 19, n. 2 (2005): 151-165.

4   Ver Richard Williams. *Black and White: The Way I See It*. Atria Books, 2014.

5   Ver John G. Nicholls. "Achievement motivation: Conceptions of ability, subjective experience, task choice, and performance." *Psychological Review* 91, n. 3 (1984): 328-346.

6   Ver K. Anders Ericsson. "The path to expert golf performance: Insights from the masters on how to improve performance by deliberate practice." *Optimising Performance in Golf* (2001): 1-57.

Ver também: K. Anders Ericsson e Len Hill. "Digging it out of the dirt: Ben Hogan, deliberate practice and the secret: a commentary." *International Journal of Sports Science & Coaching* 5, n. 2 (2010): S23-S27.

7   Ver K. Anders Ericsson. "Deliberate practice and acquisition of expert performance: A general overview." *Academic Emergency Medicine* 15, n. 11 (2008): 988-994.

8   Entrevista com Lizzie Dipp Metzger, em 29 de julho de 2022.

9   Ver Lizzie Dipp Metzger. "Impossible things are happening every day." New York Life 2017 Chairman's Council (discurso de abertura, The Venetian, Las Vegas, EUA, em 23 de fevereiro de 2018).

10 Isso foi em 2021. Dados fornecidos pela SHOOK Research, LLC (empresa multinacional de consultoria financeira). Fonte: Forbes.com. Nem a SHOOK nem a *Forbes* recebem remuneração para incluir profissionais em suas listas de profissionais de segurança financeira (FSP) [incluindo as de Melhores do Estado em Segurança Financeira], que listam apenas profissionais devidamente licenciados para vender seguros de vida e pecúlios e são determinadas de maneira independente. Os FSP também podem ter outras credenciais e licenças que lhes permitam oferecer investimentos e valores mobiliários. O desempenho dos investimentos não é um critério. As pesquisas e as classificações da SHOOK oferecem opiniões destinadas a ajudar as pessoas a escolher o FSP certo e não são indicativas de desempenho futuro nem representam experiências de clientes. Você pode encontrar a metodologia completa aqui: forbes.com/sites/rjshook/2022/07/28/methodology-americas-top-financial-security-professionals-2022/.

11 Ver Sabine Sonnentag e Barbara M. Kleine. "Deliberate practice at work: A study with insurance agents." *Journal of Occupational and Organizational Psychology* 73, n. 1 (2000): 87-102.

12 Ver Reed Hastings e Erin Meyer. *A regra é não ter regras: a Netflix e a cultura da reinvenção* (Rio de Janeiro: Intrínseca, 2020).

13 Ver "Press Room: About Cirque", *Cirque du Soleil*, cirquedusoleil.com/press/kits/corporate/about-cirque.

14 Entrevista com Marie-Noëlle Caron, em 14 de setembro de 2016.

15 Ver Melanie S. Brucks e Szu-Chi Huang. "Does practise make perfect? The contrasting effects of repeated practice on creativity." *Journal of the Association for Consumer Research* 5, n. 3 (2020): 291-301.

Ver também: Patrick J. Kiger. "Practice Does Not Necessarily Make Perfect When It Comes to Creativity." *Insights by Stanford Business*, 10 set. 2020, gsb.stanford.edu/insights/practice-does-not-necessarily-make-perfect-when-it-comes-creativity.

16 Ver Graham Jones, Bernardita Chirino Chace e Justin Wright. "Cultural diversity drives innovation: Empowering teams for success." *International Journal of Innovation Science* 12, n. 3 (2020): 323-343.

17 Ver Vicky L. Putman e Paul B. Paulus. "Brainstorming, brainstorming rules and decision making." *Journal of Creative Behavior* 43, n. 1 (2009): 29-40.

18 Ver Paul B. Paulus, Nicholas W. Kohn e Lauren E. Arditti. "Effects of quantity and quality instructions on brainstorming." *Journal of Creative Behavior* 45, n. 1 (2011): 38-46.

Ver também: Melanie S. Brucks. "The Creativity Paradox: Soliciting Creative Ideas Undermines Ideation." PhD diss., Graduate School of Business, Stanford University, 2018.

19 Ver Alan R. Dennis, Randall K. Minas e Akshay P. Bhagwatwar. "Sparking creativity: Improving electronic brainstorming with individual cognitive priming." *Journal of Management Information Systems* 29, n. 4 (2013): 195-216.

20 Ver Michael A. McDaniel, Frank L. Schmidt e John E. Hunter. "Job experience correlates of job performance." *Journal of Applied Psychology* 73, n. 2 (1988): 327-330.

Ver também: Rick Hayman. "The Role of Deliberate Practice in Developing Adolescent Golfing Excellence." PhD diss., University of Central Lancashire, 2012.

Ver também: K. Anders Ericsson. "Deliberate practice and the acquisition and maintenance of expert performance in medicine and related domains." *Academic Medicine* 79, n. 10 (2004): S70-S81.

Ver também: K. Anders Ericsson. "Deliberate practice and acquisition of expert performance: A general overview." *Academic Emergency Medicine* 15, n. 11 (2008): 988-994.

21 Ver George Ainslie. *Picoeconomics: The Strategic Interaction of Successive Motivational States Within the Person*. Cambridge University Press, 1992.

Ver também: Ted O'Donoghue e Matthew Rabin. "Present bias: Lessons learned and to be learned." *American Economic Review* 105, n. 5 (2015): 273-279.

22 Ver David M. Rubenstein. *How to Lead: Wisdom from the World's Greatest CEOs, Founders, and Game Changers*. Simon & Schuster, 2020.

Ver também: O CEO da Apple Tim Cook no programa de David Rubenstein – Ver "Apple CEO Tim Cook on The David Rubenstein Show", *The David Rubenstein Show:*

Peer-to-Peer Conversations, YouTube, 13 jun. 2018, https://www.youtube.com/watch?v=2ZfGBGmEpRQ.

23 Ver David M. Rubenstein. How to Lead: Wisdom from the World's Greatest CEOs, Founders, and Game Changers. Simon & Schuster, 2020.

Ver também: O CEO da Amazon Jeff Bezos no programa de David Rubenstein – Ver "Amazon CEO Jeff Bezos on The David Rubenstein Show", *The David Rubenstein Show: Peer-to-Peer Conversations*, YouTube, 19 set. 2018, youtube.com/watch?v=f3NBQcAqyu4.

CAPÍTULO 3: INTEGRANDO AS ÁREAS DE APRENDIZAGEM E DESEMPENHO: APRENDER *ENQUANTO FAZ*

1 Entrevista com Marcelo Camberos, em 9 de fevereiro de 2021.
Entrevista com Esteban Ochoa, em 24 de fevereiro de 2021.
Entrevista com Trey Reasonover, em 2 de junho de 2021.
Entrevista com Simon Tisminezky, em 25 de junho de 2021.

2 Ver Elizabeth Chai Vasarhelyi e Jimmy Chin. *Free Solo*. Estados Unidos: National Geographic Documentary Films, 2018.

3 Ver Robert Kegan. "What form transforms? A constructive-developmental approach to transformative learning." *In* Knud Illeris (org.) *Contemporary Theories of Learning*. Routledge, 2008, p. 29-45.

4 Entrevista com Traca Savadogo, em 8 de fevereiro de 2021.

CAPÍTULO 4: SEIS ESTRATÉGIAS ESSENCIAIS DA ÁREA DE APRENDIZAGEM

1 Ver "Beyoncé", *Billboard*, billboard.com/artist/beyonce.

2 Ver Amy Wallace. "Miss Millennium: Beyoncé", *GQ*, 10 jan. 2013, gq.com/story/beyonce-cover-story-interview-gq-february-2013.

3 Ver Anastasia Tsioulcas e Hazel Cills. "Beyoncé sets a new Grammy record, while Harry Styles wins album of the year", *NPR*, 6 fev. 2023, npr.org/2023/02/05/1152837932/2023-grammy-awards-winners-beyonce.

4 "Beyoncé – ***Flawless ft. Chimamanda Ngozi Adichie", *Beyoncé*, YouTube, 24 nov. 2014, youtube.com/watch?v=IyuUWOnS9BY.

5 Ver "Turning the Tables: Your List of the 21st Century's Most Influential Women Musi-

cians." *NPR*, 20 nov. 2018, npr.org/2018/11/20/668372321/turning-the-tables-your-list-of-the-21st-centurys-most-influential-women-musicia.

6. Ver Jessica Shalvoy. "Foo Fighters Bring Rock Back to the Forum But 11-Year-Old Drummer Nandi Bushell Steals the Show: Concert Review", *Variety*, 27 ago. 2021, variety.com/2021/music/news/foo-fighters-nandi-bushell-los-angeles-forum-concert-1235050726.

7. Ver Nandi Bushell (@Nandi_Bushell), 17 ago. 2020, twitter.com/nandi_bushell/status/1295419281073672195.

8. "Dave Grohl Finally Conceded Defeat in His Drum Battle with a 10-Year Old", *The Late Show with Stephen Colbert*, YouTube, 20 nov. 2020, https://www.youtube.com/watch?v=6OoZF84JZUs.

9. Ver Isabella Bridie DeLeo. "The Complete Timeline of Dave Grohl and Nandi Bushell's Epic Drum Battle", *Fatherly*, atualizada em 15 dez. 2021, fatherly.com/play/the-complete-timeline-of-dave-grohl-and-nandi-bushells-epic-drum-battle.

10. "Dave Grohl meets Nandi Bushell – BEST DAY EVER – EPIC!!! – New York Times", *Nandi Bushell*, YouTube, 9 nov. 2020, https://www.youtube.com/watch?v=rS4ZBM1_UlM.

11. "On a Winning Streak Against Dave Grohl, there's nothing Nandi Bushell can't do", *Los Angeles Times*, 12 out. 2020, https://news.yahoo.com/winning-streak-against-dave-grohl-140016590.html.

12. Ver K. Anders Ericsson, Michael J. Prietula e Edward T. Cokely. "The Making of an Expert", *Harvard Business Review*, jul./ago. 2007, hbr.org/2007/07/the-making-of-an-expert.

13. *Ibidem.*

14. Ver Eduardo Briceño, "How to get better at the things you care about", *TED Talk*, 5 nov. 2016, ted.com/talks/eduardo_briceno_how_to_get_better_at_the_things_you_care_about. Agradecimentos especiais aos professores Carol Dweck e K. Anders Ericsson por me ajudarem a preparar essa palestra.

15. Ver K. Anders Ericsson e Robert Pool. *Direto ao ponto: os segredos na nova ciência da expertise*. Belo Horizonte: Gutenberg, 2017.

16. Ver Jonathan Fields. "Anders Ericsson: Dismantling the 10,000 Hour Rule", *Good Life Project*, podcast, 16 maio 2016, goodlifeproject.com/podcast/anders-ericsson.

17. Ver Anders Ericsson e Robert Pool. "Malcolm Gladwell Got Us Wrong: Our Research Was Key to the 10,000-Hour Rule, but Here's What Got Oversimplified", *Salon*, 10 abr. 2016, salon.com/2016/04/10/malcolm_gladwell_got_us_wrong_our_research_was_key_to_th_10000_hour_rule_but_heres_what_got_oversimplified.

18. Entrevista com Olivier Perrin, em 18 de fevereiro de 2021.

19. Ver Patrick J. McGinnis. "Luke Holden – Wicked Lobstah: Vertical Integration and the Luke's Lobster Success Story", *FOMO Sapiens with Patrick J. McGinnis*, podcast,

9 maio 2019, patrickmcginnis.com/luke-holden-wicked-lobstah-vertical-integration--and-the-lukes-lobster-success-story.

E ainda: Informações recebidas de Luke Holden, em 5 de dezembro 2022 e em 14 de março 2023.

20 Entrevista com Douglas Franco, em 2 de novembro de 2022.
21 Ver Dax Shepard e Monica Padman. "Celebrating the GOAT GOD", *Armchair Expert with Dax Shepard*, podcast, 5 fev. 2021, armchairexpertpod.com/pods/tom-brady--zxrhd.
22 Entrevista com Carlos Moreno Serrano, em 23 de setembro de 2022.
23 "Sonatype Core Values Champions Videos", vídeos apresentados por Carlos Moreno Serrano, em 19 de julho de 2022, San Francisco, vídeos.
24 Entrevista com Shannon Polson, em 17 de fevereiro de 2021.
25 Informações recebidas de Alicia Ginsburgh, em 9 de abril de 2021.
26 Ver K. Anders Ericsson, Michael J. Prietula e Edward T. Cokely. "The Making of an Expert", *Harvard Business Review*, jul./ago. 2007, hbr.org/2007/07/the-making-of-an--expert.
27 Ver Robert Root-Bernstein, Lindsay Allen, Leighanna Beach, Ragini Bhadula, Justin Fast, Chelsea Hosey, Benjamin Kremkow et al. "Arts foster scientific success: Avocations of Nobel, National Academy, Royal Society, and Sigma Xi members." *Journal of Psychology of Science and Technology* 1, n. 2 (2008): 51-63.
28 Ver K. Anders Ericsson, Ralf T. Krampe e Clemens Tesch-Römer. "The role of deliberate practice in the acquisition of expert performance." *Psychological Review* 100, n. 3 (1993): 363-406.
29 Ver Francesco Cirillo. *A técnica Pomodoro: o sistema de gerenciamento de tempo que transformou o modo como trabalhamos* (Rio de Janeiro: Sextante, 2019).
30 Ver Jean Monnet. *Memórias* (Brasília: UnB, 1986).
31 Ver Liam Vinney. "Good Vibrations: The Role of Music in Einstein's Thinking", *The Conversation*, 14 fev. 2016, theconversation.com/good-vibrations-the-role-of-music--in-einsteins-thinking-54725.
32 Camille A. Farrington, Melissa Roderick, Elaine Allensworth, Jenny Nagaoka, Tasha Seneca Keyes, David W. Johnson e Nicole O. Beechum. *Teaching Adolescents to Become Learners: The Role of Noncognitive Factors in Shaping School Performance – A Critical Literature Review*. Consortium on Chicago School Research, 2012.
33 Ver Jacquelynne Eccles, Terry F. Adler, Robert Futterman, Susan B. Goff, Caroline M. Kaczala, Judith L. Meece e Carol Midgley. "Expectancies, values, and academic behaviors." *In* Janet T. Spence (org.). *Achievement and Achievement Motives*. W. H. Freeman, 1983, p. 75-146.
34 Ver Angela Duckworth e James J. Gross. "Self-control and grit: Related but separable

determinants of success." *Current Directions in Psychological Science* 23, n. 5 (2014): 319-325.

35 Ver *The Science of Learning*. Deans for Impact, 2015, https://www.deansforimpact.org/tools-and-resources/the-science-of-learning.

CAPÍTULO 5: LIBERANDO O PODER DOS ERROS

1 Ver Robert A. Duke, Amy L. Simmons e Carla Davis Cash. "It's not how much; it's how: Characteristics of practice behavior and retention of performance skills." *Journal of Research in Music Education* 56, n. 4 (2009): 310-321.

2 Ver Andrew Huberman. "Using Failures, Movement & Balance to Learn Faster", *Huberman Lab*, podcast, 15 fev. 2021, hubermanlab.com/using-failures-movement-and-balance-to-learn-faster/.

3 Ver Jason S. Moser, Hans S. Schroder, Carrie Heeter, Tim P. Moran e Yu-Hao Lee. "Mind your errors: Evidence for a neural mechanism linking growth mind-set to adaptive posterror adjustments." *Psychological Science* 22, n. 12 (2011): 1.484-1.489.

4 Entrevista com Marcelo Camberos, em 9 de fevereiro de 2021.

5 Entrevista com Tomoe Musa, em 4 de março de 2021. O verdadeiro nome de Tomoe foi modificado para proteger seu anonimato.

6 Ver Abraham Harold Maslow. *The Psychology of Science: A Reconnaissance*. Gateway/Henry Regnery, 1966.

7 Ver "Joy of Mistakes", Eduardo Briceño, joyofmistakes.com.

8 Ver David Damberger. "What happens when an NGO admits failure", *TED Talk*, 13 mar. 2014, ted.com/talks/david_damberger_what_happens_when_an_ngo_admits_failure.

9 Ver "Admitting Failure", *Engineers Without Borders Canada*, admittingfailure.org.

10 Ver Robin DiAngelo. *White Fragility: Why It's So Hard for White People to Talk About Racism*. Beacon Press, 2018.

11 Entrevista com Dona Sarkar, em 25 de janeiro de 2021.

12 Ver Matthew Syed. *O princípio da caixa-preta: A surpreendente verdade sobre o sucesso* (Rio de Janeiro: Objetiva, 2016).

13 Ver *ICAO Safety Report, 2022 Edition*. Montreal: International Civil Aviation Organization, 2022.

14 Ver Nina Bai. "'Black Boxes' in Stanford Hospital Operating Rooms Aid Training and Safety", *Stanford Medicine News*, 28 set. 2022, med.stanford.edu/news/all-news/2022/09/black-box-surgery.html.

15 Ver Ray Dalio. *Princípios* (Rio de Janeiro: Intrínseca, 2018).

16 Entrevistas com Andrew Kimball, em 20 de outubro de 2020, em 21 de janeiro de 2021 e em 26 de julho de 2021.
17 Entrevista com Dipo Aromire, em 9 de novembro de 2020.
18 Entrevista com Tomer Cohen, em 16 de julho de 2021.
19 Entrevista com Gino Barbaro, em 18 de janeiro de 2021.

Entrevistas com Gino Barbaro e Jake Stenziano, em 22 de novembro de 2021 e em 13 de dezembro de 2021.

20 Ver "Welcome to Jake & Gino", jakeandgino.com.

CAPÍTULO 6: SEIS EQUÍVOCOS COMUNS SOBRE A APRENDIZAGEM

1 Ver Esopo. "A tartaruga e a lebre." *In* Fábulas de Esopo ilustradas. Trad. Carlos Pinheiro. 2012.
2 Ver Rhonda Byrne. *O Segredo* (Rio de Janeiro: Sextante, 2015).
3 Ver Carol Dweck. "What Having a 'Growth Mindset' Actually Means." *Harvard Business Review* 13, n. 2 (2016): 2-5.
4 Ver *Microsoft 2018 Corporate Social Responsibility Report*. Redmond, WA, USA: Microsoft Corporation, 23 out. 2018.
5 Ver K. Anders Ericsson. "Deliberate practice and the acquisition and maintenance of expert performance in medicine and related domains." *Academic Medicine* 79, n. 10 (2004): S70-S81.
6 O verdadeiro nome de Rajeev foi modificado para proteger seu anonimato.
7 Ver Claudia M. Mueller e Carol S. Dweck. "Praise for intelligence can undermine children's motivation and performance." *Journal of Personality and Social Psychology* 75, n. 1 (1998): 33-52.
8 Entrevista com Marcelo Camberos, em 9 de fevereiro de 2021.
9 Entrevista com Ron Berger, em 8 de março de 2021.
10 Ver Karla M. Johnstone, Hollis Ashbaugh e Terry D. Warfield. "Effects of repeated practice and contextual-writing experiences on college students' writing skills." *Journal of Educational Psychology* 94, n. 2 (2002): 305-315.
11 Ver Jo Boaler. *Mathematical Mindsets: Unleashing Students' Potential Through Creative Math, Inspiring Messages and Innovative Teaching*. John Wiley & Sons, 2015.
12 "Developing top managers: The impact of interpersonal skills training." *Journal of Management Development* 22, n. 8 (2003): 729-752.
13 Ver David S. Yeager, Jamie M. Carroll, Jenny Buontempo, Andrei Cimpian, Spencer Woody, Robert Crosnoe, Chandra Muller *et al.* "Teacher mindsets help explain where

a growth-mindset intervention does and doesn't work." *Psychological Science* 33, n. 1 (2022): 18-32.

CAPÍTULO 7: A HÉLICE DO CRESCIMENTO: CINCO ELEMENTOS-CHAVE QUE IMPULSIONAM O CRESCIMENTO

1. Lizzie Dipp Metzger é consultora financeira na Eagle Strategies LLC.
2. O verdadeiro nome de Emilio foi modificado para proteger seu anonimato.
3. Entrevista com Lizzie Dipp Metzger, em 29 de julho de 2022. Ela é corretora de seguros da New York Life Insurance Company.
4. Entrevista com Linda Rabbitt, em 20 de maio de 2021.
   Ver também: Mahan Tavakoli. "Succeeding Against All Odds to Become a Profile in Success with Linda Rabbitt | Changemaker", *Partnering Leadership*, podcast, 9 fev. 2021, www.partneringleadership.com/succeeding-against-all-odds-to-become-a-profile-in-success-with-linda-rabbitt-changemaker.
5. Ver Mahan Tavakoli. "Impactful Leadership with a Genuine Drive to Help with Steve Harlan | Greater Washington DC DMV Changemaker." *Partnering Leadership*, podcast, 2 fev. 2021, www.partneringleadership.com/impactful-leadership-with-a-genuine-drive-to-help-with-steve-harlan-changemaker/.
6. Ver Richard M. Ryan e Edward L. Deci. "Multiple identities within a single self: A self-determination theory perspective on internalization within contexts and cultures." *In* Mark R. Leary e June Price Tangney (orgs.). *Handbook of Self and Identity*. 2. ed. Guilford Press, 2012, p. 225-246.
   Ver também: Peter J. Burke. "Relationships among multiple identities." *Advances in Identity Theory and Research* (2003): 195-214.
7. Ver Beth Crossan, John Field, Jim Gallacher e Barbara Merrill. "Understanding participation in learning for non-traditional adult learners: Learning careers and the construction of learning identities." *British Journal of Sociology of Education* 24, n. 1 (2003): 55-67.
8. Ver Stanton Wortham. *Learning Identity: The Joint Emergence of Social Identification and Academic Learning*. Cambridge University Press, 2005.
9. Ver Alice Kolb e David Kolb. "On becoming a learner: The concept of learning identity." *Learning Never Ends: Essays on Adult Learning Inspired by the Life and Work of David O. Justice* (2009): 5-13.
   Ver também: Andrew Wojecki. "'What's identity got to do with it, anyway?' Constructing adult learner identities in the workplace." *Studies in the Education of Adults* 39, n. 2 (2007): 168-182.

10 Ver Tamarah Smith, Rasheeda Brumskill, Angela Johnson e Travon Zimmer. "The impact of teacher language on students' mindsets and statistics performance." *Social Psychology of Education* 21 (2018): 775-786.

Ver também: Claudia M. Mueller e Carol S. Dweck. "Praise for intelligence can undermine children's motivation and performance." *Journal of Personality and Social Psychology* 75, n. 1 (1998): 33-52.

11 Ver Thomas Szasz. *The Second Sin*. Anchor Press, 1973.

12 Entrevista com Meirav Oren, em 16 de abril de 2021.

13 Ver Paul A. O'Keefe, Carol S. Dweck e Gregory M. Walton. "Implicit theories of interest: Finding your passion or developing it?" *Psychological Science* 29, n. 10 (2018): 1653-1664.

14 Ver Lizzie Dipp Metzger, "Impossible things are happening every day." New York Life 2017 Chairman's Council (discurso de abertura, The Venetian, Las Vegas, NV, EUA, 23 fev. 2018).

15 Ver Angela Duckworth. "Guided Mastery", *Psychology Today*, 18 out. 2021, psychologytoday.com/us/blog/actionable-advice-help-kids-thrive/202110/guided-mastery.

16 Entrevista com Alex Stephany, em 18 de agosto de 2022. O verdadeiro nome de Alex foi modificado para preservar seu anonimato.

17 Entrevista com Linda Rabbitt, em 20 de maio de 2021.

18 Ver Lisa Rosh e Lynn Offermann. "Be Yourself, but Carefully." *Harvard Business Review* 91, n. 10 (2013): 135-139.

19 Ver Marco Antonsich. "Searching for belonging – an analytical framework." *Geography Compass* 4, n. 6 (2010): 644-659.

Ver também: Kaisa Kuurne e M. Victoria Gómez. "Feeling at home in the neighborhood: Belonging, the house and the plaza in Helsinki and Madrid." *City & Community* 18, n. 1 (2019): 213-237.

CAPÍTULO 8: PILARES DE UMA ORGANIZAÇÃO QUE APRENDE

1 Ver Satya Nadella, Greg Shaw e Jill Tracie Nichols. *Aperte o F5: a transformação da Microsoft e a busca de um futuro melhor para todos* (São Paulo: Benvirá, 2018).

2 "Perks: Surf's Up at Patagonia", *Bloomberg*, 31 ago. 2011, bloomberg.com/news/photo--essays/2011-08-31/perks-surf-s-up-at-patagonia.

3 Ver Alaina McConnell. "Zappos' Outrageous Record for the Longest Customer Service Phone Call Ever", *Business Insider*, 20 dez. 2012, businessinsider.com/zappos-longest--customer-service-call-2012-12.

4 Ver Marc Andreessen e Balaji Srinivasan. "Startups and Pendulum Swings Through

Ideas, Time, Fame, and Money", *a16z Podcast*, podcast, 30 maio 2016, future.com/podcasts/startup-technology-innovation.

5   Entrevistas com Andrew Kimball, em 20 de outubro de 2020, em 21 de janeiro de 2021 e em 26 de julho de 2021.

6   Ver Elizabeth A. Canning, Mary C. Murphy, Katherine T. U. Emerson, Jennifer A. Chatman, Carol S. Dweck e Laura J. Kray. "Cultures of genius at work: Organizational mindsets predict cultural norms, trust, and commitment." *Personality and Social Psychology Bulletin* 46, n. 4 (2020): 626-642.

7   Entrevista com Gino Barbaro, em 18 de janeiro de 2021.

Entrevistas com Gino Barbaro e Jake Stenziano, em 22 de novembro de 2021 e em 13 de dezembro de 2021.

8   Ver "Policies & Practices: Purpose, Values & Principles", *Procter & Gamble*, us.pg.com/policies-and-practices/purpose-values-and-principles.

9   Ver Peter Cappelli e Anna Tavis. "The Performance Management Revolution." *Harvard Business Review* 94, n. 10 (2016): 58-67.

10 Entrevista com Dona Sarkar, em 25 de janeiro de 2021.

11 Ver "Microsoft Inclusion Journey: Work in Progress", *Microsoft*, microsoft.com/en-us/inclusion-journey.

12 Entrevista com Jeff Schwartzman, em 11 de fevereiro de 2021.

13 "New World Record: Telenor Employees Write E-learning History", *GlobeNewswire*, 11 nov. 2021, globenewswire.com/en/news-release/2021/11/11/2332231/0/en/New-world-record-Telenor-employees-write-e-learning-history.html.

14 Ver "Engage and Inspire on Employee Appreciation Day", *New York Life*, newyorklife.com/newsroom/people-employee-appreciation-day.

15 Informações recebidas de Mark Scozzafava, em 12 de dezembro de 2022. Os questionários foram distribuídos em 2020.

16 Ver Sabine Sonnentag e Barbara M. Kleine. "Deliberate practice at work: A study with insurance agents." *Journal of Occupational and Organizational Psychology* 73, n. 1 (2000): 87-102.

17 Ver "Deloitte Ventures", *Deloitte*, deloitte.com/uk/en/pages/innovation/solutions/ventures.html.

18 Ver Gary James. "Coats Thrives Through Innovation, Sustainability", *BedTimes*, 19 nov. 2019, bedtimesmagazine.com/2019/11/coats-thrives-through-innovation-sustainability.

19 Ver Ei Pa Pa Pe-Than, Alexander Nolte, Anna Filippova, Christian Bird, Steve Scallen e James D. Herbsleb. "Designing corporate hackathons with a purpose: The future of software development." *IEEE Software* 36, n. 1 (2018): 15-22.

20 Informações recebidas de Brad Willoughby, em 15 de novembro de 2022.

21 Entrevistas com Andrew Kimball, em 20 de outubro de 2020, em 21 de janeiro de 2021 e em 26 de julho de 2021.
22 Ver Jason Warnke. "Going Beyond with Extended Reality", *Accenture*, 16 mar. 2022, accenture.com/us-en/about/going-beyond-extended-reality.
23 Entrevista com Mahan Tavakoli, em 15 de janeiro de 2021.
24 Ver Claude M. Steele. *Whistling Vivaldi: How Stereotypes Affect Us and What We Can Do*. W. W. Norton & Company, 2010.
25 Entrevista com Patrick Kann, em 28 de maio de 2021. Informações recebidas de Eugene Baah, em 27 de outubro de 2022.
26 Ver Mary Ann Azevedo. "Papaya Raises $50M to Give You a Way to Pay Bills via Its Mobile App", *TechCrunch*, 15 dez. 2021, techcrunch.com/2021/12/15/papaya-raises--50-million-to-give-you-a-way-to-pay-bills-via-its-mobile-app.
27 Entrevista com Angelou Ezeilo, em 7 de julho de 2021.
28 Ver Angelou Ezeilo e Nick Chiles. *Engage, Connect, Protect: Empowering Diverse Youth as Environmental Leaders*. New Society Publishers, 2019.

CAPÍTULO 9: DISTRIBUINDO AS EQUIPES NAS ÁREAS

1 Entrevista com Razmig Hovaghimian, em 15 de agosto de 2022.
2 Ver Tom Kelley e David Kelley. *Confiança criativa: libere sua criatividade e implemente suas ideias* (Rio de Janeiro: Alta Books, 2019).
3 Ver Embrace Global, embraceglobal.org.
4 Informações fornecidas por Sam Goldman e Ned Tozun, em 8 de dezembro de 2022.
5 V. Jessica Pothering. "D.light Raises $50 Million in Debt as Investors Warm Up (Again) to Off-Grid Solar", *ImpactAlpha*, 25 jul. 2022, impactalpha.com/d-light-raises-50-million-in-debt-as-investors-warm-up-again-to-off-grid-solar.
6 Ver "Our Impact", *d.light*, dlight.com/social-impact.
7 Ver Maria Orero-Blat, Daniel Palacios-Marqués e Virginia Simón-Moya. "Team-Based Learning Through Design Thinking Methodology: A Case Study in a Multinational Company." *In INTED2020 Proceedings*. IATED, 2020: 3712-3719.
8 Ver "History", *IDEO*, designthinking.ideo.com/history.
9 Ver Esther Han. "5 Examples of Design Thinking in Business", *Harvard Business School Online*, 22 fev. 2022, online.hbs.edu/blog/post/design-thinking-examples.
10 Ver "Design Thinking", *IDEO*, ideou.com/pages/design-thinking.
11 Ver Sarah Stein Greenberg. *Creative Acts for Curious People*. Ten Speed Press, 2021.

12 Ver "Human-Centered Design Sits at the Intersection of Empathy and Creativity", *IDEO*, ideo.org/tools.

13 Ver David L. Paul e Reuben R. McDaniel, Jr. "A field study of the effect of interpersonal trust on virtual collaborative relationship performance." *MIS Quarterly* 28, n. 2 (2004): 183-227.

14 Ver Brian Mullen, Jennifer L. Atkins, Debbie S. Champion, Cecelia Edwards, Dana Hardy, John E. Story e Mary Vanderklok. "The false consensus effect: A meta-analysis of 115 hypothesis tests." *Journal of Experimental Social Psychology* 21, n. 3 (1985): 262-283.

15 Ver Satya Nadella, Greg Shaw e Jill Tracie Nichols. *Aperte o F5: a transformação da Microsoft e a busca de um futuro melhor para todos* (São Paulo: Benvirá, 2018).

16 Ver Kara Platoni. "Baby, It's Cold Outside", *Stanford Magazine*, jan./fev. 2009, stanfordmag.org/contents/baby-it-s-cold-outside.

17 Ver Jane Chen, Razmig Hovaghimian, Linus Liang e Rahul Panicker. *Team Embrace Final Report*. Stanford University. 9 maio 2007.

18 Para algumas pessoas (como aqueles com baixos níveis do hormônio DHEA-S – sulfato de dehidroepiandrosterona), situações e humores negativos podem alimentar certos tipos de criatividade, como a criatividade artística.

Ver também: Modupe Akinola e Wendy Berry Mendes. "The dark side of creativity: Biological vulnerability and negative emotions lead to greater artistic creativity." *Personality and Social Psychology Bulletin* 34, n. 12 (2008): 1.677-1.686.

Alguns artistas renomados sofriam de depressão, por exemplo, Vincent van Gogh, Sylvia Plath, Charles Dickens, Virginia Woolf, Pyotr Ilyich Tchaikovsky e Frida Kahlo, entre outros. – Ver Nadra Nittle. "The Link Between Depression and Creativity", *Verywell Mind*, atualizado em 20 de fevereiro de 2023, verywellmind.com/the-link-between-depression-and-creativity-5094193.

Entretanto, em se tratando de criatividade colaborativa e voltada para a solução de problemas, o humor positivo tende a ser benéfico para a maioria das pessoas e equipes. – Ver Yuhyung Shin. "Positive group affect and team creativity: Mediation of team reflexivity and promotion focus." *Small Group Research* 45, n. 3 (2014): 337-364.

Pesquisas mais recentes sugerem que, nas equipes, o afeto focado no resultado – seja ele positivo, como a felicidade, ou negativo, como a raiva – pode estimular a criatividade; enquanto o afeto focado na prevenção, como a tensão ou o medo, pode reduzi-la. – Ver Kyle J. Emich e Lynne C. Vincent. "Shifting focus: The influence of affective diversity on team creativity." *Organizational Behavior and Human Decision Processes* 156 (2020): 24-37.

CAPÍTULO 10: O SUPERPODER DA COLABORAÇÃO: COMO FORMAR EQUIPES POTENTES

1. Entrevista com Willy Foote, em 25 de março de 2021.
2. Ver John G. Nicholls. "Achievement motivation: Conceptions of ability, subjective experience, task choice, and performance." *Psychological Review* 91, n. 3 (1984): 328-346.
   Ver também: Damon Burton. "Winning isn't everything: Examining the impact of performance goals on collegiate swimmers' cognitions and performance." *The Sport Psychologist* 3, n. 2 (1989): 105-132.
3. Ver François Chiocchio, Simon Grenier, Thomas A. O'Neill, Karine Savaria e J. Douglas Willms. "The effects of collaboration on performance: A multilevel validation in project teams." *International Journal of Project Organisation and Management* 4, n. 1 (2012): 1-37.
4. Ver Satya Nadella, Greg Shaw e Jill Tracie Nichols. *Aperte o F5: a transformação da Microsoft e a busca de um futuro melhor para todos* (São Paulo: Benvirá, 2018).
5. Entrevista com Razmig Hovaghimian, em 15 de agosto de 2022.
6. Ver Chip Conley. *S@bedoria no trabalho: a era dos mentores modernos* (Rio de Janeiro: Alta Books, 2023). E entrevista com Chip Conley, em 29 de dezembro de 2020.
7. Ver Tim Ferriss. "Cindy Eckert – How to Sell Your Company For One Billion Dollars (#314)", *The Tim Ferriss Show*, podcast, 10 maio 2018, tim.blog/2018/05/10/cindy-whitehead.
8. Ver Ethan S. Bernstein. "The transparency paradox: A role for privacy in organizational learning and operational control." *Administrative Science Quarterly* 57, n. 2 (2012): 181-216.
9. Entrevista com Jenny Radenberg, em 11 de fevereiro de 2021.
10. Ver Avery Koop. "Ranked: The World's 20 Biggest Hedge Funds", *Visual Capitalist*, 7 dez. 2022, visualcapitalist.com/worlds-20-biggest-hedge-funds-2022.
11. Ver Ray Dalio. *Princípios* (Rio de Janeiro: Intrínseca, 2018).
12. Ver Richard Feloni. "Employees at the World's Biggest Hedge Fund Spend a Couple Hours Every Week Studying Each Other's Meetings", *Business Insider*, 30 ago. 2016, businessinsider.com/bridgewater-associates-management-principles-training-2016-8.
13. Ver Ray Dalio. "How to build a company where the best ideas win", *TED Talk*, 24 abr. 2017, ted.com/talks/ray_dalio_how_to_build_a_company_where_the_best_ideas_win.
14. Amy C. Edmondson. *A organização sem medo: criando segurança psicológica no local de trabalho para aprendizado, inovação e crescimento* (Rio de Janeiro: Alta Books, 2020).
15. Ver Amy C. Edmonson. "Learning from mistakes is easier said than done: Group and organizational influences on the detection and correction of human error." *Journal of Applied Behavioral Science* 32, n. 1 (1996): 5-28.

16 Ver Amy Edmondson. "Psychological safety and learning behavior in work teams." *Administrative Science Quarterly* 44, n. 2 (1999): 350-383.

17 Ver Henrik Bresman e Amy C. Edmondson. "Exploring the relationship between team diversity, psychological safety and team performance: Evidence from pharmaceutical drug development." *Harvard Business School Working Paper*, n. 22-055, 2022.

18 *Ibidem*.

19 Ver David L. Bradford e Carole Robin. *Como criar relações mais profundas: construindo relacionamentos excepcionais com a família, os amigos e os colegas de trabalho* (Rio de Janeiro: Sextante, 2022).

20 Ver Nathan Collins. "Pathways", *Stanford Medicine Magazine*, 21 ago. 2017, stanmed.stanford.edu/carla-shatz-vision-brain.

21 Ver Erin Meyer. *The Culture Map: Breaking Through the Invisible Boundaries of Global Business*. PublicAffairs, 2014.

CAPÍTULO 11: LIDERANDO PARA CRESCER

1 Entrevista com Mike Stevenson, em 14 de janeiro de 2021.

2 Ver Stephen M. R. Covey. *Trust and Inspire: How Truly Great Leaders Unleash Greatness in Others*. Simon & Schuster, 2022.

Ver também: Mahan Tavakoli. "168 How Truly Great Leaders Unleash Greatness in Others with Stephen M. R. Covey | Partnering Leadership Global Thought Leader", *Partnering Leadership*, podcast, 16 jun. 2022, www.partneringleadership.com/how--truly-great-leaders-unleash-greatness-in-others-with-stephen-m-r-covey-partnering-leadership-global-thought-leader/.

3 Ver Daniel A. Wren e Arthur G. Bedeian. *The Evolution of Management Thought*. 8. ed. John Wiley & Sons, 2020.

4 Ver Warren Bennis. *Managing People Is Like Herding Cats: Warren Bennis on Leadership*. Executive Excellence Pub, 1997.

5 Entrevista com David Tashjian, em 12 de janeiro 2022.

Ver também: Sophia Kristjansson e David Tashjian. "Case study: Transparency and candor and a growth mindset." *People & Strategy* 39, n. 4 (2016): 26.

6 Ver Jim Harter e Amy Adkins. "Employees Want a Lot More From Their Managers", *Gallup*, 8 abr. 2015, gallup.com/workplace/236570/employees-lot-managers.aspx.

7 Ver Sandro Formica e Fabiola Sfodera. "The Great Resignation and Quiet Quitting paradigm shifts: An overview of current situation and future research directions." *Journal of Hospitality Marketing & Management* 31, n. 8 (2022): 899-907.

8 Entrevista com Francesca Lenci, em 10 de agosto de 2022.

9   Informações recebidas de Francesca Lenci, em 12 de dezembro de 2022.
10 Ver Ellyn Shook e Christie Smith. "Organizational culture: From Always Connected to Omni-Connected", *Accenture*, 2022, https://newsroom.accenturebr.com/br/news/2022/conexoes-humanas-e-confianca-impulsionam-produtividade-retencao-e-aumentam-receita-de-organizacoes.
11 Ver Geoffrey L. Cohen. *Belonging: The Science of Creating Connection and Bridging Divides*. W. W. Norton & Company, 2022.
12 Entrevistas com Ian MacGregor, em 11 de março de 2021 e em 28 de abril de 2022.
13 Entrevista com Meirav Oren, em 26 de abril de 2021.
14 Ver Carol S. Dweck. "From needs to goals and representations: Foundations for a unified theory of motivation, personality, and development." *Psychological Review* 124, n. 6 (2017): 689-719.
15 Ver Rich Lesser, 2021, linkedin.com/posts/richlesserbcg_twominutesontuesday-growthmindset-activity-6772559956769067008-3aLS.

CAPÍTULO 12: GRANDES LÍDERES SÃO GRANDES APRENDIZES

1   Entrevistas com Ian Mcgregor, em 11 de março de 2021 e em 28 de abril de 2022.
2   Ver John E. Morrison e Larry L. Meliza. *Foundations of the after action review process*. Institute for Defense Analyses, Alexandria, VA, 1999.

Ver também: Nathanael L. Keiser e Winfred Arthur, Jr. "A meta-analysis of the effectiveness of the after-action review (or debrief) and factors that influence its effectiveness." *Journal of Applied Psychology* 106, n. 7 (2021): 1007-1032.
3   Entrevistas com Ashley Good, em 5 de janeiro de 2021 e em 2 de novembro de 2022.
4   Entrevista com Tomer Cohen, em 16 de julho de 2021.
5   Entrevistas pessoais com Douglas Franco, em 12 de abril de 2021 e em 2 de novembro de 2022.
6   Ver Reed Hastings e Erin Meyer. *A regra é não ter regras: a Netflix e a cultura da reinvenção* (Rio de Janeiro: Intrínseca, 2020).
7   Ver Adam Grant. *Pense de novo: o poder de saber o que você não sabe* (Rio de Janeiro: Sextante, 2021).
8   Entrevista com Julia Barbaro e Gino Barbaro, em 4 de fevereiro de 2021.
9   Ver Francis J. Flynn e Chelsea R. Lide. "Communication miscalibration: The price leaders pay for not sharing enough." *Academy of Management Journal* (2022).
10 Ver Elliot Aronson, Ben Willerman e Joanne Floyd. "The effect of a pratfall on increasing interpersonal attractiveness." *Psychonomic Science* 4, n. 6 (1966): 227-228.

11 Entrevista com Mahan Tavakoli, em 15 de janeiro de 2021.
12 Entrevista com Meirav Oren, em 16 de abril de 2021.
13 Entrevista pessoal com Ajay Kapur, 29 de janeiro de 2021.
14 Entrevista com Francesca Lenci, em 10 de agosto de 2022.

CAPÍTULO 13: O VOLANTE DE INÉRCIA DA COMPETÊNCIA – EM MOVIMENTO E IRREFREÁVEL

1 Entrevista com "Anjali", em 2 de fevereiro de 2022. Os verdadeiros nomes de Anjali e Salma foram alterados para proteger seu anonimato.
2 Ver John Wooden e Steve Jamison. Wooden: *A Lifetime of Observations and Reflections On and Off the Court*. McGraw Hill, 1997.
3 Ver K. Anders Ericsson, Michael J. Prietula e Edward T. Cokely. "The Making of an Expert", *Harvard Business Review*, jul./ago. 2007 Issue, hbr.org/2007/07/the-making-of-an-expert.
4 Ver Atul Gawande. *Checklist: como fazer as coisas bem-feitas* (Rio de Janeiro: Sextante, 2023).
5 Ver Kaitlyn E. May e Anastasia D. Elder. "Efficient, helpful, or distracting? A literature review of media multitasking in relation to academic performance." *International Journal of Educational Technology* in Higher Education 15, n. 1 (2018): 1-17.
6 Ver Cal Newport. *Trabalho focado: como ter sucesso em um mundo distraído* (Rio de Janeiro: Alta Books, 2020).
7 Ver Dan Ariely, Uri Gneezy, George Loewenstein e Nina Mazar. "Large stakes and big mistakes." *Review of Economic Studies* 76, n. 2 (2009): 451-469.
   Ver também: Edward L. Deci, Richard Koestner e Richard M. Ryan. "A meta-analytic review of experiments examining the effects of extrinsic rewards on intrinsic motivation." *Psychological Bulletin* 125, n. 6 (1999): 627-668.
8 Ver Kou Murayama, Madoka Matsumoto, Keise Izuma e Kenji Matsumoto. "Neural basis of the undermining effect of monetary reward on intrinsic motivation." *Proceedings of the National Academy of Sciences* 107, n. 49 (2010): 20911-20916.
9 Ver Neel Doshi e Lindsay McGregor. *Primed to Perform*. Harper Business, 2015.
10 Ver Bettina Seipp. "Anxiety and academic performance: A meta-analysis of findings." *Anxiety Research* 4, n. 1 (1991): 27-41.
11 Entrevista de Sabine Krüger. "Wie Keith Jarretts Welterfolg fast ausfiel. 'The Köln Concert'", *WDR* 3, 23 jan. 2015.

12 Ver Tim Harford. Entrevista de Guy Raz. "Tim Harford: How Can Chaos Lead to Creative Breakthroughs?", *NPR*, 10 maio 2019, npr.org/transcripts/719557642.

13 Ver Charles Waring. "'The Köln Concert': How Keith Jarrett Defied the Odds to Record His Masterpiece", *uDiscover Music*, 24 jan. 2023, udiscovermusic.com/stories/koln--concert-keith-jarrett.

14 Ver Corinna da Fonseca-Wollheim. "A Jazz Night to Remember", *The Wall Street Journal*, 11 out. 2008, wsj.com/articles/SB122367103134923957.

15 Ver Angela Duckworth e James J. Gross. "Self-control and grit: Related but separable determinants of success." *Current Directions in Psychological Science* 23, n. 5 (2014): 319-325.

CAPÍTULO 14: SUPERE O PARADOXO, MUDE VIDAS

1 Entrevista com Mariana Costa Checa e Andrew Kimball, em 21 de janeiro de 2021.

2 Ver Daniela Sarzosa. Analyzing the Social and Economic Returns of Laboratoria's Bootcamp. *Laboratoria*, 21 abr. 2021.

3 Ver Jaideep Ghosh. "'Holy curiosity of inquiry': An investigation into curiosity and work performance of employees." *European Management Journal* (2022).

4 Ver Chuanxiuyue He e Mary Hegarty. "How anxiety and growth mindset are linked to navigation ability: Impacts of exploration and GPS use." *Journal of Environmental Psychology* 71 (2020): 101475.

5 Ver Hanwei Wang e Jie Li. "How trait curiosity influences psychological well-being and emotional exhaustion: The mediating role of personal initiative." *Personality and Individual Differences* 75, n. 3 (2015): 135-140.

6 Ver Todd B. Kashdan e John E. Roberts. "Trait and state curiosity in the genesis of intimacy: Differentiation from related constructs." *Journal of Social and Clinical Psychology* 23, n. 6 (2004): 792-816.

7 Ver Xu Jiang, Christian E. Mueller e Netanel Paley. "A systematic review of growth mindset interventions targeting youth social–emotional outcomes." *School Psychology Review* (2022): 1-22.

8 David S. Yeager e Carol S. Dweck. "Mindsets that promote resilience: When students believe that personal characteristics can be developed." *Educational Psychologist* 47, n. 4 (2012): 302-314.

9 Ver Todd B. Kashdan, C. Nathan DeWall, Richard S. Pond, Paul J. Silvia, Nathaniel M. Lambert, Frank D. Fincham, Antonina A. Savostyanova e Peggy S. Keller. "Curiosity protects against interpersonal aggression: Cross-sectional, daily process, and behavioral evidence." *Journal of Personality* 81, n. 1 (2013): 87-102.

10 Ver Céline Darnon, Dominique Muller, Sheree M. Schrager, Nelly Pannuzzo e Fabrizio Butera. "Mastery and performance goals predict epistemic and relational conflict regulation." *Journal of Educational Psychology* 98, n. 4 (2006): 766-776.
11 Ver David S. Yeager, Kali H. Trzesniewski, Kirsi Tirri, Petri Nokelainen e Carol S. Dweck. "Adolescents' implicit theories predict desire for vengeance after peer conflicts: Correlational and experimental evidence." *Developmental Psychology* 47, n. 4 (2011): 1.090-1.107.
12 Ver Karina Schumann, Jamil Zaki e Carol S. Dweck. "Addressing the empathy deficit: Beliefs about the malleability of empathy predict effortful responses when empathy is challenging." *Journal of Personality and Social Psychology* 107, n. 3 (2014): 475-493.
13 Ver Shahnaz Siganporia. "Into the Lives of Nobel Prize–Winning Economists Abhijit Banerjee and Esther Duflo", *Vogue India*, 5 mar. 2020, vogue.in/magazine-story/into-the-lives-of-nobel-prize-winning-economists-abhijit-banerjee-and-esther-duflo.
14 Ver Esther Duflo. "Social experiments to fight poverty", *TED Talk*, 12 fev. 2010, https://www.ted.com/talks/esther_duflo_social_experiments_to_fight_poverty.
15 Ver Abhijit Banerjeee, Esther Duflo e Michael Kremer. "Research to Help the World's Poor", *The Nobel Foundation*, nobelprize.org/prizes/economic-sciences/2019/popular-information.
16 *Ibidem*.
17 Entrevista com Tiy Goddard, em 19 de julho de 2021.
18 Ver James Fishkin, Alice Siu, Larry Diamond e Norman Bradburn. "Is deliberation an antidote to extreme partisan polarization? Reflections on 'America in One Room'." *American Political Science Review* 115, n. 4 (2021): 1464-1481.
19 Informações recebidas de Larry Diamond, em 20 de março de 2023.
20 Ver Jonathan Haidt. *A mente moralista: por que pessoas boas são segregadas por política e religião* (Rio de Janeiro: Alta Cult, 2020).

PALAVRA FINAL: NUNCA TERMINA

1 Ver Walter Isaacson. *Leonardo da Vinci* (Rio de Janeiro: Intrínseca, 2017).
2 Ver Michael A. Conway. "Beyond sight: The artist and mystic intuition." *The Furrow* 65, n. 12 (2014): 592-599.

CONHEÇA ALGUNS DESTAQUES DE NOSSO CATÁLOGO

- Augusto Cury: Você é insubstituível (2,8 milhões de livros vendidos), Nunca desista de seus sonhos (2,7 milhões de livros vendidos) e O médico da emoção
- Dale Carnegie: Como fazer amigos e influenciar pessoas (16 milhões de livros vendidos) e Como evitar preocupações e começar a viver
- Brené Brown: A coragem de ser imperfeito – Como aceitar a própria vulnerabilidade e vencer a vergonha (600 mil livros vendidos)
- T. Harv Eker: Os segredos da mente milionária (2 milhões de livros vendidos)
- Gustavo Cerbasi: Casais inteligentes enriquecem juntos (1,2 milhão de livros vendidos) e Como organizar sua vida financeira
- Greg McKeown: Essencialismo – A disciplinada busca por menos (400 mil livros vendidos) e Sem esforço – Torne mais fácil o que é mais importante
- Haemin Sunim: As coisas que você só vê quando desacelera (450 mil livros vendidos) e Amor pelas coisas imperfeitas
- Ana Claudia Quintana Arantes: A morte é um dia que vale a pena viver (400 mil livros vendidos) e Pra vida toda valer a pena viver
- Ichiro Kishimi e Fumitake Koga: A coragem de não agradar – Como se libertar da opinião dos outros (200 mil livros vendidos)
- Simon Sinek: Comece pelo porquê (200 mil livros vendidos) e O jogo infinito
- Robert B. Cialdini: As armas da persuasão (350 mil livros vendidos)
- Eckhart Tolle: O poder do agora (1,2 milhão de livros vendidos)
- Edith Eva Eger: A bailarina de Auschwitz (600 mil livros vendidos)
- Cristina Núñez Pereira e Rafael R. Valcárcel: Emocionário – Um guia lúdico para lidar com as emoções (800 mil livros vendidos)
- Nizan Guanaes e Arthur Guerra: Você aguenta ser feliz? – Como cuidar da saúde mental e física para ter qualidade de vida
- Suhas Kshirsagar: Mude seus horários, mude sua vida – Como usar o relógio biológico para perder peso, reduzir o estresse e ter mais saúde e energia (150 mil livros vendidos)

sextante.com.br